JN025451

中学・高校教師になるための

教 育 心 理 学

〔第 4 版〕

心理科学研究会 編

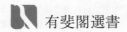

有斐閣選書

第4版はしがき

　『中学・高校教師になるための教育心理学』(1993；初版) が産声を上げてからおよそ30年が経った。理論の紹介にとどまらず，不登校をはじめとする生徒の困難や，苦悩し成長する教師に目を向けた初版は好評を博し，版を重ねた。この間，社会は大きく変わった。

　多様な情報を一挙に処理できるパソコンが普及し，家庭に1台だった固定電話の普及率が減り，スマートフォンが爆発的に普及した。パソコンやスマートフォンの普及は，私たちのコミュニケーションのあり方を大きく変えた。いわゆるIT革命により，対人的な関わりはもとより，仕事の内容，買い物の仕方，遊びの内容など，生活のいたるところで大きな変化が生じた。ITの普及は，世界中の人と瞬時にやり取りできる環境をつくり，いわゆるグローバル化も進んだ。

　こうした社会変化を受け，教育の内容も大きく様変わりした。「情報」が高校の教科として新設され (1999年改訂高等学校学習指導要領)，グローバル化をにらんで小学校高学年での外国語活動が新設された (2008年改訂小学校学習指導要領)。さらに，直近の学習指導要領改訂を受け，小学校高学年で「外国語」が初めて教科化され，プログラミング教育も始まる (2020年より)。

　一方で，教育内容が「昔」に回帰する現象もみられる。その典型が「道徳の教科化」といえる。教職課程で学んでいるみなさんには，道徳の教科化はどのように映るだろうか。「自分たちのときには教科ではなかった」ものを教科として教えることには，大きな不安や戸惑いがあるだろう。

　目まぐるしく変わりゆく社会において，世界に遅れまい，時代

i

に遅れまい，という心理は多くの人が感じるものである。教育内容や教育方法を変えなければならない，という改革や動きもわからないではない。

　しかしながら，教育において最も大事なことは何であろうか。お上のいうことに沿って，教育にいそしむことだろうか。私たちは，幾度の大きな戦争という過ちののち，教育に希望を委ねた。平和と民主主義を貫くこと，子どもたちが教育を受ける権利をしっかりと保障すること，こうした崇高な理念は，日本国憲法や旧教育基本法において深く刻まれ，第二次世界大戦後の1947年に，文部省（当時）が作成した学習指導要領一般編（試案）における，「これまでとかく上からきめて与えられたことを，どこまでもそのとおりに実行するといった画一的な傾きのあったのが，こんどはむしろ下のほうからみんなの力で，いろいろと，作り上げて行くようになって来たということ」（序論）に結実した。

　現代においても，こうした理念は生き続け，目の前の子どもたちをしっかりととらえ，子どもたちの発する学びへの要求，発達への要求をしっかりと受け止めることが，なによりも重要になってきている。また，日頃から教育理論や教育実践研究にいそしみ，同僚との活発な議論を経て，子どもたちの教育に邁進することが求められている。

　とはいえ，1人ひとりの人格や権利を尊重し，子どもたちの学びの要求にしっかりと応えていくことは，たやすくない。働き方改革が叫ばれながらも，教師のワークライフバランスは，時間に追われ十分な教材研究の時間の確保もままならないまま，ワークに大きく傾いた状況であるからである。

　教師や子ども，保護者をめぐる教育の実態は決して楽観できない状況にある。しかしながら，東日本大震災という未曽有の自然災害に襲われた後であっても，教師たちは，子どもたちの発する学びの要求を受け止め，明日につなげる努力を惜しまなかった。

そのとりくみは，地域に生きる子どもたちが，未来に向かって生きていく力をつけていく豊かな教育実践に結実している。

　教育の荒波のなかにあって，教師を目指すみなさんには，近い将来その夢が実現した暁には，保護者や同僚と手を携え，子どもの発達や教育について仲間と語りあい，ときに悩みや愚痴を聞きあってほしい。そして研究を続け，主権者たる子どもの教育に希望を紡いでほしい。これは，執筆者すべての願いであり，本書がその契機となれば幸いである。

　本書は第3版（2012年）後の教育政策をはじめとする大きな社会変化を背景に，加筆・修正を行ったものである。「民主的で文化的で，平和な社会を形成する自主的精神に満ちた生徒を育てる」という初版の編集理念を保ち，発達，学習，教育評価，生徒指導などについて，教育心理学的な基礎理論をそろえ，教師としての力量を幅広く培うことができる内容となっている。また初版からの，生徒を社会の生活者としてとらえる視点は，生徒たちの心理支援の専門的な学びにも一役買うであろう。

　タイトなスケジュールのなか，第4版の刊行にむけて，執筆者には多くの無理をお願いした。筆が遅れがちなわたしたちを，書籍編集第2部の渡辺晃さんにはあたたかく見守っていただき，貴重なアドバイスをいただいた。心より感謝申し上げる。

　2020年3月

編集委員長　田口久美子

　下記の本書サポートページで各種補足資料を紹介しております。ぜひご利用ください。
http://www.yuhikaku.co.jp/books/detail/9784641281486

執筆者紹介

（五十音順，＊は編集委員）

赤木 和重（あかぎ かずしげ）　神戸大学大学院人間発達環境学研究科准教授
執筆分担：第 **2** 章 4 節，第 **4** 章 5 節

伊田 勝憲（いだ かつのり）　立命館大学教職研究科教授
執筆分担：第 **2** 章 3 節

＊**大津 悦夫**（おおつ えつお）　立正大学名誉教授
編集分担：第 **5** 章

＊**加藤 弘通**（かとう ひろみち）　北海道大学大学院教育学研究院准教授
編集分担：第 **6** 章，執筆分担：第 **6** 章 1,5 節

小林 幹子（こばやし もとこ）　公立小中学校スクールカウンセラー／男女共同参画センター専門相談員
執筆分担：コラム①

白井 利明（しらい としあき）　大阪教育大学名誉教授
執筆分担：第 **7** 章 1,4 節

＊**田口久美子**（たぐち くみこ）　和洋女子大学人文学部教授
編集分担：第 **2** 章，執筆分担：第 **2** 章 1,2 節

塚野 州一（つかの しゅういち）　富山大学名誉教授
執筆分担：第 **3** 章 3 節

＊**都筑 学**（つづき まなぶ）　中央大学名誉教授
編集分担：第 **1** 章，執筆分担：第 **1** 章

＊**野村 勝彦**（のむら かつひこ）　作新学院大学人間文化学部特任教授
編集分担：第 **7** 章，執筆分担：第 **6** 章 7 節，第 **7** 章 2,3 節

＊**馬場 久志**（ばば ひさし）　埼玉大学教育学部教授
編集分担：第 **3** 章，執筆分担：第 **4** 章 1 節

半澤 礼之（はんざわ れいの）　北海道教育大学釧路校准教授
執筆分担：コラム②

＊**藤岡 秀樹**（ふじおか ひでき）　京都橘大学発達教育学部教授
編集分担：第 **4** 章，執筆分担：第 **4** 章 2,3 節，同 4 節 1-4，第 **5** 章

布施 光代（ふせ みつよ）　明星大学教育学部教授
執筆分担：第 **3** 章 1,2 節

松並 知子（まつなみ ともこ）　同志社大学フェミニスト・ジェンダー・セクシュアリティ研究センター嘱託研究員
執筆分担：コラム③

水野 君平（みずの くんぺい）　北海道教育大学旭川校講師
執筆分担：第 **4** 章 4 節 5-6，第 **6** 章 2 節

村澤和多里（むらさわ わたり）　札幌学院大学心理学部教授
執筆分担：第 **6** 章 3,4,6 節

渡辺 顕治（わたなべ けんじ）　日本科学者会議会員／長野県地域住民大学会員
執筆分担：第 **3** 章 4 節

も く じ

第Ⅲ部　教　師

コ ラ ム

① 学校におけるアンコンシャス・バイアス　27
② へき地・小規模校教育　116
③ 望ましい性教育とは？　215

部扉イラスト　シマダノリヒコ

－第Ⅰ部－
学校，生徒・教師のいま

第1章 生徒の生活・世界, 教師の生活・世界

公教育制度, 教育を受ける権利, 義務教育, 学校選択制, 中高一貫教育, 通信制高校, 小中一貫教育, 義務教育学校, 教師の多忙化, 18歳選挙権

第1節 学校と社会の現状

1 教師をめざすあなたへ

　みなさんは, 中学生や高校生のときに, 数多くの教師と出会ってきたと思う。多感で生意気盛りの十代だったみなさんの目には, 1人ひとりの先生の姿はどのように映っていただろうか。大好きだった先生, 尊敬していた先生。嫌いだった先生, 影の薄かった先生。おそらく, いろいろな先生がいたにちがいない。それらの大勢の先生たちから, 有形無形の影響を受けながら, みなさんは中学校生活や高校生活を送ってきた。そのなかで, みなさんは成長, 発達を遂げてきたのだ。

　学校教育というシステムは, 教える側の教師と教わる側の生徒がいてはじめて成り立つ。みなさんは, これまで中学校や高校の生徒として教師の姿をみてきた。授業を教える先生。部活を指導する先生。職員室で接する先生。みなさんが生徒としてみてきた先生の姿は, 教師の仕事や生活の一部分でしかない。さまざまな書類の作成。教育力量を高めるための研修。自分自身の子どもの育児。趣味の活動。教師はまた, このような生徒の目からはみえない仕事を行い, 生活しているのだ。

中学校や高校の教師をめざしているみなさんは，大学の授業で
学校教育について学んできた。それを通じて，教師という仕事の
多様性が少しずつわかってきたにちがいない。教師になりたいと
いう期待を膨らませたり，不安を覚えたりしていることだろう。
インターンシップや教育実習で学校現場に出向いていけば，教師
という仕事の中身が多様であることを肌身で知ることになる。

　教師という仕事の根幹をなすのは，なんといっても教室での授
業である。みなさんは，特定の教科を定めて教員免許の取得をめ
ざし，その教科を教える力量や能力を高めようとしている。同時
に，学級集団活動や教科外活動を通じた生徒集団の指導も，大切
な仕事の1つである。生徒に寄り添い，生徒の人格発達を促す力
量や能力を磨いていくことも，教師になるためには求められる。

　このような力量や能力をもった教師が集団を組んで，中学校や
高校という学校現場のなかで生徒に接していくとき，個々人の力
量や能力の総和以上のものが発揮されていくことになる。そのた
めには，教師仲間とのコミュニケーションやさまざまなやりとり
を円滑に進めていくことのできる社会性を身につけていることが
求められる。

　こうして教師としての条件をあげていけばきりがない。それら
を全部クリアしていなければ教師になれないかといえば，そうい
うものでもない。自分自身の未熟な部分を自覚して，さらに成長
したいと思い，その努力を怠らない。そうした姿勢が何よりも求
められるのだ。

　教師には，「教師になるまで」と「教師になってから」の両方
が大切である。教師になるまでの勉強と教師になってからの勉強
は，いずれも自己研鑽であり，自己を高めることである。

　中学校や高校の教師とは，成長途上の生徒を育てるという責任
ある仕事である。子どもの成長や発達の伴走者として，教師はい
っしょに進んでいかなければならない。そこでは，生徒の声に耳

を傾け，子どもの発言に真摯に応答していくことが求められる。応答（response）と責任（responsibility）は，語源的に同じである。生徒に対して，責任をもって応答していく教師とは，社会の一員として，社会に広く目を向けて自己成長を志向していく存在である。教師をめざすみなさんには，そのような人になってほしいと願っている。

2　学校教育の発展の歴史と学校が果たしている役割

　教師になるには，将来自分が働く職場となる学校の成り立ちや特質について知っておく必要がある。

　学校教育の制度が広まってきた背景には，それぞれの国における社会の経済的・物質的な発展の歴史がある。日本に学制が敷かれたのは 1872 年である。その当時，小学校への就学率は 3 割にも満たなかった。1886 年には小学校令が出され，法制上，義務教育化された。それでも，就学率は 5 割に達しなかった。ほぼ全員が小学校に就学するようになるのは，明治末期になってからだ。1910 年に，就学率はようやく 98.1％にまでなった。中学校が義務教育化されたのは，第二次世界大戦後の 1947 年である。中学校の卒業生が出るようになった 1950 年代の高校進学率は 40％台であり，その当時の高校の約半数は定時制高校だった。高度経済成長を経た 1970 年代に入って，高校進学率は 90％を超えるようになった。現在は，大学進学率が 50％を超えて，ユニバーサル化の時代を迎えたといわれる。

　このように日本における**公教育制度**は，6 年間の義務教育からスタートし，6・3 制の 9 年間になり，高校が準義務教育化されて 6・3・3 の 12 年間になってきた。同年代の半数以上が大学などの高等教育機関で学ぶようになった。現在では，教育を受ける期間は以前に比べて長期化してきている。その間，子どもや青年は社会から一歩離れた学校という枠組みのなかで，教育を受ける

存在として庇護されながら，知識や技術，文化や芸術・スポーツを学んでいく。このような公教育制度の発展が，子どもや青年の発達に及ぼした影響は計り知れないものがあるといえるだろう。

日本国憲法第 26 条は，**教育を受ける権利**と**義務教育**について，次のように規定している。

> 1．すべて国民は，法律の定めるところにより，その能力に応じて，ひとしく教育を受ける権利を有する。
> 2．すべて国民は，法律の定めるところにより，その保護する子女に普通教育を受けさせる義務を負ふ。義務教育は，これを無償とする。

ここに示されているように，子どもや青年にとって，教育を受けることは権利であり，教育を受けることは自らの人格発達の要となる。誰もが等しく教育を受けることができるように，諸条件が整えられなければならない。

根本（1987）が述べているように，学校教育は教育の目的を達成するために，その公的組織的側面からさまざまなことがらを要請する。法律や学習指導要領などによって，教育の目的，教育内容，教育方法などが定められている。教師には，それらにもとづいた教育実践を行うことが求められる。生徒には，①教科を学習すること，②学校と学級の諸活動に参加すること，③これらを行うにあたって学校の求める集団的規律に従うことが要請される。

他方で，生徒はそれぞれ独自の欲求をもって学校に通ってきている。たとえば，友達といっしょにすごすことを楽しみにしている生徒にとっては，教師から出される課題や学級のルールなどの公的要請に対して自己統制を求められることが，煩わしく感じることもあるだろう。学校教育における公的組織的側面に由来する教育的要請や管理的要請は，生徒の私的欲求と矛盾し，葛藤を引き起こしたりする。教師にとって求められるのは，このような葛藤を克服し，管理主義的な指導を用いるのでないやり方で，生徒

が学校教育の目的を自己の要求として内面化するよう手助けしていくことなのである。

ユネスコの学習権宣言（1985 年）は，学習権をすべての人間の基本的人権と規定している。教師の仕事は，読み書きをはじめとするさまざまな権利の総体である生徒の学習権を保障するうえで大切な役割を果たしているのである。

3 近年の社会状況と学校の存在意義

新自由主義経済の広まりにもとづく規制緩和の波は，日本社会全体に大きな影響を及ぼし，学校教育にもさまざまな変化をもたらした。第二次世界大戦後から続いてきた 6・3・3 制が崩れ，複線化してきてきている。

文部省（当時）は，1997 年に，「通学区域制度の弾力的運用について（通知）」を出した。これにより，従来の市町村教育委員会による学校ごとの通学区域の設定から，地域の実情や保護者の意向を配慮した運用ができるようになった。1998 年に，三重県紀宝町が，公立学校選択制をはじめて導入し，その後，全国的に広がっていった。文部科学省（2006a）の調査によれば，**学校選択制**を導入している全国の市区教育委員会は，小学校で 15.9％，中学校で 16.3％である。

1999 年 4 月には，中学校・高等学校という従来からあった学校に加えて，**中高一貫教育**が制度化され，4 校の中高一貫校が設置された。中高一貫校には，中学校（前期中等教育）と高等学校（後期中等教育）を統合した一体の学校である中等教育学校，中学校と高等学校を併設した接続型，設置者が異なる中学校と高等学校が連携して教育を行う連携型がある。2016 年には，全国で 595 校が設置されている。中高一貫校のなかには，大学進学のエリート校をめざす学校もある。

2004 年には，小泉純一郎内閣のもとで実施された構造改革特

区制度を利用した株式会社立学校として，岡山市御津町（当時）教育特区に朝日塾中学校が開校し（2005年に高等学校も開校），2011年度に学校法人化されて朝日塾中等教育学校になった。また，2011年度に開設されていた20校の株式会社立学校は**通信制高校**であり，北海道から九州まで散らばっている。

　2017年度の学校基本調査によれば，通信制課程をもつ高校は全国で250校（独立校107校，併置校143校），生徒数は18万2000人である。通信制高校に在籍する生徒数は，この間18万人台で推移しており，大きな変化はみられない。歴史的にみると，1970年には，全日制385万人，定時制37万人，通信制16万人だったのが，2017年には，全日制319万人，定時制8万9000人，通信制18万2000人である。スクーリングなどの授業を除いて，日常的には学校に通わないという生徒の割合が明らかに増加している。

　文部省（当時）の「研究開発学校制度」というカリキュラム上の特例を認める制度によって，2000年に広島県呉市に**小中一貫教育**が導入され，その後，全国に広がっていった。2006年には，小学校と中学校を1つの校地にまとめた1000人規模の小中一貫校・東京都品川区立日野学園が開校した。小中一貫校には，併設型（施設一体，施設隣接，施設分離）と連携型（ゆるやかな小・中連携）がある。2016年には，学校教育法の改正にもとづき，小学校課程から中学校課程までの義務教育を一貫して行う**義務教育学校**が新たに設置された。文部科学省（2017a）の調査によれば，2017年には，併設型小中一貫校は253校，義務教育学校は48校となっている。

　情報化社会やインターネット社会の進展によって，学校において，コンピュータやタブレット，電子黒板など，さまざまな情報技術（ICT）機器を用いた教育が行われるようになってきた。グローバリズムの進展は，世界を1つに結びつけると同時に，世界中の人々の流動性を加速化している。2020年には，小学3年生

から外国語活動（英語）が必修化され，教室では，多様な民族や人種の子どもが席を並べて学ぶという状況にある。学校教育は，このような点でも多様化してきているのだ。

第 2 節　生徒の生活

1　学校生活と生徒

　Benesse 教育研究開発センター（2010）の調査によれば，自分が通っている学校に満足している割合は，小学生 80.5％，中学生 69.8％，高校生 69.5％である。小学生と比較して，中学生や高校生では学校への満足度はやや低いが，それでも約 7 割の生徒が満足していると答えている。友達との関係については，小学生 84.6％，中学生 81.0％，高校生 82.4％が満足していると回答しており，どの年齢でも満足度は非常に高い。内閣府（2009）の国際比較調査でも，学校に通う意義として，「友だちとの友情をはぐくむ」をあげる青少年（18〜24 歳）は，日本（65.7％）は韓国（31.2％），イギリス（40.2％），アメリカ（39.2％），フランス（16.3％）よりも多かった。学校に行けば友達がいて，そうした友達との関係を楽しんでいる生徒の様子が思い浮かんでくる。

　久冨（1993）は，小学 4 年から中学 2 年を対象に，学校生活で楽しいものは何かを調査している。その結果によれば，友達とのつきあい（84.0％），遠足・修学旅行・社会科見学など（83.4％），お楽しみ会・レクレーションなどの学級活動の時間（67.5％），クラブ・部活動（64.4％）が上位となっている。クラブ活動や学校行事，学校での友達とのつながりなど，勉強以外のさまざまな活動は，生徒にとって魅力的なものになっている。このような集団的な活動のなかで，生徒は自分たちの私的な欲求を満足させていくのであろう。

その一方で，勉強や成績というファクターは，生徒にとって大きな意味をもつ。先に述べた Benesse 教育研究開発センター (2010) の調査によれば，現在の自分の成績について満足している割合は，小学生 59.2%，中学生 28.3%，高校生 19.1% と，学年が上がるほど極端に低くなっている。さらに，成績上位層は下位層よりも，通っている学校や友達との関係などの生活満足度が高く，成績下位者においては生活満足度が低くなっていた。久冨 (1993) は，勉強の得意さと授業体験との関係を検討し，勉強の得意な子どもは，授業を自分の知識が広がり，自分の力を発揮する時間ととらえ，反対に，勉強の不得意な子どもは，授業を退屈で，そこにいなくてはならない時間ととらえていることを明らかにした。勉強の得意な子どもは，授業を友達と学びあう時間であると同時に，友達がライバルとなる時間ととらえていることもわかった。

　日本の学校教育制度は，小学校・中学校・高等学校・大学という形をおおよそとっている。そのような状況のもとで，学校間を移行する過程において，いくつもの進路が枝分かれしている。たとえば，公立小学校卒業後に国公立の中学校や中等教育学校（中高一貫校）を受験する割合が年々上昇し 20% を超えている首都圏では，中学校への移行期における学校適応が大きな教育的な問題になっている (酒井, 2007)。中学校卒業後の高校受験では，偏差値にもとづいた「輪切り」によって，それぞれの「学力」に応じた高校への進学が行われている現実がある。日本の学校教育制度は，見かけは単線型でありながら，実質は複線型になっているのである。そのなかで，不登校や高校中退など，学校教育からの「離脱」が社会的な問題になっている。内閣府 (2011) が実施した高校中途退学者の意識調査によれば，高校を辞めた理由は，「欠席や欠時がたまって進級できそうもなかった」(54.9%)，「校則など校風があわなかった」(52.0%)，「勉強がわからなかった」

（48.6％），「人間関係がうまくいかなかった」（46.3％）が上位を占めていた。生徒を受け入れる学校側にも改善の余地が多々あるといえる。

　他方で，中学校から高校への移行過程において新たな人間関係を構築することができた生徒は，高校での自尊心や学校適応において肯定的な傾向を示していた（都筑，2009）。このように，生徒は学校での友達関係を基軸としながら，日々の生活をすごし，成長・発達していくのである。

2　放課後の生活と生徒

　2002年から完全学校週5日制が実施された。文部科学省のねらいは，子どもたちにゆとりを確保し，生活体験，社会体験や自然体験などさまざまな活動を経験させ，自ら学び考える力や生きる力を育むことにあった。それはどれほど実現されたのだろうか。

　文部科学省（2008a）の調査によれば，通塾率は2002年と2007年で，次のように変化している。中学3年生62.5％→65.2％，中学2年生48.9％→50.9％，小学6年生35.6％→37.8％，小学5年生27.7％→33.3％，小学3年生17.7％→21.4％，小学2年生15.1％→19.3％。すべての学年で通塾率は上昇している。保護者の意識も，「子どもの学習塾通いが過熱化していると思う」が60.6％となっており，ゆとりのかけ声とは裏腹に追い立てられるように塾通いしている子どもの姿が思い浮かんでくる。

　文部科学省（2010c）の全国学力・学習状況調査に，学校の授業時間以外に月曜日から金曜日に勉強する時間を尋ねた質問項目がある。中学生の結果をみると，3時間以上（10.3％），2〜3時間（14.5％），1〜2時間（32.3％），30分〜1時間（26.2％），30分未満（11.2％），まったくしない（3.8％）であり，放課後の勉強時間には生徒間で大きな開きがあることがわかる。

　このような勉強という要因以外に，生徒の放課後の生活に影響

すると考えられるのが，近年のインターネット環境の急激な普及である。

　内閣府（2018）によれば，10〜17歳の青少年の82.5％がインターネットを利用していた。1日平均中学生が148.7分，高校生が213分と，長時間インターネットを利用している実態が明らかになった。インターネットを利用する際に用いる機器は，スマートフォンが50.0％，タブレットが24.8％，携帯ゲーム機が24.5％，ノートパソコンが14.6％だった。また，中学生のスマートフォン利用が経年的に多くなってきていることがわかった。内容的には，高校生はコミュニケーション（89.8％），動画視聴（84.9％），音楽試聴（83.3％）が上位を占め，中学生は動画視聴（80.3％），ゲーム（73.5％），コミュニケーション（70.4％）が上位を占めていた。LINEによるコミュニケーションは，中学生や高校生において，友達との連絡や情報交換として必須のものとなっている。

　過熱化していく塾通い，インターネットの日常的な利用という状況のなかで，子どもたちの放課後の生活について考えていくことが重要である。

3　家庭のなかの生徒

　家庭における親子関係は，生徒の発達に大切な役割を果たす。Benesse教育研究開発センター（2010）の調査によれば，学校でのできごとについての会話は，中学生では父親と38.7％，母親と73.8％であり，高校生では父親と37.4％，母親と72.8％だった。友達のことについての会話は，中学生では父親と31.3％，母親と66.4％であり，高校生では父親と27.5％，母親と63.7％だった。この結果（2009年調査）を2004年調査と経年的に比較してみると，父親との会話も母親との会話も増加していた。全国学力・学習状況調査（文部科学省，2010c）においても，家の人と学

校でのできごとについて話す割合は，小学生でも中学生でも経年的に増加していることがわかっている。中高生の年齢は，同性・同年代の少数の友達との親密な関係を取り結ぶチャムシップの時期であり，親からの心理的自立をはかっていくことを特徴とするといわれてきた。しかし，これらの調査結果からみる限り，親との心理的な距離は縮まってきていると考えられる。

　生徒が育っていく家庭の文化的環境が，生徒の学習全般に大きな影響を及ぼすこともわかっている。苅谷ら（2002）が小学5年生と中学2年生を対象に関西都市圏で実施した学力に関する調査によれば，家庭の文化的資本の違いによる文化的階層グループにおいて，上位グループほど積極的な学習行動や学習意欲を示すだけでなく，算数（数学）・国語の学力テストでも高い成績を示していた。近年，子どもの貧困や教育における格差がさまざまな形で問題とされるようになっている。子どもの貧困は社会的にも大きな問題となり，子ども食堂などの取り組みが広がってきている。

　このように経済的な問題は，現代の学校教育を考える際に抜きにすることのできない重要な点である。母子家庭の母親の84.5％は就業しているが，そのうち43.6％が臨時・パート，42.5％が常用雇用者である。父子家庭では，父親の97.5％が就業し，そのうちの72.2％が常用雇用者となっている（厚生労働省雇用均等・児童家庭局，2007）。

　こうした厳しい状況のもとでも，生徒は学校に友達や楽しみを求めてやって来る。教師にとって大切なことは，家庭での生徒の暮らしぶりに思いを馳せることであり，保護者との連携をはかりながら生徒を見守っていく姿勢であるといえよう。

第 **3** 節　教師の生活

1　教師になるということ

　文部科学省（2018d）によれば，全 64 都道府県・指定都市教育委員会で実施されている公立学校教員採用選考試験における，採用者数は，2001 年度以降増加の傾向が続いている。それに対して，受験者総数は 1993 年度から 2005 年度まで増加傾向だったが，それ以降は横ばい傾向を示し，2010 年度から再び増加したが，2014 年度以降は微減傾向にある。その結果，競争倍率は 2001 年度以降低下の傾向が続き，2017 年度は全体で 4.9 倍だった。

　採用された教師のなかで，新規学卒者の占める割合は 36.7％だった。国公私立で非常勤講師などを経験した教職経験者が53.0％と多数を占め，民間企業等勤務経験者は 3.9％だった。最近では，さまざまな経験を有する人を教師として採用するねらいのもとに，出願条件のなかの年齢制限を緩和したり，撤廃したりする教育委員会も出てきている。多様な教師が教壇に立つことは望ましいことである。その一方で，実際には，何年かの間，非常勤講師を務めながら教員採用試験にチャレンジしていくという実態がある。一時期に比べれば教師になるのはやや易しくなったとはいえ，それでも狭き門であることには変わりない。

　大学において教員免許を取得するには，3 週間の教育実習が義務づけられている。その教育実習の体験について，ある学生は次のように語っている。

　　教育実習では本当に辛いことも多く，普段ならば笑って流せるようなことでも，一つ一つ傷ついていました。生徒の言動に敏感になってしまうこともありました。それらの経験は教師としてこれから働く私を成長させてくれるものであったと確信しています。

そして，辛い思いもしましたが，この教育実習をかけがえのない
ものにし，教師としての喜びを与えてくれたのも生徒でした。
　　（中央大学教育職員養成に関する運営委員会・教職事務室，2011,
　　55頁）

　教師になるための道のりは，決して短くない。大学に入学して
教職課程を履修して，教職免許を取得するまでにも4年間の学習
とさまざまな実習体験が必要である。教員採用試験に合格するま
でに，何度かチャレンジしていかなければならない場合もある。
学生の声にあるように，辛いことも少なくないが，生徒との出会
いは教師として生きることの喜びを感じさせてくれる。
　別の学生は，次のように語っている。

　　私は教員をめざす学生の集まる教職サークルというものに参加
　し，そこでの模擬授業やその見学を繰り返しました。そして学生
　同士で意見交換をして試行錯誤を繰り返し，自分の授業を作り上
　げていきました。また，同志の集まりなのでお互いに情報交換を
　したり励まし合ったりなど，精神的な面でも支えとなった活動で
　した。
　　（中央大学教育職員養成に関する運営委員会・教職事務室，2011,
　　51頁）

　このように，学生は互いに励ましあいながら，教師へと成長し
ていくのである。

2　教師の生活と教師の役割

　経済協力開発機構（OECD）の国際比較調査（2010）によれば，
日本の教員1人当たりの児童生徒数は，初等教育（小学校）で
18.8人（OECD平均16.4人），前期中等教育（中学校）で14.7人
（OECD平均13.2人）となっている。平均学級規模は，小学校
28.0人（OECD平均21.6人），中学校33.0人（OECD平均23.7人）
である。OECDの他国に比べて，日本は1人の教師がみなけれ

ばならない児童生徒数が多く，1クラス当たりの児童生徒数も多いということがわかる。このことは，少ない人数の教師が多くの生徒を教育することを意味しており，教師の負担が大きくなる。

　文部科学省が小・中学校，高校教員を対象に行った教員勤務実態調査（文部科学省，2009c；東京大学大学院教育学研究科，2007；Benesse教育研究開発センター，2007）によれば，2006年における小・中学校教員の残業時間は月約34時間であり，1966年の月約8時間と比較して，4倍以上になっていた。その業務は，授業準備・成績処理，事務的な業務，学校行事，補習・部活動，保護者対応であった。1966年度に比べて，事務的な業務，生徒指導，補習・部活動の時間が増加していた。高校教員の1日当たりの労働時間は10時間であり，残業時間1時間43分，もち帰り時間26分を合わせると，12時間は仕事をしている勘定になる。

　このように最近，**教師の多忙化**は著しい。その結果，心身の健康が損なわれ病気になってしまう教師も出てくる。病気休職者数は2017年度には7796人にも及んでいる。そのうち，精神疾患による休職者数は5077人であり，休職者の65％を超えている。休職者の半数以上を占めるのが，精神疾患を理由にしたものなのである。精神疾患による休職者の在職者比は0.55％であり，約200人に1人の教師がうつ病などの精神疾患で一時的にせよ学校を離れているのである（文部科学省，2018e）。

　このような厳しい現実がある一方，教師として生徒に向きあい，生徒の成長を願って日々活動している教師も大勢いる。そうした教師が発する一言一言は，生徒への励ましとなって生徒の心に響いていくのである。ある中学生は，次のようなことを書いている。

　　小学校の卒業式が終わり，小学校生活最後の学活で，担任の先生はこう言いました。
　　「おまえたちは，今日この○○小学校を卒業した。もう○○の生徒ではないのだから，二度と小学校には来るな。」

この言葉を聞いたとき，そんなに冷たいこと言わなくてもいいのにと，さびしい気持ちになりました。

　中学校に入学してから，少しずつ先生の言葉の意味を考えてみました。最初は，もう先生は私たちに会いたくないのかなと，不安になったりもしたけれど，よく考えてみると，小学校のことをふりかえってばかりいずに，前をむいて，これからの中学校生活をどう送るかを考えろという意味だと思いました。

　先生のこの言葉の意味が分かってからの私は，過去にあったことを，ああすればよかった，こうすればよかったかと，こうかいしたりせずに，これからはどうすればよいかを考えていこうと決めました。実際のところは，あまり実行できてはいないけれど，これからは，失敗をおそれずに，前をみていろんなことに挑戦していきたいと思います。

（速水ほか，1996，55頁）

　このように，教師が生徒の背中をそっと押してあげることで，生徒は前を向いて進んでいくことができるのである。

　こうした関係だけではなく，教師と生徒が同じ権利をもつようにもなっている。2016年6月19日には，**18歳選挙権**を実現する改正公職選挙法が施行され，高校3年生にも選挙権が与えられた。こうした状況のもとで，権利や義務について教える教師のあり方も，あらためて問われるようになってきている。

3　教師に求められるもの

　教師の「師」とは，人を教え導く人のことを意味する。多感な生徒を相手にして，あるときは喜び，またあるときには戸惑う。楽しみを感じたり，悩みに陥ったりする。そんなことを繰り返しながら，教師は毎日をすごしていく。

　教師という仕事は，人を育てる仕事である。やりがいのある仕事であると同時に，難しい仕事でもある。ともすれば，現前の生徒の姿だけしか目に入らないことがあるかもしれない。そんなとき，大切なことがある。それは，学校にいる生徒の様子だけでな

く，家庭や地域で暮らしている彼らの姿も思い浮かべることである。学校での生徒の様子と家庭や地域での彼らの姿を重ね合わせながら，生徒の行動や言動の意味をとらえようとすることである。

　もう1つ，大切なことがある。それは，生徒が現在学んでいる学校を卒業した後の姿を思い浮かべることである。いまの生徒の様子と10年後，20年後の彼らの姿とを重ね合わせながら，教育として何が必要であり，何をしなければならないかを考えることである。中学校や高校を卒業して，高校や大学へ行き，社会に出て働く未来の生徒について考えたとき，現在取り組むべき新たな教育的課題が明らかになっていく。

　生徒は，21世紀の日本社会のなかで日々の暮らしを営み，これから先の人生を歩んでいこうとしている。学校・家庭・地域という空間的な広がりのなかで生徒をとらえるとともに，過去・現在・未来という時間的な広がりのなかで生徒の発達をとらえていくことが，教師に求められているのである。

　ネイティブ・アメリカンのソーク族には，次のような言葉が残されている。

　師は教えることで
　また
　学んでいる。　　　　　　　　　　　　　　（ロウ，2001，102頁）

　人を育てる教師という仕事を通して，教師自身もまた成長していく。そうした意識を持ち続けていくことが，教師を志す人に求められていることだといえる。

― 第Ⅱ部 ―
生　徒

第**2**章 発　達

発達段階，権利，個性，リビドーの充足，ジェンダー，ジェンダース
テレオタイプ，アサーション，多様性，青少年のコミュニケーション，
インターネット依存，うつ傾向，遺伝説（生得説），環境説（後天説），
相互作用説，輻輳説，生理的早産，生成文法理論，インプリンティン
グ，臨界期，可塑性，発達の最近接領域，レディネス，発達的・教育
的要求，元服，青年期延長，マージナル・マン，発達加速現象，成長
加速現象，成熟前傾現象，メラトニン，性腺抑制作用，焦点理論（焦
点モデル），不適応行動，睡眠教育，自我の発見，心理的離乳，脱衛
星化，操作，論理的思考，9歳の壁（10歳節），同化，調節，ギャン
グ・エイジ，心理・社会的危機，アイデンティティ，勤勉性，劣等感，
世代性，欲求階層説，自己実現欲求，承認・自尊欲求，世代間交流学，
発達障害，障害者権利条約，DSM-5，ICD，自閉症スペクトラム障害，
こだわり，感覚過敏，注意欠如／多動性障害，学習障害

第 1 節　**発達とは何か**──主権者としての発達

1　子どもをどうとらえるのか──発達と権利という観点

　子どもをどうとらえるのか，これは親や教師をはじめ，子育て
に関わる社会や人々に通底する大きな問題である。子どもに関す
る問題は時代や社会を照らしながら，多様性を帯びている。人間
性を重視するルネッサンスを迎えながら，当時は子どもをいまだ
大人扱いする風潮が強かった時代にあって，イタリアの初期ヒュ
ーマニズムの思想家ヴェルジェーリオ（1370-1444）は，子どもに
は子ども固有の傾向があるとして，子ども独特の行動や思考のあ
り方を示し，後世の**発達段階**につながる考え方を示唆している
（岩本，2016）。

　イタリアのヴェルジェーリオからおよそ3世紀あまりを経て，

スイス出身の思想家ルソー（1712-1778）は，自然の秩序のもとでのすべての人間の平等をうたい，大人のみならず子どもにも人権があることを訴え，子どもの真の"発見"の契機を生み出した。ルソーの思想は，同じくスイスのペスタロッチ（1746-1827）に影響を及ぼし，貧しい子どもを視野に入れた普遍的教授法としての直観的教授法の樹立の契機をもたらした（岩本，2016）。

　ルネッサンス初期に子ども固有の行動や考え方が示唆されながらも，子どもの真の発見にはその後およそ3世紀もの時間を要したことになる。特権階級の子どもに向けられた「子どもの発見」が普遍性を帯びるには，ルソーによるすべての人間の平等，すべての人間の**権利**の発見が必要であったのである（たとえば，生まれたときは白紙であるという経験論を展開したイギリスのロック〔1632-1704〕が対象としたのは特権階級の子どもであった〔岩本，2016〕）。こうしてみると西欧における子どもの真の発見のプロセスには，子どもの発達の独自性の認識の上に，大人も子どもも含めたすべての人間の自由と権利の認識が備わる必要があったこと，およびその過程で社会的・階層的な闘争の経緯を含んでいることがわかる。

　子どもは大人と異なる存在であること，その決定的な差異に根拠を与えているのは発達という事実であること，ならびに1人ひとりが個性と権利をもつ主体であること，子どもと関わるにあたり忘れてはならないこの3点は，長い歴史の経緯のなかで人々が社会的・階層的な闘争のなかから勝ち取ってきたものであるということを心にとどめておきたい。

2　教育心理学の現代的な課題──発達・教育・権利

　ルソーによる子どもの"発見"からすでに数世紀あまりがたった。日本の学校教育は，明治期の学制発布（1872年）以降，戦前は，「修身」や教育勅語を通じて，富国強兵や帝国主義の推進において，大きな役割を果たしてきた苦い歴史をもつ。戦後は一転

して国会での教育勅語の廃止を皮切りに，忠君愛国の教育から民主的な教育へと大きく舵を切ってきた。

　戦後はじめて出された学習指導要領に目を向けてみよう。1947年に「告示」ではなく「試案」として出された一般編では，序章において，これからの教育とは国の方針に従うのではなく，下からつくりあげていくものであるという新しい考えが打ち出されている。地域の特色を生かし，現実の子どもの生活や興味・関心に即した，科学的な研究の積み重ねによる指導が打ち出され，自由や希望にあふれるものとして，現代の教育にも響く意義深い内容となっている。徳水博志による東日本大震災後の教育実践（徳水，2018）は，当時の「試案」を体現する取り組みとなっている。

　長崎で5歳（年長児）のときに被爆した城臺美彌子は，小学校3年生（1948年）のときに，若い男性教師から，「もう戦争はしない」といわれたときの喜びを次のように語った。

　　その男の先生は，ドッチボールと掛け算以外に教えてくれたのは，「君たちよく聞けよ。憲法ができた」っていうことだったの。「何？」って聞いたら，「もう日本の国は絶対戦争をしない」って。もうそれはそれは，「えっ，もう飛行機は爆弾を落とさんとね？」って聞いたら，「もう絶対落とさんから安心しなさい」って。
　　そんな中で今度は遊びの中でね覚えたのが，男女同権よ。男女同権。それから人権蹂躙よ。こういう言葉が（原文ママ）遊びの中で覚えた。
　　　　　　　　　　　　　　　　　　　　　（田口，2018，32-33頁）

　ほどなく1958年には学習指導要領が告示化され，特設道徳の導入，中学校での「技術・家庭」カリキュラムの男女差別化など，自由で民主的な教育とは相容れない教育の潮流が生じた。池田－ロバートソン会談（1953年）で示された学校教育における愛国心の涵養，教育委員の公選制廃止（1956年）など，冷戦体制や朝鮮戦争勃発を背景に，戦後の日本の民主的な教育を押しとどめる動きが強められてきた。"国を愛する心"が盛り込まれた教育基本

法改定（2006年）はその象徴である。

　教育基本法の改定の影響は学校教育に大きく及び，現代は民主的な教育，1人ひとりの個性の重視を標榜する一方で，公共の精神や国を愛する心の涵養が強調される時代である。「特別の教科道徳」という新たな教科も小学校で2018年度，中学校でも2019年度から実施されるようになったことを受け，はたして何を教えるのか，また，評価の方法などをめぐって，議論となっている（田口ほか，2017）。いわゆる「徳目（価値）の注入」では，大人への反発を強め自己を模索し始める思春期の生徒たちに対し，偽りの自己表出を強要することになり，生徒たちは大人社会への不信を募らせるのではないだろうか。仲間と議論し，自らや社会のあり方を考えるための道徳にしていくためにはどうすればいいのか，「特別の教科　道徳」をめぐる内容や教育評価（第**4**章4節参照）は，教育現場はもとより，教育心理学においても非常に重要な問題である。

　「再び戦禍を繰り返さない」との誓いを教育に託してから70年あまりがたち，戦後国会で廃止された「教育勅語」について，道徳の教材としての可能性に時の政府が言及する（2017年3月）など，学校教育をめぐる状況は大きく変貌した。

　幼児期に被爆し心と体に大きな傷を背負った城臺美彌子が，憲法や旧教育基本法，学習指導要領一般編（試案）に裏打ちされた教育を受け，希望にあふれた学校生活を送り始めたときの喜びと感動を，平和の大切さを，私たちは後世に伝えていく使命がある。

　戦後はじめて教科として道徳が導入されたことや障害者権利条約の批准（2014年）などをふまえ，教育心理学の現代的な課題として，平和で民主的な社会の構築をめざす教育の実現に向けて，子どもの発達を権利行使という視点から考えていくことは，よりいっそう重要性を帯びている。

3　主権者としての発達——権利行使の視点から

障害のある子どもの発達　小学校6年生のQ君は，筆者が発達相談のフィールドで出会った子どもたちのエピソードをつむいで再構築した架空の子どもである。自閉症スペクトラム障害（ASD）と診断され，近くの小学校の特別支援学級に在籍している。6年生への進級を控えた3月，主にQ君を担当していたR先生が急に異動になり，新学期から教師との関係や生活のルールの再構築など環境面での大きな変化があった。

その後ゴールデンウィーク明け頃からQ君に変化が訪れた。それまではあまりなかったトイレの失敗をするようになったのである。学校側はQ君に紙おむつをつけるように提案したが，保護者はもうすぐ中学生なのにと複雑な心境であった。Q君や保護者にしてみれば，「最高学年なのだ」との自負と「もうすぐ中学生なのに2歳児のような失敗をしてしまった」ことへの無念さがないまぜになったような葛藤を感じたことであろう。生活年齢と発達年齢との落差にもとづく葛藤に加え，「もうすぐ中学生なのになぜおむつをつけなければならないのか」という人権を傷つけられたような思いをもったことであろう。

それではQ君はなぜトイレの失敗をするようになったのだろうか，考えてみたい。まずQ君は言葉を発することが難しい。一方で，対人的・対物的な感受性は人一倍強い子どもである。トイレの失敗は1学期以降の新たな先生との対人関係や生活上のルールの変化などの環境の変化への異議申し立てという見立てが可能である。あるいは下記の推測も成り立つ。

Q君はそろそろ思春期を迎える年ごろになり，身体も大きくなりつつある。だが，学校では4月から担任の先生が替わり，Q君に対する理解が不十分であるためQ君をことさらに"子ども扱

い"する節があった。たしかにQ君は専門機関で発達年齢がおよそ2歳程度と判定され，言葉を発することが難しく，思うようにいかないときに時おりパニックを引き起こしたりすることがあるのも事実である。思うようにいかないときとは，その多くが自分の思いや感情を他者にわかってもらえないもどかしさに由来する。Q君のトイレの失敗は，自分の思い（「もう子どもではないんだよ」といったような）を知ってもらいたいのに言葉で伝えることができない，そのことを他者に訴える強硬手段であるという第2の推測も可能である。ただ，そうであってもその思いを伝えるのになぜトイレの失敗なのか，という疑問が残る。仮に「子ども扱いしないでよ！」との思いが強まったとしてその思いを言葉以外で表現するのであれば，トイレの"失敗"以外で訴えるほうが理にかなう。

　あるいは3番めの推測は，トイレの"失敗"は，性的成熟に伴ういわばリビドー（本章3節参照）の充足の前兆なのではないかとの解釈である。つまりこれから思春期に突入する（あるいはすでに突入している）子どもたちの葛藤そのものの体現とみることもできる。Q君の行動は，「大人になりたい」「発達したい」という要求（権利）の現れとみることができるのである。だが，発達年齢や診断名にとらわれ"2歳児のQ君"という考えに支配されている限り，Q君の発達への要求を見極めることは難しい。障害のある子どもの発達の実現に向けて，教師は常に子どもの心を把握し，状況に応じて手をさしのべることが必要である。

ジェンダーと発達

現憲法では，法のもとの平等の理念のもとに男女平等が掲げられ，戦前は女性に認められなかった選挙権も，戦後は20歳以上のすべての国民が手にすることとなった。しかし，世界経済フォーラムによるジェンダーギャップランキングにおいて日本は2019年12月現在121位と下位に低迷している。いわゆる「202030」（社会のあらゆる分

野において，2020年までに指導的地位に女性が占める割合を少なくとも30％程度とする目標）の実現可能性は限りなく低く，男女平等や男女共同参画社会の実現にはいまだ遠いのが現実である。

　男女平等や男女同権は理念としてはあるものの，いまだに学校現場では「男子が先」の出席簿が散見され，女はスカートで男はズボンというように，「女らしさ」「男らしさ」を強調する制服がセクシズムの再生産装置として機能している。教頭や校長などの学校管理職の女性比率は，女性教員比率に比べて圧倒的に低く，女性の管理職比率が他に比べて相対的に高い小学校（22.9％）においても，女性教員比率62.2％を大幅に下回っている（文部科学省，2018e）。学校段階が上がるにつれて女性管理職は少なくなる傾向にあり，中学校では9.7％，高校では8.8％にとどまっている。PTA役員（13.8％）や自治会長（5.7％）なども女性の割合が少なく，生活場面での指導的役割も圧倒的な割合で男性が占めている現実（内閣府男女共同参画局，2018）は，「リーダーや責任者は男性」というジェンダー観の発達に大きく影響しているだろう。

　こうして子どもたちは，学校や家庭をはじめとする生活の場で，「女性」や「男性」の行動やあり方をみたり聞いたりしながら，知らず知らずのうちに，ジェンダーステレオタイプ（ジェンダーバイアス）を心や体にしみこませている（コラム①参照）。

　ジェンダーは，「女」「男」のあり方だけでなく，性愛の対象や性自認，恋愛や結婚，進路選択（進学か就職か，理系か文系か，科目の選択などを含め）や仕事など，広い範囲にわたって人生や生き方に直結する。高等教育での女子学生の比率は大学（学部）が45.1％，修士課程が31.3％，博士課程が33.6％と学校段階が上がるにつれて低くなり（文部科学省，2018e），女性研究者の割合は16.2％（内閣府男女共同参画局，2018）と世界で群を抜いて低い（たとえばアイルランドは45.6％）。高等教育での女子学生比率や研究機関での女性割合の低さは，生徒の進路選択やキャリア形成は

コラム①　学校におけるアンコンシャス・バイアス

　学校で児童生徒を理解するうえで，子どもの行動や態度だけでなく，育ってきた環境や考え方，思いなど目にみえないことにも想像力を働かせることが必要である。たとえば，「保育士とトラック運転手の両親」という情報があれば，どのような家庭をイメージするだろう？　やさしい子ども好きなお母さんとたくましいお父さんだろうか？　実は保育士のお父さんとトラック運転手のお母さんということもありうる。しかし，どれだけの人が後者をイメージするだろう？　こうした「男は」「女は」という思い込みをジェンダーバイアスというが，教師は子どもや保護者に向きあうとき，自分自身のアンコンシャス・バイアス（無意識の偏見）に自覚的でありたい。ある授業で「理想の家庭像は？」と問うたとき，ある男子が「俺主夫になりたい」と発言した。周りからはドッと笑いがもれた。教師はどのように反応するだろう。バイアスを再生産することになるか，あるいは多様性を認めさまざまな可能性に開かれていく授業を展開することになるか，教師の姿勢は大きな影響を与える。こうした日々のやりとりの積み重ねが，子どもたちの考え方を形成し方向づけていく。

　進路を考えるときにも男女では大学進学率や職業選択に差が出やすい（朝日新聞，2018b，2018c）。幼少期から周囲を観察したり周りからの声かけによって，「男らしさ」「女らしさ」を学んでいくという報告もある（朝日新聞，2018b）。ジェンダーバイアスだけでなく文化や世代の違いなどによって「当たり前」だと思っていることが，本当にそうなのか？　と問いなおし，気づいていく必要がある（朝日新聞，2018a）。そのためには，１人ひとりが自分の意見や考えをもち，表明してもよいという**アサーション**の考え方を基盤に，多様な意見や感じ方に出会い対話する必要があるだろう。その出会いのための場，時間，人を用意することは学校において可能である。多様性に開かれていくためには，大人自らがアンコンシャス・バイアスに自覚的であり，子どもたちの表明することに耳を傾けることが重要だ。その姿をモデルにして子どもたち同士も学んでいくにちがいない。

もとより，研究の多様性や質という学術的な問題にも波及する。2018年には，東京医科大学をはじめいくつかの大学の医学部で，女子や浪人生への不平等入試が発覚し，社会に衝撃を与えた。日本における教育の男女不平等はいまだに根が深い。

　性やジェンダーによる制約から解き放たれ，1人ひとりが自由に自らの意思で学び，活動し，進路を決定し，自立に向けて発達していくために，教師はどう指導すべきだろうか。まずは，内外におけるジェンダーの実態を把握したうえで教師自らのジェンダーを意識化することが必要となる。そのうえで，ジェンダーにとらわれない教育に向けて，教育内容や指導方法を構築しなければならない。授業はもとより，自他の生き方の洞察に関わる道徳教育，ホームルーム活動をはじめとした特別活動などを含め，学校生活での何気ない日常において，ジェンダーフリー教育を実現することが急務である。

多様な子どもたちの発達

いわゆる「性同一性障害」について，DSM-5（アメリカ精神医学会による診断基準；2013年改訂）ならびにICD-11（WHOによる診断基準；2018年改訂）では，「障害」（disorder）の概念をはずす方向で診断基準の見直しが進んだ。性における多様性は，医学分野においても，「障害」ではなく，**多様性**のくくりでとらえようとしているなど変化がみられる（DSM-5とICD-11については第4節も参照）。

　日本ではLGBT（レズビアン・ゲイ・バイセクシャル・トランスジェンダー）の人たちへの理解が徐々に浸透しているとはいえ，当事者が学校でのいじめの対象になりやすいこと（いのちリスペクト。ホワイトリボン・キャンペーン，2014），同性の結婚が認められていないことなど，性に関わる人権問題はいまだ山積している。

　また，入国管理法の改正（2019年4月から施行）を契機に，外国籍の子どもたちや，日本語を話せない子どもたちへの教育もより

いっそう重要度を増している。日本語教育が必要であるにもかかわらず，十分な支援を受けられない子どもは，47都道府県で1万人以上にのぼり，支援が行き届かない背景として，日本語教員や教室・時間，指導法や教材の不足などがあげられている（毎日新聞，2019）。

　上でみてきたように，障害，性，国籍をはじめとして，多様な子どもたちが存在している。また，日本の子どもの2015年度の貧困率は，13.9%（厚生労働省，2018）と世界的にみても高い。このように，目の前の子どもたちが，さまざまな困難を引き受けながら生活していることを自覚し，1人ひとりの生徒が権利行使の主体として人格発達をとげるための教育が求められている。

4　現代に特有な子どもと発達をめぐる問題

子どもの少ない社会　　国民生活基礎調査（厚生労働省，2018）によれば，1960年代の高度経済成長期に最も多かった4人世帯は1985年頃から徐々に減少し，平均世帯人数は1953年の5.00人から2018年には2.44人へと減少した。また，児童のいる世帯がこのおよそ30年間で，46.3%から23.4%と半減し，児童のいない世帯が53.8%から76.6%へと増加している。

　地域や世帯に子どもが少なくなった社会において，子ども同士の関わりは，後述するコミュニケーションスタイルの変化も手伝い大きく変容していることが察せられる。子どもと他者との直接的・対面的な関わりによる発達の促進は，学校教育が果たすべき大きな役割となっている。

コミュニケーションスタイルの変化　　スマートフォンの爆発的な普及を背景に，LINE，Twitter，Instagram，YouTubeなどのツールやSNS（登録された利用者同士が交流できる会員制交流サイト）が目まぐるしく登場し，

青少年のコミュニケーションのあり方が大きく変化している。これらのコミュニケーションでは，瞬時に多様な情報を発信することができたり，ゲームを通して見知らぬ人との交流が可能になるなど，ひと昔前とはまったく異なるコミュニケーションが展開されている。

通信や情報収集のツールとしての利便性から，スマートフォンは日常生活において，もはや不可欠なものである。また，インターネット上での他者とのコミュニケーションは，孤独に陥りやすい思春期において一定の意義が認められる。ただしスマートフォンやインターネットにはネガティブな側面も多く見受けられ，思春期の人格発達にかんがみてその影響は深刻といわざるをえない。

① **インターネット依存**と生活への影響：中学生と高校生6万4417人を対象にした調査（2017年12月～2018年2月）によると，直近の30日間のインターネット平均使用時間が1日に「5時間以上」と答えた高校生は，男女とも3割近くにのぼることや，インターネットの「病的使用者」（インターネット依存スクリーニング項目8項目のうち5項目以上に該当）の割合が，2014年に比べて中学生では6.0%から12.4%へ，高校生では9.4%から16.0%へと増加したことが明らかになった（尾崎ほか，2018）。またインターネットの使いすぎの問題として，中学生・高校生ともおよそ5割以上が「成績低下」を，また高校生はおよそ5割が「居眠り」をあげていた。

② **スマートフォンと性被害**：警察庁（2018）の調べでは，2017年においてSNSに起因する犯罪被害は，スマートフォンの所有・利用の増加に伴い増えており，過去最高となっている。犯罪別では，青少年保護育成条例違反（702人），児童ポルノ（570人），児童買春（447人）の順で多く，とりわけ後者の2つはスマートフォンの普及とともに急増している。中学生が676人，高校生が941人と中高生の被害が多く被害児童の9割弱を

占めている。

　被害児童の SNS へのアクセス手段もスマートフォン使用が9割にのぼり，フィルタリングの有無が判明した児童のうち，8割強が契約時から利用していなかったこと，「学校における指導をこまめに受けていた」児童が 2.6％と少ないことから，保護者と教師が手を携えて子どもの心と体を守ることが，喫緊の課題となっている。

　スマートフォンの長時間使用による斜視への影響も指摘されている。子どものためにと買い与えたスマートフォンが，子どもたちの人格を侵害し，心と体に大きなダメージを与えていることを保護者と教師は重く受け止め，子どもを犯罪や被害から守るとともに豊かな人格発達に向けて緊急の対策をたてなければならない。

現代の思春期の心と体

本章 3 節でみるように，20 世紀後半の発達加速現象（初潮の早期化や体格の向上）は収まりつつあるが，子どもたちの体力・運動能力は，水準が高かった 1985 年頃に比べると，一部を除き依然として低い水準である（スポーツ庁，2018）。

　また，教師が「最近増えている」と回答した"子どものからだのおかしさ"では，うつ傾向が 2010 年に中学校で 62.9％，高校でも 72.7％（2010 年）・59.1％（2015 年）と高率で選択されていた（野井ほか，2016）。

　「大人でも子どもでもない」思春期特有の難しさは，思春期の発達の必然であるが，現代の思春期は体力の衰えや心の疲れなどの「大人としてのあり方」を早期から呈しているといえる。

　一方で，現代の思春期の子どもたちの自立意識については，中・高校生ともに相談相手として「母親」を選択する率が高くなり（NHK 放送文化研究所，2013），教育や医療，司法の現場からも，以前に比べて「未熟さ」を指摘する声が上がっている（法務省，

2016；平岩，2015)。心と体の発達がいびつに入り混じる現代の思春期の子どもたちの自立や発達の実現に向けての，豊かな子ども時代の保障とそのための方策が早急に求められている。

第 2 節　発達と教育との関わり

1　発達の規定因——遺伝と環境

　発達の規定因としての遺伝と環境をめぐり心理学では歴史的に議論が重ねられてきた。

個体発達における発達の規定因

(1)　遺　伝　説

　発達の規定因を遺伝に求める考え方を**遺伝説（生得説）**という。子どもの人格発達の要因を，子どものもってうまれた気質や能力などの生得性に帰する考え方である。たとえばジェンセン（1978）は種々のデータにもとづき，IQ（知能指数）における遺伝規定性をかなり高く見積もっている。

(2)　環　境　説

　発達の規定因を環境に求める考え方を**環境説（後天説）**とよんでいる。子どもの人格発達の要因を，家庭環境をはじめとする子どもをとりまく環境に求める。ジェンセン（1978）はIQにおける遺伝規定性を主張する一方で，学業成績における環境規定性を示唆している。

(3)　遺伝も環境も

　発達の規定因を遺伝と環境の相対的加算に求める考え方である。たとえば，ある能力の発達の規定因は，遺伝が7割，環境が3割を占めるというとらえ方である。遺伝説も環境説も遺伝と環境の相対的比率（加算）にくみした議論とみることができる。

　だがこうした相対的比率の議論に収れんする限りは，子どもの

発達の本質はみえてこない。のみならず人間の発達を宿命論にお
としめたり教育を過小に評価するおそれを禁じえない。遺伝説も
環境説もともにこうした危険をはらんでいるのである。

(4) **相互作用説**

　発達の源泉を主体と環境の相互作用に求める考え方である。個
体が環境に働きかけ，環境から得られる反作用に応じて個体が働
きかけを変えていくというダイナミックな相互作用により発達が
進むとする考え方（柴田・滝沢，2002）で，この考えに立脚する論
者としてピアジェが紹介されている。ただ，ピアジェの発達理論
では，環境が主体に対していかなる影響を与えるのかについての
詳細がふれられていない（小嶋，1979）という問題点が指摘され
ている。

　相互作用説と相似する考え方としてシュテルンによる**輻輳説**が
ある。本来輻輳説は主体と環境との相互作用を意味するものであ
ったが，シュテルンは言語発達における環境の役割を量的指標で
評価することにより内的要因の過大評価にいたらしめた（ヴィゴ
ツキー，1962）という。

2　発達と学習の規定因——早期における環境と発達の可塑性

　前項では個体発達に関しての遺伝と環境をめぐる議論を紹介し
た。本項では種の違いに注目しながら早期における環境と発達の
可塑性について考える。

**早期における社会的・
情緒的交流の重要性**
生まれたばかりの人間の赤ん坊は非
常に無力な存在であり，二足歩行や
言葉の獲得に際しおよそ１年の期間
を必要とすることから，ポルトマンは人間は種として恒常的に早
産である，すなわち**生理的早産**であると表現した。

　またチョムスキーは，人間には言葉を獲得するための普遍文法
が生得的に備わっているとし，**生成文法理論**を提唱した。幼い子

どもたちの言葉の急激な獲得を理解するうえで，人間の子どもに
は文法が生得的に備わっているという理論は理にかなう。

　こうした人間の発達の独自性は，言葉や歩行の獲得における早
期の子どもと大人との社会的・情緒的交流の重要性に根拠をもた
らすものである。

発達の可塑性　　アヒルやガン，カモなどの離巣性の鳥が孵化
して一定の時間内にみた動く物に追随する現
象を**インプリンティング**（刻印づけ，すり込み）とよんでいる。こ
のような特定の種に特有な初期学習は，通常その学習が最も成立
しやすい時期があると想定され，学習が成立するぎりぎりの時期
を**臨界期**とよんでいる。

　人間の発達においても早期における社会的・情緒的交流は重要
であるが，仮にこれらを欠いた場合であっても適切な療育や社会
的なサポートを通じて言語や社会性などの発達が改善されていく
ケースが報告されている（藤永ほか，1987）。人間の発達は，社会
的・情緒的な関わりによる**可塑性**をはらんでいるのである。

3　発達と教育との関わり

教師の立場から　　ある目標に向かって教育を行う場合，子ど
もがいかなる発達水準に達しているのかを
把握することは重要である。ヴィゴツキー（1962）は，就学に伴
う知的教授を契機とした子どもの科学的概念の獲得に際し，**発達
の最近接領域**という概念を提起し，独力でできること（現在の発達
水準）ではなく，大人の援助や仲間との共同でできること（明日
の発達水準）に目を向けることの重要性を説いている。

　関連してレディネス，いわゆる教育準備性については，ゲゼル
による双生児を用いた階段登り実験が有名である。片方には早期
から訓練をし，もう片方には遅くなってから訓練をしたところ，
結果的に遅く訓練を始めたほうが短期間で上手に階段登りをする

ようになったというものである。

ヴィゴツキーやゲゼルの研究から，私たちは発達と教育に関する以下のテーゼを取り出すことができる。すなわち，子どもの発達についての道筋を科学的に考えること，発達水準（成熟）と教育内容（教育目標・教育時期・教育方法を含む）との関連について熟考すること，発達と共同性（仲間や教師の役割）について考えることである。

子どもの発達的要求を実現する教育

一方で生活者としての子どもの発達的要求に目を向けることも重要である。子どもは遺伝要因なり環境要因といかに対峙し，自らの人格や世界を再構築しようとしていくのだろうか。遺伝的・環境的にさまざまな状況を引き受けながらも子どもたちは学びをはじめとする多様な発達的要求をもっている。

思春期を迎えた前述のQ君にあっては性的欲求の高まりを契機に「自分を大人として認めてほしい」という自我の要求も育っていることだろう。教師をはじめとして大人である私たちはすべての子どもたちのこうした要求をどれだけ真摯に読みとっているだろうか。「ウチは裕福ではないから学力向上や進学はムリ」と立ちすくんでいる子どもたちはいないだろうか。「あなたは〇〇という障害があるから……」と生徒の要求や発達の可能性を摘みとってはいないだろうか。「女子だから」「男子だから」，「文系だから」「理系だから」と子どもたちを"分断"し，ステレオタイプ的な教育を押しつけているのではないだろうか。

「家庭の経済状況と学力の関連」の意味することは何か，生活年齢と発達年齢の差異は何を意味しているのか，「障害がある」とはどういうことかなどに思いをめぐらせながらの，目の前の生徒が有形無形で訴える**発達的・教育的要求**についての洞察は重要である。生活者としてのいわば主権者としての生徒の要求に根ざした教育をめざし，思索と実践を重ねることが求められている。

第 3 節　青年期の発達プロセス

　前節でみたように，生理的早産という視点から人間発達の特殊性を説明したのは，著書『人間はどこまで動物か』で有名な動物学者ポルトマンであった。子宮外胎児期ともよばれる非常に未熟な乳児期は，動物学的な見地からみた特殊性を有するが，それとはまた別の意味で，人間発達ゆえの独特な様相を示すのが思春期・青年期である。本節では，青年期の特徴を概観するとともに，その発達のプロセスに関する理論や概念を紹介し，現代の中学生・高校生を理解するための座標軸を示したい。

1　思春期・青年期の特殊性

青年期の歴史的誕生　　　　　　人間発達は，どの発達段階においても，その時代性や地域・文化の影響を受けながら絶えず変容を続けているが，とりわけ思春期・青年期は，社会文化的視点および歴史的視点からみて特殊性をもっている。ここでは，第二次性徴の発現時期の早期化と一般的な発達段階区分との関係に注目しながら，青年期の歴史的誕生をみてみたい。

　1800年代後半，日本では江戸時代の末期，初潮年齢の平均は17歳前後であったと推測されている。その頃，成人として扱われる年齢は，地方によって異なるものの，一般的には15歳であった。いわゆる元服である。仮に青年期の始まりを今日のように第二次性徴を基準として考えるならば，江戸時代においては青年期よりも先に成人期に入るという逆転現象が生じていたことになり，発達段階としての「青年期」は存在しなかったといえる。

　その後，明治期以降の近代社会の成立に伴って教育制度が整備され，大人扱いされる年齢は20歳となった（2022年4月からは18歳以上が成人）。同時に，社会の経済発展と生産力の向上に伴って，

身体発達に密接に関係する栄養状態が次第に向上し，第二次性徴が徐々に早まり，1990年代には初潮の平均年齢が12歳台前半に至っている。こうして，社会歴史的な変容によって「青年期」という発達段階が誕生し，後述する発達加速現象によって青年期の開始時期が早期化し，さらに高学歴化や不安定雇用の増加などに伴って経済的自立が遅くなり，青年期が徐々に長期化して今日に至っている。このように，青年期の始まりの早期化と終わりの遅延を合わせて**青年期延長**とよぶ。

　ゆえに，青年期は生物学的な変化と社会歴史的な状況の変化の両面からもたらされた新しい発達段階であるといえる。大げさにいえば長い人類史上におけるわずか最近100年あまりで出現したものであり，レヴィンが**マージナル・マン**（境界人・周辺人）とよんだように青年は非常に不安定な立場と考えられる。そして，いまもなお，青年期の生き方は，それぞれの地域・社会に固有のあり方で，時々刻々と変容を続けている。

(1)　第二次性徴と発達加速現象

発達加速現象と現代社会

　　　　　　　　思春期・青年期は，月経や精通の出現に象徴される性的成熟（第二次性徴）という身体上の質的な変化をその大きな契機としており，ある日突然その瞬間はやってくる。まさに，子どもの身体から"大人"の身体へと非連続に変貌していく時期であり，児童期までの発達の危機とは必然的に異なる危機を伴いながらの新たな人格形成への幕開けとしてとらえることができる。「昨日までの私と今日からの私の身体は違うけれども，私は私である」「同じ私でありながら，時間的に身体が分断されている私」。こうしたとらえどころのない「私」に関する葛藤こそが思春期特有の現象であり，この時期は，時間的・身体的分断を伴う自己統合の危機の時期である。

　このように思春期・青年期の始まりが早くなっていることを**発達加速現象**とよぶ。より厳密には，同じ年齢段階でも昔より体格

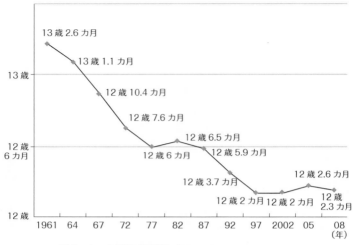

図 2 - 1　初潮年齢推移（日野林ほか，2009 より作成）

が大きくなる**成長加速現象**という量的側面と，後に生まれた世代
ほど第二次性徴の始まりが早くなる**成熟前傾現象**という質的側面
の 2 つに分けられ，歴史的には両者が必ずしも同時に進行するわ
けではないことが知られている。以下に具体的なデータで確認し
てみたい。

　日野林ら（2009）などによると，1960 年代以降女子の初潮は 40
年たらずのうちに 1 歳程度早まり，1997 年以降は 12 歳 2 カ月台
で低年齢化が収束している（**図 2 - 1**）。田口（2010）は，日野林ら
を参考に初潮の低年齢化と収束に注目し，1967 年から 1977 年ま
でを第 1 加速期，1978 年から 1987 年までを第 1 停滞期，1988 年
から 1997 年までを第 2 加速期，1998 年から 2008 年までを第 2
停滞期とし，その間の女子の身長・体重の推移との関連を検討し
た。その結果，初潮の発達加速（成熟前傾）とその停滞の繰り返
しにもかかわらず，4 つの発達期が時系列的に推移するのに伴い，
10 歳から 14 歳までの女子の身長はより高くなっていること（図

2-2），同じく体重もより増えていること（図2-3）を指摘し，成熟前傾現象の停滞中も成長加速現象は進んでいたことを示している。

(2) 発達加速現象と生活習慣の関連

日野林ら（2019）は，全国的に平均初潮年齢と朝食習慣や睡眠時間に関係がみられること，その地域差の例として，朝食習慣が全国平均より低い傾向にある沖縄が早熟傾向を示していること，そのなかでも毎日朝食を食べる群より週6回以下食べる群において平均初潮年齢が低いことを明らかにしている。

そのメカニズムとして有力な説は，照明強度，睡眠不足や欠食によるメラトニンの分泌不足である。メラトニンは，脳の松果腺から分泌されるホルモンであり，抗酸化作用，睡眠導入作用，リズム調整作用などとともに，性腺抑制作用をもっていることが知られている。

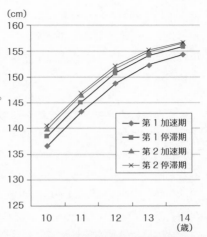

図2-2　発達加速期別の女子身長推移
（田口，2010より作成）

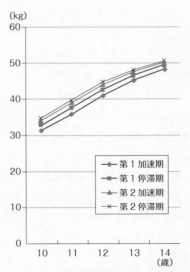

図2-3　発達加速期別の女子体重推移
（田口，2010より作成）

通常は児童期において分泌が盛んであり，青年期に入ると松果腺が退化して，メラトニンの分泌が低下し，それに伴う性腺抑制作用の低下によって第二次性徴が発現する。それが，生活リズムの乱れによってメラトニン分泌のさらなる抑制を招き，成熟前傾が生じると考えられる。

　生活習慣については学力との関連も注目されている。文部科学省（2019f）の全国学力・学習状況調査の分析結果においても，「朝食を毎日食べている」「毎日，同じくらいの時刻に起きている」と回答した群が，まったくそうではないと回答した群に比べて，各教科の学力調査の平均値が10～20点程度高いという結果が示されており，2006年4月に設立された「早寝早起き朝ごはん」全国協議会と文部科学省との連携による運動が現在も展開されている。

　しかしながら，こうした生活習慣とさまざまな指標との関連については慎重にその意味を考える必要がある。特に，「早寝早起き朝ごはん」と学力の場合，それは直接的な因果関係というよりも，両方に関係する要因の存在が想定される。すなわち，保護者の収入や就労環境およびそれらと密接に関わる生活スタイルなど，いわゆる経済資本や文化資本の影響があると考えられ，「子どもの貧困」を以下に示すような社会的要因を含む「複合的剥奪」あるいは「多重逆境」という視点から丁寧に読み解いていく必要がある。

(3)　生徒1人ひとりの発達をとりまく学校・地域・社会

　青年心理学者のコールマンが提唱する焦点理論（焦点モデル）では，複数の問題に同時に直面することが不適応行動を招きやすくすると考えられており，上述したような「早すぎる性成熟」もまた，他の問題と連鎖・重複することでその意味が変わってくると考えられる。

　たとえば，保護者の職場環境が不規則な勤務体制であったり，

待遇面で非常に厳しい状況にあるならば，家族そろっての食事が困難であったり，地域で「子ども食堂」などの適切な支援がなければ欠食とならざるをえないかもしれない。また，同時に，インターネットの過剰利用等も重なり，夜に熟睡できていないぶん，昼間に学校で眠くなって授業に集中しづらく，学習面で困難が生じやすくなるかもしれない。そして，メラトニンの分泌低下により成熟が早まって，同級生に比べて早い性成熟を経験したとき，そのことを保護者に話すタイミングを見つけられずに1人で悩んでいたり，学習面での困難ゆえに先生にも相談しづらい気持ちになっていたりする場合に，その早い性成熟が新たなリスクとして他の問題行動などの引き金になるかもしれない。

　このような複雑な要因の連鎖を考えた場合，学力の問題を生徒本人や保護者の「早寝早起き朝ごはん」の心がけ次第という形で問題を矮小化することは，そうしたくてもできない事情を見落とすなど，当事者をかえって追い詰めることにもなりかねず，教育活動の土台としての信頼関係の構築という視点からも避けたいところである。広重（2009）は，学業成績向上のための「早寝早起き朝ごはん」を一方的に諭し実践するとすれば本末転倒の取り組みであると批判し，睡眠と生体リズムを考慮した社会形成の点から**睡眠教育**の普及が重要な課題であると述べている。

　実際の教育相談場面では，スクールカウンセラーやスクールソーシャルワーカーなどの専門職を含めた学校全体のチームとしていまこの瞬間どのように対応していくのかを考えていくことになる。しかしそれと同時に，子どもの豊かな生活と発達を保障できる地域・社会をどのようにつくっていくのか，換言すれば，生きづらい世の中を前提にしたまま子どもを厳しく鍛え上げるということではなく，そもそも生きやすい世の中を子どもたちとともにこれからつくっていくにはどのような学びが必要なのかという視点から，日々の教育活動を考えられる教師が今日必要とされてい

るのではないだろうか。

2　発達理論から学ぶ

　青年期という発達段階は，上述したように，歴史的・社会的背景をもって誕生し，いまもその様相は時々刻々と変化している。これからの時代において青年期がどのような姿になるのか想像がつかない部分もあるが，少なくともこの100年あまりで世界的に広く注目されてきた青年期の特徴や発達理論の全体像を把握しておくことは，目の前にいる生徒を理解する手がかりになるだろう。

　青年期の特徴を表す有名な用語としては，シュプランガーによる「**自我の発見**」，ホリングワースの「**心理的離乳**」，オースベルの「**脱衛星化**」があげられるだろう。先に紹介したレヴィンは，子どもと大人の中間に位置する不安定な存在として青年をマージナル・マンと表現したが，その不安定さゆえに自分とは何者であるのかを考え，自分自身の内面に注意が向けられる時期でもあること，そして自分なりの判断基準によって行動するようになるという精神的自立がこれらの用語に表現されている。こうした青年期の特徴が児童期以前の発達のプロセスとどのように関わっているのか，いわゆる発達段階説とよばれる理論をもとに考えてみたい。

ピアジェによる思考の発達段階説　最初に紹介するのは，知能や認知の発達を論理的思考という観点からまとめているピアジェの理論である。大まかには，感覚運動期（0〜2歳，乳児期相当；感覚と運動の関係を学びつつ，感覚と運動をもって周囲の事物に働きかけながら理解する），前操作期（2〜7歳，幼児期相当；象徴的思考段階および直観的思考段階），具体的操作期（7〜11歳，児童期相当），形式的操作期（11〜15歳，青年期以降相当）の4段階に区分されている。中学生・高校生が属する青年期は，具体的操作期から形式的操作期へと移行す

る時期に相当する。

「操作」とは，論理的思考のことを指し，正しい推論ができるかどうかが鍵になる。幼児期相当の前操作期は，文字通り，操作以前の段階である。たとえば，「三つ山問題」において，自分がみている物が反対側に立っている他者からも同じようにみえていると考えてしまう「自己中心性」，物にも命や感情があると考える「アニミズム」，見た目の変化で分量の多寡を誤って判断してしまう「直観的思考」（保存概念の未獲得）が特徴といわれている。

具体的操作期に入るとそれらの特徴は消失し（脱中心化），具体的な事物であれば論理的思考が可能になる。ただし，「具体的」であることが条件であり，実際にみたり触ったりできる物や日常的に経験していることがらなど，現実的な文脈に即している場面においては論理的思考が及ぶものの，非日常的な仮定のもとで論理的思考を行うことは難しい。たとえば，典型的な三段論法であっても，「アリはイヌより大きくて，イヌはゾウより大きい場合，アリとゾウのどちらが大きいか」という問いに対して，具体的操作期の子どもは設問の条件を無視して，日常的な経験をもとに「地面を歩いているアリさんよりは，動物園にいるゾウさんのほうが大きいに決まっている」と答えてしまうかもしれない。ただし，同じ問題であっても，アリの巨大模型とイヌの置物とゾウのイヤリングという具体物が目の前にあれば，アリのほうがゾウより大きいと正答できるだろう。

これが形式的操作期に入ると，「アリ」「イヌ」「ゾウ」を「x」「y」「z」と同様の記号として認識することができ，大小関係を日常的文脈から離れて，与えられた条件をもとに推論することができるようになる。また，法則や理論をもとに実験結果を予測するといった仮説演繹的思考もこの形式的操作期の特徴である。ゆえに，小学校高学年以降，教科学習においても抽象度を増すことになるが，その移行には個人差があり，たとえば，分数やパーセ

ントの理解など，学習につまずきを感じやすい時期でもあるともいえよう。

　このような困難を表す有名な言葉が「9歳の壁（10歳節）」であり，東京教育大学附属聾学校長（1949-68年在任）だった萩原浅五郎の命名といわれている。当時，知的発達に遅れのみられない聴覚障害児が，小学校中学年以降の学習内容の理解に困難を示していたことから，論理的思考の発達が耳を通して入る情報量に関わっている可能性を指摘した。すなわち，思考手段としての言語の発達に困難がみられた結果として，抽象度の高い思考が難しくなったものと考えられる。

　その後，教育実践が進歩するなかで聴覚障害に伴う遅れは克服されてきているが，あらためてどの児童生徒も直面する可能性のある困難さとして「9歳の壁」をとらえなおす必要があるだろう。川地（2007）は，この9歳頃の発達を充実させるうえで，学習指導のみならず遊びや集団育成を含めた援助の必要性を指摘している。中学・高校において，小学校段階の学習につまずいたまま進学してきた生徒も少なくないが，単に低学力ととらえるのではなく，さまざまな経験の機会に乏しかった可能性，さらには背景としていまだ診断されていない障害を有するケースも含まれている可能性があることを念頭におかなければならないように思われる。

　たとえば，抽象的な思考が可能になる形式的操作期には，特定の対人関係場面において「空気を読む」ことなど，目にみえない暗黙のルールを重視することで，それまでの「友達」などの概念のとらえ方にも変化が生じ，ある種の障害特性ゆえに「空気を読む」のが苦手な生徒にとっては困難な場面が生じやすくなるかもしれない。一見すると，昨今注目されている「非認知能力（社会情緒的スキル）」の発達の問題と思われる現象でも，背景には「認知能力」の発達をめぐる特徴やその個人差から生じている面もあると考えられる。

ちなみに，ピアジェはこうした認知発達のプロセスを同化と調節という用語で説明している。たとえば，子どもが家にある椅子をみて，「イス」という言葉とともに「脚が4本あって背もたれがあって座ることのできるもの」といった理解の枠組み（シェマ）を構築しているとする。その子どもが，今度は学校の教室で椅子をみたとき，家でみた椅子とは形や材質が異なっていても，シェマに当てはめて「同化」して「これはイスなのだ」と理解することができる。やがて，背もたれのない椅子や1本脚の椅子に出会い，既存のシェマでは椅子ではないことになるので「これは何だろう？」と一瞬疑問に思うが，ほかの人がそれらに座っている場面を目にして「背もたれの有無や脚の本数に関わらず，座るためにつくられたものは椅子だ」などとシェマを修正していくのが「調節」である。こうして新しくなったシェマを使ってまた他のものを「同化」し，うまくいかないときは「調節」する。この同化と調節の積み重ねは，遊びと学びのプロセスにつながるものであるともいえよう。生徒のこれまでの経験は1人ひとり異なるがゆえに，1人ひとりユニークなシェマを構築していて，同じ言葉を聞いてもその受けとめ方は違ってくる。その異質な他者同士が対話し，相互に調節が行われるときにこそ，真の学びが期待できるのではないだろうか。

　このように，論理的思考の発達という切り口から，学習と発達そして生活との関係を見通しつつ，生徒理解を深めていくことが大切である。その際，「中学生はもう形式的操作期なのだから，抽象的・論理的な思考ができて当たり前」という形で発達段階説を規範的に用いるのではなく，個人差の存在とその背景に留意しながら，目の前に現れている問題がどのようなプロセスで生じているのかを理解するための座標軸として活用するように心がけたい。この視点は以下に紹介する他の発達段階説においても同様である。

フロイトの心理・性的発達理論

精神分析学の創始者として知られるフロイトは，リビドーとよばれる性的エネルギーが身体のどの部位で満たされるかが発達段階によって異なるとの考えから発達段階説を提唱している。具体的には，口唇期（乳児期に相当：ミルクを吸うことによって充足），肛門期（幼児期前期に相当：トイレット・トレーニングで排泄することを学ぶ），男根期（幼児期後期に相当：性器いじり，エディプス・コンプレックス），潜伏期（児童期に相当），性器期（青年期以降に相当）の5つに区分している。

このうち児童期に相当する潜伏期は，リビドーが自分の身体ではなく，他者との関係性に向けられる時期として位置づけられている。一般に「ギャング・エイジ」（徒党期）とよばれる時期であり，児童期後期（小学校中学年から高学年）において同性同年代による自然発生的な結束力の強い仲間集団を形成するといわれてきた。近年は，都市化による「秘密基地」の消滅，高層階居住世帯の外遊びの困難さ，少子化の影響（学校規模の縮小による狭い人間関係，学校統廃合による校区拡大など）もあり，ギャング・エイジの様相は大きく変わってきているが，対人関係のルールやスキルを学ぶことを通して社会化（社会性を身につけること）に寄与するという側面の重要性は普遍的なものであろう。

青年期に入ると，ギャング集団は急速に衰退し，第二次性徴を迎えて生殖能力を獲得し，潜伏期から性器期へと移行する。性や恋愛への関心が高まるという意味で新しい段階に進むことになるが，それゆえに，学習への関心が薄れたり，自分の容姿のことで悩んだり，身体の発達に関する正しい知識をもたないまま（あるいは知識をもっていながらも）性行為に至り相手を傷つけてしまったりするなど，性をめぐる悩みや問題行動への対処が課題となってくる。「寝た子を起こすな」ではなく「すでに起きている」という認識にもとづき，生徒が自己決定できるよう指導することが

性教育の目的となる（コラム③参照）。

　たとえば，デートDV（交際中の身体的・精神的・性的暴力）や性的なハラスメントなど，中学・高校における生徒指導上の重大な問題となるケースでは，いじめ防止対策推進法などの法令にももとづきながら，必要に応じて医療・福祉などの専門機関と連携して対応しなければならない。校内では，生徒指導部のみならず，各担任，保健や家庭科などの教科主任，教育相談担当およびスクールカウンセラー，養護教諭や保健主事，そして特別支援教育コーディネーター（障害者にとっての性という切り口も今後さらなる研究・実践の蓄積が期待されるテーマである）を含む連携のなかで共通認識を構築し，科学的な知見にもとづいて組織的・計画的に性教育に取り組んでいくことが求められる。今後は人権教育の面からも，小学校さらには就学前を含めた中長期的な性教育のあり方を考えていくことが必要である。

3　エリクソンの心理・社会的発達理論

青年期における自我同一性の確立　自我の発達という視点から人生を8つの段階に区分したのがエリクソンの心理・社会的発達理論である。各発達段階において内面の欲求と外からの制約との間に生じる葛藤を乗り越えることが重要な課題となるが，これを**心理・社会的危機**とよび，「A（ポジティブ）対B（ネガティブ）」と表現している（図2-4）。このAとBの間を揺れ動きながら，Aが優勢になることが求められる。ただし，完全にBが否定されてしまうべきではないとも考えられている。

　この理論の要は，第Ⅴ段階（青年期）における自我同一性（**アイデンティティ**）の概念であり，時間的な連続性の感覚と，他者・社会との関係性という2つの側面からとらえられる。過去・現在・未来のつながりは，ライフストーリーや自己物語などと表

	1	2	3	4	5	6	7	8
Ⅷ 老年期								統合性 対 絶望
Ⅶ 成人期							世代性 対 停滞性	
Ⅵ 成人前期						親密性 対 孤立		
Ⅴ 青年期	時間展望 対 時間拡散	自己確信 対 同一性意識	役割実験 対 否定的同一性	達成への期待 対 労働麻痺	同一性 対 同一性拡散	性的同一性 対 両性的拡散	指導性と服従性 対 権威の拡散	イデオロギーへの帰依 対 理想の拡散
Ⅳ 学童期				勤勉性 対 劣等感				
Ⅲ 幼児後期			自主性 対 罪悪感					
Ⅱ 幼児前期		自律性 対 恥, 疑惑						
Ⅰ 乳児期	信頼 対 不信							

（注） 実線の矢印は，各発達段階に顕在化する心理・社会的危機の変化した所産を示し，破線の矢印は，青年期における萌芽と顕在化した成人期の危機を示す。青年期（Ⅴ）の横の欄の下部に示してある各構成要素（時間拡散〜理想の拡散）が同一性拡散の下位カテゴリーである。

図2-4　心理・社会的危機と同一性拡散に関する個体発達分化図式
（山本，1984 を改変）

現されることもあり，これまでの経験と将来の展望を結ぶような一貫性を模索するなかで現在の自分が位置づけられてくる。そして，自己物語を他者に語り（ナラティヴ），その他者が物語を受けとめて承認してくれることによって，本当の自分が理解されたという自信が生まれ，自我同一性が確立すると考えられる。もちろん，さまざまな他者と接するなかで，語り手と聞き手の相互作用により，自我同一性の中身は絶えず変容を繰り返すことになるだろう。

従来は，この同一性確立に向けた模索期間（猶予期間）として
モラトリアムの概念が位置づけられていたが，社会のめまぐるし
い変化とそれに伴う自己物語の変容を見通した場合，現代人は常
にモラトリアムであり続けることが求められているともいえそう
である。そんな状況のなかで，近年では「アイデンティティの概
念は賞味期限切れ」といった見方（上野，2005）をはじめ，自我
同一性という切り口が現代青年の実像をとらえていないという問
題が提起されるようになった。しかしながら，エリクソンの理論
は青年期にのみ焦点を当てているものではない。第Ⅴ段階（青年
期）以外の7つの段階を見通すことによって，むしろ現代青年の
生きづらさを理解する手がかりが得られるのではないだろうか。

自我同一性以前の諸問題と青年期　　第Ⅰ段階（乳児期相当）
の基本的信頼感は，養育
者との信頼関係を土台として，幼児期以降の幅広い対人関係の基
本となるもので，青年期においても軽視できない概念である。ボ
ウルビーのアタッチメント（愛着）やマターナル・デプリベーシ
ョン（母親剝奪），ホスピタリズムといった用語と関係が深く，近
年では青年期や成人期を対象とした愛着スタイルおよび愛着障害
の研究が注目されている。虐待を含む親子関係の問題や対人関係
全般に関わる困難さを読み解く視点の1つになると考えられる。

　また，第Ⅳ段階（学童期）の**勤勉性**（industry）は生産性とも訳
されるが，日本語から意味を読み解くのが難しい概念である（佐
野，2009）。近年は，技能や知識を中心とする認知的要素，技能や
知識の使用に関する行動的要素，そして技能や知識の獲得や使用
に対する態度や経験を指す感情的要素の3つから理解されている
（Kowaz & Marcia, 1991）。第1の認知的要素は，"私は学ぶ存在で
ある（I am what I learn.）"というエリクソンの表現が象徴的であ
る。第2の行動的要素としては，生産的活動への熱中，ほかの子
どもたちと作業する能力，与えられた目標に適した方法を用いる

ことなどがあげられている。第3の感情的要素としては，役に立っている有能な感覚，ものごとを知っていてそのやり方をわかっている人々に同一化すること，学ぶことへの広い好奇心と関心などがあげられている。これらの要素はどれも第V段階（青年期）において自我同一性の確立を支えるものであると考えられる。

　もし第Ⅳ段階で勤勉性の獲得がうまくいかずに**劣等感**が優勢になるならば，アドラーの指摘する劣等コンプレックス（強すぎる劣等感）をもつに至り，その裏返しとして優越コンプレックス（人に勝たないと気がすまない）が生じるかもしれない。これは現代的に言い換えると，他者を軽視あるいは蔑視することによって，自分の成功経験にもとづかない見せかけの有能感，すなわち「仮想的有能感」（速水，2006）をもっている状態である。極端なケースであれば，自分と他者を比較して1つでも自分より劣っているところがあればその他者を見下してしまう。この強すぎる劣等感の問題点は，他者の幸福に関心がもてないこと，すなわちアドラーの用語で表現するならば「共同体感覚」の欠如にあり，さらに，他人を見下した結果として，自分自身が変化して成長するという道を回避してしまう点にあるといえるだろう。もし共同体感覚が維持されているならば，自分より優れている他者は尊敬の対象となり，劣等感はその尊敬する人の能力に自分も近づきたいという努力を誘発することが期待される。

　さて，いわば健全な劣等感が働くための前提である「共同体感覚」が育まれるためには，他者から関心をもたれる経験，承認される経験が重要であるだろう。そう考えると，エリクソンの第Ⅶ段階（成人期）における**世代性**（次の世代を育てる）を課題としている教師の役割が非常に重要になってくる。この世代性とは，次の世代を育てること，換言すれば，次の世代の利益や幸福に関心をもつことである。若い教師として第Ⅳ～Ⅴ段階にある生徒に関わるうえで，第Ⅶ段階の世代性とは，"飛び級"的な課題として

次の世代に共同体感覚を伝える営みであると表現できる。

4　社会・文化のなかでの子どもたちの生活

「やりたいこと」探しを超えて　ここで，上述した発達段階説をふまえながら，思春期・青年期に至るまでの子どもたちの生活をとりまく社会状況とその問題点を整理し，現代の中学生・高校生にとっての課題を考えてみたい。

1990年代のバブル経済崩壊以降，就職をめぐる状況は「超氷河期」と表現されるまでに厳しくなった。かつては強固に存在していた「こうすべき」という規範や理想が多様化ないしは弱体化し，個々人が自己実現をめざして「やりたいことをやるべき」という価値観が広がった。偏差値至上主義による受験競争に苦しんできた大人世代が，自分の子どもたちには自由な生き方を楽しんでほしいという思いを抱いたとしても不思議はない。しかし，表面的には自由な生き方が許容されているようにみえつつ，実際には，新自由主義と表裏一体の自己責任論が背景にある。「やりたいことをやりなさい。そして，結果はすべて自分で引き受けなさい（誰も助けてくれない）」という論理がそこに隠れている。

フロイトにしてもエリクソンにしても，各発達段階で描かれているのは「やるべきこと」と「やりたいこと」の折りあいをつけるという課題である。外側から「やるべきこと」が提示され，それを内面化しながら，時に反発もしながら，取捨選択して「やりたいこと」との折りあいをつけていくのが「自律」という言葉の意味するところである。ところが，その折り合いをつけることが現代では難しいのかもしれない。1つには，大人の側が「やるべきこと」を提示できておらず，子どもにとっては大人に反発する機会すらないまま「やりたいことをやりなさい」といわれ，かえって「やりたいこと」をみつけにくくなっていることが考えられ

る。もう1つには，逆に「これをやらないことは許さない」という形で過剰な期待を押しつけて子どもを支配するような，「教育虐待」とよばれるような関わりになっているケースも少なくない。これら2つの例は両極端にみえるが，どちらの場合も子どもの人格が尊重されず，そこに世代間の「対話」が存在しないという共通点を見出すことができる。

　宮台（2002）は現代社会の状況を「承認の供給不足」と表現している。大人も含めて自分が承認（評価）されたいという欲求が満たされにくい状況のなかで，明確な価値観や理念を示し共有しながら対話を重ねたり，相手（特に子ども）の最善の利益に関心をもったりすることのできる大人が少なくなっているのかもしれない。マズローの欲求階層説から考えるならば，頂点にある**自己実現欲求**（成長欲求）の前に**承認・自尊欲求**が位置づけられており，承認されることなしに自己実現に至ることは難しいといえる。

　こうしたよりどころのはっきりしない社会において，一部では「伝統的」とされる性役割観や家族観が強調されたり，ジェンダー平等や本質的な性教育の取り組みを後退させるような動きもいまだにみられたりするなど，誰にとっても生きやすい「共生社会」の実現にはまだまだたくさんの課題が山積している。

世代を超えた関係性の再構築に向けて

このような「生きづらさ」は，土井の『友だち地獄』（2008）のタイトルにも象徴されている。傷つけない「優しさ」ゆえの生きづらさ，場の空気を読みながらお互いのつながりを確かめあわなければならないなど，学級内ではさまざまな形でピア・プレッシャー（同世代・仲間からの圧力）にさらされる。「見捨てられ不安」あるいはいじめの被害者になる恐怖から同調行動を示して加害者になってしまうケースもあるだろう。とにかく明るく強くふるまっていなければならないその様相は，あたかもホックシールドのいう「感情労働」，あるいはクラインら

のいう「躁的防衛」のようでもある。そして今日，その生きづらさは SNS（ソーシャル・ネットワーキング・サービス）などのサイバースペースにおけるピア・プレッシャーにまで拡張されているのかもしれない。

このように同世代に閉じた空間で持続的な緊張にさらされる現代の青年期においては，世代を超えた交流が重要な意味をもつように思われる。近年は**世代間交流学**とよばれる新しい研究の動きが創造され，「育てられている時代に育てることを学ぶ」（金田，2003）という視点が保育・幼児教育を中心に広がりをみせている。すなわち，子ども時代から次世代の育成に責任をもつ能力の基礎を培い，異世代理解とともに自己を知り，自己をつくる教育につなげるというものである。このような視点はおそらく中学生・高校生にとっても「なぜ学ぶのか」「何を学ぶべきか」を探求するうえで重要になるだろう。大人との安定的な信頼関係にもとづいて，子どもたちが地域・社会への希望をもち，主権者として発達することのできるような環境づくりがいままで以上に問われている。

第 4 節　発達障害のある生徒の発達

1　発達障害への注目

近年，日本において，**発達障害**のある子どもが注目されている。そのきっかけの 1 つは，文部科学省（以下本節では文科省）が，2002 年に行った調査である（文部科学省，2002d）。その調査では，発達障害の可能性のある子どもが，通常学級に 6.3％の割合でいることが報告された。この調査は，教師の回答によるもので，医学的な判断ではない。それでも，教育現場に大きな影響を与えた。通常学級 1 クラスにつき，発達障害児が 2，3 人在籍する可能性

があるという事実は，これまで明確になっていなかったからだ。

　さらに，芸能人が「私は発達障害だ」とカミング・アウトすることがあるように，世間での認知も広がってきている。しかし，「発達障害」と一言でいっても，その内実はさまざまである。その内実を知ることなくして，発達障害のある子どもたちを理解し，彼らの学びを保障する教育を行うことは困難である。

　加えて，国際的な潮流も，障害のある子どもたちの学ぶ権利を保障しようという流れが強くなってきている。代表的なものとして，**障害者権利条約**があげられる。障害者権利条約は，2006 年に採択，2008 年に発効した。日本では，2007 年に署名され，国内法の整備をしつつ，2014 年に批准された。障害者権利条約における教育条項は，第 24 条にもとづき 5 項目によって構成されている。そこでは，「締約国は，教育についての障害者の権利を認める。締約国は，この権利を差別なしに，かつ，機会の均等を基礎として実現するため，障害者を包容するあらゆる段階の教育制度及び生涯学習を確保する」と記述されており，締結国が，障害のある子どもの学ぶ権利を保障することとその学習環境を整備することが求められている。

　そこで，本節では，発達障害についての概説を行う。その後，発達障害のある生徒を理解するうえで重要になる発達的な視点について解説する。また，以下の内容については，赤木（2017b）をもとに記述した箇所がある。

2　発達障害とは

　発達障害は，乳幼児期から，発達になんらかの障害がみられる状態を指す。たとえば，コミュニケーションに困難を抱える，遊びに集中することが難しい，じっとすることができず常に走り回っているなどの特徴が乳幼児期からすでにみられる。ただし，これらの特徴は，幼稚園に入園するなどして，集団生活を送るよう

になってから顕在化することもしばしばある。また，中学生や高校生においても，その特徴は継続する。改善することはあるが，発達障害の特徴が完全に消えるということはない。なお，親の養育態度が直接的な原因で，発達障害が発生することはない。

発達障害の診断を明確に判断できる検査はいまのところない。血液検査のように数値で判断できず，子どもの行動をみて判断せざるをえないからだ。そのため，発達障害を診断する際に，共通の診断基準や，マニュアルがある。その代表的なものの1つに，DSM-5 がある。これは，アメリカ精神医学会が出版している精神疾患に関する診断基準のマニュアル（American Psychiatric Association, 2014）であり，5 というのは第5版という意味である。また，世界的には，DSM だけではなく，世界保健機関（WHO）の発行する ICD（疾病及び関連保健問題の国際疾病分類）も用いられている。ICD は，病気や怪我の種類を細かく分類したもので，さまざまな国・地域から異なる時点で集計された死亡や疾病のデータの体系的な記録，分析，解釈および比較を行うために作成されている。2018 年に ICD-11 が出されている。ICD においても，発達障害が記載されている。ただ，文科省では，DSM や ICD とは多少異なる障害名や定義がなされている（http://www.mext.go.jp/a_menu/shotou/tokubetu/004/008/001.htm を参照）。これ以降では，障害名やその定義については，現在，よく用いられている DSM-5 を中心的に参照する。ただ，適宜，文科省が用いている定義についても参照し，理解を深めることとする。

なお，本節では，発達障害のなかでも，代表的な障害である，自閉症スペクトラム障害（ASD），注意欠如／多動性障害（AD／HD），学習障害（LD）に注目する。本来であれば，1％ほどの有病率であり，かつ，通常学級に在籍することも多い知的障害も注目すべきであるが，ここでは割愛する。知的障害についての詳細は小池・北嶋（2001）などを参照されたい。

自閉症スペクトラム障害

自閉症スペクトラム障害は，英語圏では，autism spectrum disorder とよばれる。翻訳では「自閉症スペクトラム障害」もしくは「自閉スペクトラム症」と訳されることが多い。1つの用語に定まっていないのは，disorder を「障害」とみなすのか，それとも「症状」とみなすのかについて見解が分かれているためである。本節では，学校現場で一般に使われる「自閉症スペクトラム障害（ASD）」に統一する。

　自閉症スペクトラム障害の「スペクトラム」という用語は，「連続体」という意味である。以前は，自閉症スペクトラム障害のなかには，カナー型自閉症，高機能自閉症，特定不能の広汎性発達障害などさまざまな障害があったが，それらを明確に区別しにくいため，以下に示すように，「コミュニケーションの障害」と「限定された行動や興味」を包括する概念として自閉症スペクトラム障害が用いられることとなった。

　また，自閉症スペクトラム障害（以下，ASD）は，知的障害を伴うこともある。話し言葉をもたない知的に重度の ASD の生徒もいれば，通常学級で学び，大学に進学する ASD の生徒もいる。知的障害を伴う自閉症スペクトラム障害は約4分の1であり，残り4分の3は知的障害を伴わない。

　ASD の特徴は，DSM-5 を参照すれば「コミュニケーションの障害」および「限定された行動や興味」の2点に集約される。

　「コミュニケーションの障害」では，言語・非言語レベルを問わず，さまざまな状況でみられる。たとえば，他者の表情をみて怒りの感情を推測するのが困難であったりする。また言葉の裏にある意味を推測するのが困難な場合もある。たとえば，同室にいる他者が「この部屋，暑いわね」というとき，言外には「クーラーをつけてください」ということを要求しているのだが，ASD者にはその意図を推測するのが難しい。

「限定された行動や興味」は，教育現場では，こだわりとみなされることも多い。たとえば，授業中であっても自分の好きな鉄道の時刻表を見続けたり，はじめて会う人には必ず購読している新聞の種類を尋ねたり，車のエンジン音に対して強い興味があって休憩時間にはかならず車の音を聞きに運動場に出る姿などがみられる。ただし，「限定された行動や興味」は必ずしも否定的にとらえられるべきものではない。1つのトピックに集中する特性ゆえに，創造的な仕事をなしえている ASD 者も多い。

DSM-5 の発行に伴い，「感覚刺激に対する過敏さまたは鈍感」という項目がはじめて診断基準に入れられた。一般に，**感覚過敏**とよばれる。感覚過敏とは，触覚や味覚などが，一般的に想定される以上に過敏であることを示す。たとえば，触覚過敏のため，雨粒が肌に当たると針が当たるかのように痛いと感じる ASD 者（ニキ・藤家，2004）や，味覚過敏が強いために食べ物の温度が1度変わると別の食べ物のように感じてしまう ASD 児や，ほとんどの人が知覚できない蛍光灯の点滅をとらえてしまうために集中できず，じっと座ることができない ASD 児もいる。大きな音が苦手で教室に入れない ASD 児も多い。同時に，感覚が，定型発達児者に比べ鈍感である感覚鈍麻の特徴もみられることがある。たとえば，足を組んで座ると感覚がわからなくなってしまい，足の位置を確認しないと立てないと報告する ASD 者もいる。

ASD の原因は明確にはわかっていない。現時点では，多数の遺伝子が関与した結果，ASD が発現すると考えられている。

注意欠如／多動性障害

注意欠如／多動性障害（attention-deficit / hyperactivity disorder：以下 AD／HD とする）は，その障害名が示す通り，注意や，そこから伴う行動に関してさまざまな困難を示す発達障害の1つである。

AD／HD の障害特徴および診断基準は大きくは2つに分かれる。1つめの特徴は，注意欠如という側面である。ただし，注意

欠如といってもその内容はさまざまである。たとえば，授業中に，先生の話を集中し続けて聞くことが難しいという注意の持続性の問題がみられることがある。また，廊下で誰かが歩いていると授業中であっても，すぐにそちらに注意が向いてしまうという注意の転導性が強い場合がある。さらには，注意の復帰に関して問題を抱えることがある。廊下を歩いている人に注意を向けたあと，話している先生に注意を戻すことができないというものである。

　２つめの特徴は，多動・衝動性である。多動とは，文字通り動きが多く，じっとできない状態が持続することを指す。教室で座り続けることができずに立ち歩く行動がその典型である。衝動性とは，気になったこと，注意を向けたものについて即座に反応・行動することである。たとえば，教室の窓枠や木の枝をみると反射的にぶらさがる行動をとるような姿がみられる。「電車」など自分が気になる単語が出れば，先生が話をしているときでも，即座に自分の好きな電車について述べる姿などがみられる。また，AD／HDの成人では，起業することを思いついた瞬間に，会社に辞表を提出する場合も報告されている。

　AD／HDの頻度については，文化差や時代差が大きく，世界的に一致した数字は出されていない。「多動」という特徴がみられたとしても，それにより，日常生活に支障が出るかどうかは，時代や地域の状況によって大きく変動するからである（このことは，他の発達障害についても当てはまる）。たとえば，「教室のなかで立ち歩きながら先生の話を聞いてもよい」教育観のなかで授業が行われたとすれば，多動が「問題」にはならず，AD／HDという障害として診断されない可能性がある。

学習障害　学習障害（learning disability：LD）とは，その名の通り学習に関して困難を抱える発達障害の１つである。怠学による低学力や，知的障害から由来する学習の困難とは区別される。会話能力など知的能力に遅れがなく，かつ勉

学に努力しているにもかかわらず，読み書きや計算などある特定の学習領域に困難を示す障害である。なお，文部省（1999：呼称は当時）の定義では「基本的には全般的な知的発達に遅れはないが，聞く，話す，読む，書く，計算する又は推論する能力のうち特定のものの習得と使用に著しい困難を示す様々な状態を指すものである」と定義され，DSM-5 よりも幅広く，教育的定義ともよばれている。

学習障害は，その原因として，中枢神経系になんらかの機能障害があると推定されるが，視覚障害，聴覚障害，知的障害，情緒障害などの障害や，環境的な要因が直接の原因となるものではない。

学習障害のなかでも，読み書きに困難がある場合，読み書き障害（ディスレクシア：dyslexia）とよばれる。具体的な特徴としては，「いきました」を「いました」と読むなどの勝手読みが頻発することや，「と」を左右反対に書くような鏡文字が学童期になっても継続すること，「青」の漢字の横棒が何本かが何度学習してもわからないこと，ひらがなが続く文章ではどこで区切ってよいかわからないことなどがあげられる。また，「つぶ読み」といわれるように，1文字1文字をゆっくり読んで，流暢に読めない姿がみられることもある。数の概念的な理解や数学的推論に困難を示す場合もある。その場合は，算数障害（ディスカルキュリア：dyscalculia）とよばれる。

3　障害のある子どもを理解する──発達的視点から

発達障害のある子どもを理解するには，さまざまな視点がある。家族関係や，子どもの生育歴をふまえることなどである。ここでは，特に，発達的に理解する視点についてふれる。子どもを発達的に理解するとは，2つの視点が含まれる。1つめは，「できること」「できないこと」が子ども自身にとってどのような意味を

もつのかに注目することである。2つめは，子どもの姿を，ダイナミックにとらえることである。

　最初に，1つめの視点について，重症心身障害児を例に説明する。重症心身障害児とは，知的にも身体的にも重度の障害をもつ子どものことである。いまでは，重症心身障害児の子どもも学校に通っているが，1979年の養護学校義務制までは，学校に通うことができなかった。「教育しても意味がない」と思われていたからである。そのような状況のなか，田中（2006）は，「寝たきり」の重症心身障害児に対し，次のような視点を提起した。

　　寝たきり，ねたきり，ネタキリ…。これはどういうことなのか。できることは『寝ている』ことだけだろうか。『寝かされている』ことだけだろうか。寝かされきりは心も寝かされきりになっているのではないだろうか。どこから心の窓を開いていくのか。どこから外界とのつながりをつけていくのか。ベッドから下へ移してみようか。外へ出してみようか。いろいろ音を聞かせようか。手になにか持たせようか。　　　　　　　　　　　　（田中，2006，179頁）

　「寝たきり」は一般的に考えると「できない」ことである。しかし，田中（2006）のように，子どもにとっての意味を考えることができれば，理解や支援が鮮やかに立ち上がっていく。「寝たきり」ではなく「寝ることができる」ととらえることで，「うつぶせではどうだろうか」「外の世界で寝ることは子どもにとって意味が違うのではないか」など支援の糸口がみえてくる。「できること」「できないこと」が子どもにとってどのような意味があるのかを考えることが重要だ。

　2つめのダイナミックにとらえる視点というのは，子どもの行動を，時間——その子どもが生きてきた歴史——のなかで動的にとらえるということである。言い換えれば，「いま・ここ」だけをみて子どもを理解するのではない視点ともいえる。そのことはまた，他の子どもとの比較で子どもを理解しないことでもある。

このことを，ASD と診断された中学校の生徒が出していた要求を例に考えてみよう。生徒はしきりに，「自分の名前を変えたい」とカウンセラーに要求していた。理由は，「自分のコミュ力（コミュニケーション能力のこと）がないのは，名前が悪いからだ。名前を変えれば友達ともうまくやっていける」とのことである。この発言を聞いた多くの人は，名前を変えても解決にはならないと思うだろう。しかし，生徒は，本気で名前を変えたいとしきりに要求していた。

　この要求を出す生徒を，どのように理解することができるのだろうか。まず考えられるのは，ASD をもっているがゆえの特異的な行動ということである。コミュニケーションでは，他者の心を理解したり，自分の主張を適切に述べることが重要であるということが，障害ゆえに理解できないととらえることができる。たしかに，そのような側面はある。しかし，ほかにも，彼を理解する視点がある。それは，子どもの行動を時間軸の上でとらえることである。この視点に立てば，思春期になってなぜ「名前を変えたい」ということができはじめたのだろうか，と問いを出すことができる。思春期になって，他者との関係のなかで自分の位置づけを客観的に理解する能力や，友達との関係を深く結びたいという社会性の発露をみることができる。このようにとらえると，理解する視点が変わってくる。「障害のある青年ゆえの自己同一性の混乱」と理解するだけではなく，そこに，「自分を客観的にみる力が育ってきている」と理解できたり「友達との関係をより深いレベルで形成したいという願い」をみることができる。こうしてはじめて，共感的な子ども理解や，指導の方針がみえてくる。「名前を変えたい」とは，一見すると問題行動であり，修正すべき指導対象と考えがちである。しかし，子どもを時間軸のなかで理解しようとすることで，単に「なおす」「消去する」だけでなく，そこに発達の重要な契機をみることができる。

4 思春期と発達障害

思春期は,「多感」「過敏」という言葉で表されるように,身体的・心理的な変化が急激な時期である。障害のある子どもたちにとっても例外ではない。二次障害がみられることも,しばしば報告されている。小栗(2010)は,二次障害を「特定の発達的なハンディキャップに起因する挫折や失敗経験を積み重ね,それによって感情や行動にゆがみが生じ,そうしたゆがみが根幹にある発達障害の症状と入り混じって複雑化した状態」(40頁)と定義している。ポイントは,二次障害は,直接的に,発達障害の特性によるものではなく,適切な教育的対応がなされていない場合にみられやすいということである。

具体的な二次障害としては,不登校・ひきこもり,攻撃的行動,ストーカー的なつきまとい行動,強い被害的妄想,などがみられる。このように現象は多様だが,共通しているのは,強い自己否定感および他者への不信感である。思春期に至るまでに,障害特性からくる困難さを理解されず,他者から「なぜこんなこともできないの?」「これくらい誰でもできるでしょう」という言葉やまなざしを受けてきた結果,「自分は何もできない」「誰もわかってくれない」と思い,自己否定感を強める。さらに,この自己否定感の裏返しとして,他者への不信感が増大し,攻撃的な行動をとることもある。

特に注意すべきなのは,中学・高校まで発達障害の診断を受けず,また親子ともに発達障害の疑いをもたないまま,二次障害が顕在化した場合である。教師に発達障害の知識がないと,二次障害を「二次障害」としてみることができず,不登校や攻撃的な行動に対して,定型発達の子どもと同じような指導方針をとることになる。しかし,発達障害のある子どもの場合は,その根底に障害特性による問題があることが多いため,指導方針を考えなおす

必要がある。たとえば，ストーカー行為を繰り返す ASD の高校生の指導を考える（小栗，2010）。彼は，意中のある女性に告白したところ，「残念，その日は別の用事が入っている」といわれたそうである。一般的には，これは「断りのサイン」と受け取るところだ。ところが，その彼は，字義通りに受け取って告白を断られなかったとみなし，女性と交際できる可能性が強いと考えた。このような場合には，まずは彼に，彼女には交際する意思はないことを伝える必要がある。

　このように，子どもの「問題行動」や「荒れ」とみられるような行動を，発達障害からくる二次障害の可能性としてみることで，適切な教育方針を設定することができ，そこから，生徒が成長・発達する契機につながる。

第**3**章 学　　習

学習，連合説，認知説，行動主義心理学，古典的条件づけ，道具的条件づけ，プログラム学習，般化，弁別，転移，認知地図，洞察学習，社会的学習，観察学習，模倣学習，社会的学習理論，モデリング，代理強化，正統的周辺参加，メタ認知，ワーキングメモリ，適性処遇交互作用，教師期待効果，ピグマリオン効果，素朴概念，素朴物理学，キャリア教育，外発的動機づけ，内発的動機づけ，知的好奇心，自律的動機づけ，学習性無力感，随伴性，自己調整，自己内省，自己効力感，自然発生的学習，目的意識的な学習，道具，卓越能力

第 1 節　学習の基礎過程——学びの基礎論

1　心理学の学習モデル

　「学習」という言葉を聞くと，中学・高校の授業，大学の講義のように先生の話を聞いたり，ノートをとったりという行動が思い浮かぶのではないだろうか。または，机に向かって問題を解いたり，本を読んで勉強することを思い浮かべるかもしれないし，授業でのグループ学習のようなものを連想する人もいるだろう。これらも学習の1つであるが，たとえば，子どもがスプーンを使えるようになったり，自転車に乗れるようになることのように，日常的な経験を通して学ぶこともまた学習に含まれる。多くの場合，一度スプーンを使えるようになったら，後に使えなくなることはないだろう。このように，心理学では**学習**を「経験によって生じる比較的永続的な行動や認知の変化」と定義する。つまり，短期的な行動の変化や突発的な行動の変化は学習には含まれない。

　「学習」に関する心理学の研究では，古くから行動主義心理学の条件づけを基盤とする**連合説**と，認知心理学に支えられた**認知**

図3-1　パヴロフの古典的条件づけの実験

説の2つの立場がみられた。まず，この2つの理論を概説する。

　学習の連合説：古典的学習理論　　　　行動主義心理学は，刺激と反応の結びつきによって行動を説明しようとする（刺激-反応理論：SR理論）。つまり，条件づけのメカニズムによって刺激と反応の連合を生じさせることが学習であるという立場である。ここでは，**古典的条件づけ**（レスポンデント条件づけ）と**道具的条件づけ**（オペラント条件づけ）を紹介しよう。

　古典的条件づけ（レスポンデント条件づけ）理論の代表者は，ロシアのパヴロフである。パヴロフは，食物を食べたら唾液を分泌するという生理的反応（無条件反応）に対して，関連のない音刺激を結びつける実験を行った。図3-1は，パヴロフが行ったイヌに対する実験を図示したものである。イヌの耳下線を口の外に出して唾液分泌を観察できるようにする手術を行った後，無条件刺激としての餌を与えるときに必ずベルの音（条件刺激）を聞かせる手続きを繰り返した。はじめは，餌に対してのみ唾液分泌反応（無条件反応）が生じ，条件刺激である音には耳をそばだてるという反応がみられた。しかし，餌を与えるときにベルの音を鳴らすという対提示を繰り返していくと，やがて餌がなくてもベルの音に対して唾液の分泌という条件反応がみられるようになった。

第3章　学習

65

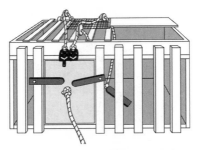

図 3-2　ソーンダイクの問題箱

このとき，条件刺激である音とまったく関連のない唾液分泌反応（条件反応）の結びつきが成立したといえる。このように，無条件刺激と条件刺激の対提示により，条件刺激と関連のない条件反応との間に新たな連合が形成されることを古典的条件づけ（レスポンデント条件づけ）という。一般的に，古典的条件づけは，無条件刺激と条件刺激を時間的に接近させた対提示を繰り返すほど成立しやすい（接近の原理）。また，条件刺激のみを提示し，無条件刺激を提示しないことを繰り返すと，条件刺激に対する条件反応が生じなくなる。これを消去という。

　本来，人間を含めた動物は環境に対して自発的に働きかけることが多い。こうした学習を研究したのは，アメリカの教育心理学の父ともよばれるソーンダイクである。ソーンダイクは，問題箱とよばれる実験装置のなかに空腹のネコを入れ，外に餌を置き，ネコがどのように問題箱から出るかを観察した（図 3-2）。最初，ネコはいろいろな行動をみせたが，試行錯誤を繰り返すうちに偶然レバーを外し，外に出ることができた。この経験を繰り返したネコは，外に出るまでにかかる時間が徐々に短くなった。このようなネコの自発的な学習を試行錯誤学習とよぶ。また，ある状況でとった行動がなんらかの効果をもたらすと，再び同じ状況におかれたときにその行動が生じやすくなることを，効果の法則とい

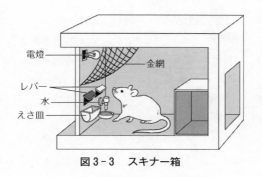

電燈
金網
レバー
水
えさ皿

図3-3　スキナー箱

う。ソーンダイクの試行錯誤学習の研究は，後の道具的条件づけ（オペラント条件づけ）研究の先駆けとなった。

　ソーンダイクの研究を受け，スキナーはスキナー箱とよばれる実験箱を考案した（図3-3）。箱には2色のレバーがついており，片方の色のレバーを押すと餌が出てくるように，もう一方のレバーを押すと電流が流れて身体がしびれるような仕かけになっている。スキナー箱に入れられたネズミは，最初は色の区別がつかず，ランダムにレバーを押すという行動をとる。しかし，やがてレバーの色とその結果得られる餌もしくは電流の関係を学習し，餌が出てくるレバーのみを押すようになり，電流が流れるレバーは押さなくなる。ここで，道具的条件づけ（オペラント条件づけ）が成立したことになる。このように，ある行動（オペラント反応）がもたらした結果にもとづいてその行動そのものを増やしたり減らしたりするような条件づけを道具的条件づけ（オペラント条件づけ）という。

　ここで，オペラント行動を増やすことを強化といい，行動の後に報酬を提示することによって行動の生起率を上げることを正の強化，罰を除去することによって行動の生起率を上げることを負の強化という。このとき，強化に用いられる報酬や罰のことを強化子というが，報酬や罰はオペラント行動の生起率を下げるためにも使われる。行動が起こった後に罰を提示することによって行

表 3-1 強化と罰の強化子の提示種類

		強化子の提示	
		提示	除去
強化子	報酬	正の強化	負の罰
	罰	正の罰	負の強化

動が減ることを正の罰といい，報酬を除去することによって行動を減らすことを負の罰という（表3-1）。

　私たちの日常生活は，道具的条件づけ（オペラント条件づけ）によって成立している行動が多くみられる。たとえば，お手伝いをしてほめられた子どもは，その後も進んでお手伝いをするようになるだろうし（正の強化），家のなかでボール遊びをして怒られた子どもは，家のなかでのボール遊びを減らすだろう（正の罰）。

　さらに，学校教育においても道具的条件づけ（オペラント条件づけ）は多用されている。たとえば，授業中に生徒たちのおしゃべりで教室が騒がしくなったとき，教師はどのような行動をとるだろうか。いくつかの行動が考えられるが，話をやめて生徒たちの様子をうかがうという行動をとる教師も多いであろう。ここで，教師は自分が話すことをやめることによって，生徒たちも話をやめるだろうという期待をもち，生徒たちに沈黙するようサインを送っていることが多い。このような場面が繰り返され，教師の沈黙が生徒たちにサインとして学習されると，教師が沈黙したら生徒たちも話をやめるという道具的条件づけ（オペラント条件づけ）が成立したことになる（正の罰）。ただし，このような対応がうまくいかないケースもある。授業を妨害するような言動をとる子どもに対して，多くの教師は「静かにしなさい」などの注意や叱責することが多いが，そのような対応がかえって生徒の妨害行動をエスカレートさせる場合もある。ここでは，妨害行動を繰り返す生徒にとって，教師の注意や叱責は自分に注目してくれているという報酬として働いており，妨害行動を増やすという正の強化が起こっている可能性がある（シュタイナー，2005）。教師は，妨害行動を減らすための正の罰として注意や叱責を与えているつもり

であるが，当の生徒にとっては，逆に正の強化刺激を与えられていることになり，授業の妨害行動を増やすという不適切な条件づけが成立してしまっている。このような場合は，あらためて教師の行動と生徒の反応の関連を見直す必要があるであろう。

学習指導法への応用：プログラム学習

スキナーは道具的条件づけ（オペラント条件づけ）を応用した学習指導方法として，**プログラム学習**を提案している。行動の正の強化を繰り返すことによって，より高次の行動を習得させるという行動形成（シェイピング）の技法をもとにして開発されたものである。たとえば，簡単なことから習得していき，徐々に難易度を上げて，最終的に高度な問題解決が可能になるように学習内容を配列するという技法である。プログラム学習には，以下の5つの原理が含まれる。

① スモール・ステップの原理：学習事項を細かく分割し，1つひとつのステップの間隔を小さくとること。

② 積極的反応の原理：与えられた課題に学習者自らが，自発的・積極的に反応すること。

③ 即時フィードバックの原理：学習者の反応に対し，結果に対する知識（解答の正誤など）をすぐに与えること。

④ 学習者ペースの原理：それぞれの学習者が自分のペースで学習を進められるようにすること。

⑤ 学習者検証の原理：プログラムの良し悪しは専門家が判断するのではなく，実際に学習が成立したかで判断すること。

プログラム学習は，ティーチングマシンという機器を用いて実施することを想定していたが，その後，コンピュータが用いられるようになった。プログラム学習を代表とする，コンピュータを用いた指導を CAI（computer assisted instruction）という。

学習で生じる現象

学習場面では，直接学習したもの（刺激や情報）だけに反応が成立するだけでな

く，他の対象に対して拡がることもある。たとえば，古典的条件づけの枠組みのなかでワトソンが行ったアルバート君という男の子に対する恐怖反応の条件づけの実験を紹介しよう。ワトソンは，アルバート君にシロネズミと遊ばせる際に，必ず背後で大きな金属音を鳴らすことを繰り返した。実験前にアルバート君は白ネズミを怖がっていなかったが，実験によって，金属音が鳴らなくてもシロネズミをみただけで泣き出すなどの恐怖反応を示すようになった。恐怖反応の条件づけが成立したアルバート君は，さらに，シロネズミだけでなくシロウサギや白いお面など，白いものに対しても恐怖反応を示すようになったという。このように，もともと学習が成立した刺激や情報だけでなく，類似の刺激や情報に対しても同じような反応や行動が成立するようになることを**般化**という。

般化とは逆に，学習する刺激や情報を区別するようになることを**弁別**という。たとえば，パヴロフのイヌに対する条件づけにおいて，条件刺激として提示する音の高さを操作し，800Hz の音のときだけ餌を出し，400Hz の音のときには餌を出さないようにすると，やがて 400Hz のときには唾液が分泌されなくなる。このように，条件刺激を細かく分類して提示すると，弁別されて反応が出るようになる。

また，過去に学習したことが，現在の学習や未来の学習に影響を及ぼすことがある。これを学習の**転移**という。たとえば，中学校の部活で吹奏楽をやっていた経験が，高校で始めたバンド活動の上達を助けることもあるだろう。このように，前の学習が後の学習を促進する場合を正の転移という。反対に，硬式野球の経験が軟式野球の学習を妨げる例のように，先の学習経験が後の学習を阻害する場合を負の転移という。

学習の認知説

行動主義心理学が扱わなかった部分を説明しようとしたのが認知説の立場であり，学習を

行動の変化だけではなく，表面に表れない認知構造の変化によって説明しようとした。つまり，認知説では学習を「知覚された刺激によって認知構造を再体制化して生ずる行動の変容プロセス」であると考える。認知構造とは，簡単にいうとものの見方や考え方であり，認識や態度，期待などが含まれる。

認知説の代表者として，トールマンやケーラーがあげられる。トールマンは，認知地図（cognitive map）という概念を提唱している。かつて，ラットになるべく少ないエラーで出発点からゴールまで到達することを求め

図3-4　ケーラーの洞察学習の実験
（Köhler, 1973 より作成）

るという迷路学習において，ラットが何を学習しているのかという問題をめぐり議論がなされた。この問題に対して，トールマンは新たな解釈を与えたのである。トールマンは，迷路学習の際にラットが実験場面全体の空間構造についての内的表象である「認知地図」を学習していると主張した。つまり，学習行動を「刺激－反応」の集合体としてとらえるよりも，知覚情報が統合された巨視的行動としてとらえようとしたのである（多鹿，2008）。また，ケーラーは，チンパンジーに洞察学習が成立する可能性を示した。ある実験室の天井からバナナを吊るし，チンパンジーにジャンプしただけでは手の届かない位置にあるバナナをとらせるという実験を行った。チンパンジーは，最初はジャンプを繰り返したが，やがて箱をいくつか積み重ね，その上に乗って棒を使ってバナナ

をたたき落としたという（図3-4）。ここで重要なことは，チンパンジーは試行錯誤を通してバナナをとるという正反応に到達したのではなく，問題場面の構造を洞察し，手段（道具を使う）と目的（バナナをとる）の関係に対する見方が変化したことによって問題を解決したということである。

このように，認知説では，問題構造に対する認知構造の変化が生じることによって，学習が成立するととらえている。その際，行動主義心理学では扱われなかった行動に対する「期待」やどれくらい解決や正反応にたどりつくことができそうかという「予期」の影響に注目したことは，認知説の大きな特徴である。

2　人の学習の特質

社会的学習　　人間は，自分自身が直接経験したことだけでなく，他人の経験をみたり聞いたりするだけで学習することも可能である。たとえば，テレビでみたお笑い芸人の真似をしてクラスの友達を笑わせる子どもの姿は，教室でよくみられる。また，テニスの練習をしているとき，上手な人の素振りを真似してみたり，プロ選手のプレーをイメージしながら練習することもあるだろう。このように，他者との関わりのなかで，他者の経験を観察したり模倣したりして学ぶことを**社会的学習**という。実際，もし何もかも直接経験しないと学習が成立しないのであれば，膨大な時間と労力がかかるであろう。社会のなかで，他者と関わりながら主体的に学んでいくことが，人間の学習の特徴ともいえる。

観察学習と模倣学習　　社会的学習には，モデルとなる他者の行動をみたり真似をしたりすることによって学ぶ**観察学習**と，モデルである他者の行動を真似することによって学習者自身が強化を受ける**模倣学習**がある。バンデューラが唱えた**社会的学習理論**のなかで，観察学習は他者の行動を観

察して新しい行動を習得することと定義されている。また，観察学習は，モデルである他者のある行動や反応を習得することであるため，**モデリング**ともよばれる。バンデューラは，観察学習を実証する実験を多数行っている。たとえば，実験室のなかで，ある大人が乱暴にふるまうという攻撃行動を子どもにみせた後，おもちゃを取り上げるなどしてその子どもをある程度怒らせ，大人は実験室から出て子どもを観察するという実験を行った。その結果，子どもはモデルである大人から攻撃行動を学習し，攻撃行動を示すようになったのである。ほかにも，暴力場面を映像でみせると，その真似をして子どもに暴力行為が増えたという報告もある。ここで，条件づけのように報酬や罰という特定の強化が与えられなくても学習が成立することが，観察学習の特徴である。

ただし，観察学習のプロセスにおいて，学習者ではなくモデルとなる他者に報酬や罰などの強化が与えられることが，学習者自身にも同様の影響を及ぼすこともあり，これを**代理強化**という。たとえば，掃除の時間に教室のなかでふざけていて先生に怒られる友達をみた子どもが，真面目に掃除に取り組むようになることはよくある光景である。このように，モデルである友達が先生から怒られるという罰を受けているのをみたことによって，自分は先生から怒られることを回避するためにきちんと掃除をするようになった場合，この子どもにとって代理強化が働いたことになる。

状況的学習　学習は個人のなかに閉じ込められたものばかりではない。レイブとウェンガーは，「**正統的周辺参加**（legitimate peripheral participation）」とよばれる実践共同体への参加を通した学習のあり方を提唱している（レイブ・ウェンガー，1993）。正統的周辺参加による学習とは，「文化的実践共同体への，正統的な周辺からの参加によって，その共同体の成員としてのアイデンティティを確立していくこと」と定義される（佐伯，2001）。レイブらは，リベリアの仕立屋の職人たちを観察し，最

初は新参者としてボタンつけなどの周辺的でありつつもやがて本質的な仕事を任されるが、その後、熟達に伴って、布の裁断や縫製などの仕事を任される十全的な参加者となっていく学習過程を明らかにした。こうした学習は、職人の世界のような徒弟制度に多くみられる。

第2節　教科の学習——何をどう学ぶか

中学・高校では、小学校までの授業と違い、教科担任制となる。近年、小学校でも教科担任制の導入が検討されたり、実際に導入されている学校もみられるが、多くの小学校では、音楽や図工などの専科の教師がいる場合を除いて、主に担任教師がほとんどの教科を教える学級担任制がとられている。一方、中学・高校では、教科ごとに教師が変わる教科担任制が一般的である。こうした制度の違いが、時には中学生になったばかりの生徒たちに戸惑いをもたらすこともある。

本節では、教科の学習を中心に、中学・高校で学ぶことについて考えたい。

1　学校での学び

中学・高校での教科の学習だけでなく、小学校での学習も含め、学校での学習を支えているものがある。まずは、それらを概観してみよう。

知識獲得　本章1節で取り上げたように、学習に対する見方は時代によって変化がみられる。行動主義心理学が盛んであったころは、学習は条件づけや反応の強化ととらえられていた。子どもは白紙（タブラ・ラサ）とみなされており、白紙の状態に経験が書き込まれていくこと、すなわち、教師が子どもに知識を与えていくことが教育であると考えられていた。

それに対し，その後の認知説に代表される認知心理学の立場では，学習を認知構造の変化や知識の獲得ととらえた。子どもは受け身的に知識を吸収するだけではないと考えられるようになったのである。さらに，近年では，子どもは知識を獲得するだけでなく，すでにもっている知識に照合したり，新しい知識を既有知識に合わせて変えたりすることが認知心理学の成果から明らかになってきた。つまり，「知識構成者」として子どもをとらえるようになっている。このように，学習者である子どもに対する見方が変化することによって，学習や教師に対する見方もまた変化している。

　そもそも，知識は学校教育においてのみ獲得されるわけではない。生まれてから子どもはさまざまな経験を通し，多くの知識を身につけている。こうした日常的な知識の習得に比べ，学校教育を通して得る知識は，学習指導要領やカリキュラムにもとづいた体系立ったものであるという特徴がある。また，認知説，情報処理アプローチによる個人の知識獲得だけでなく，第1節で取り上げた状況的学習のように，社会的・文化的な文脈のなかで知識やスキルを獲得していくことによって成立する学習もある。

メタ認知　　メタ認知とは，認知についての認知を意味する言葉であり，自分自身や他者の行う認知活動を意識化して，もう一段上からとらえることを意味する（三宮，2018）。たとえば，試験勉強をするときに，何度も繰り返し書いたほうが記憶として定着しやすいとか，ここまでは理解できたけどこの先はよくわからないなど，自分の理解や学習状態について振り返り，学習計画を立てることもあるだろう。このように，通常の認知よりも高次の認知をメタ認知という。メタ認知には，メタ認知的知識とメタ認知的活動の2つの側面が含まれる（図3-5）。メタ認知的知識は，人の認知的な特性に関する知識，課題に関する知識，方略に関する知識に分けることができる。また，メタ認知的活動は，メタ認知的モニタリングとメタ認知的コント

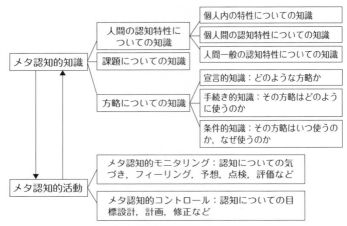

図3-5　メタ認知の分類 (三宮，2008 より作成)

ロールに分類される。メタ認知的活動は，メタ認知的知識にもとづいて行われるため，もしメタ認知的知識が誤っていた場合，メタ認知的活動は不適切なものになってしまう可能性がある。また，メタ認知的モニタリングとメタ認知的コントロールは，循環的に働くため，メタ認知的モニタリングが不正確である場合，メタ認知的コントロールも不適切になってしまう（三宮，2008）。

　メタ認知の能力は，5歳頃から発達することが明らかになっており，年齢が上がるにつれて効率的に使用できるようになっていく。このメタ認知の能力が，児童生徒の学習を支えており，メタ認知の能力の向上が学習遂行の改善にもつながると考えられている。また，メタ認知は，記憶や理解，視点取得など，さまざまな認知機能にも関連している。学習に困難を抱える子どもたちのなかには，メタ認知をうまく働かせることができない学習者も少なくないため，メタ認知を促進するための支援も提案されている（三宮，2018）。

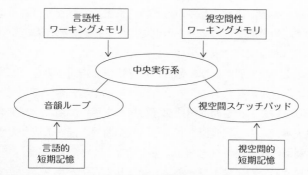

図3-6　ワーキングメモリの4側面 (湯澤・湯澤, 2014 より作成)

ワーキングメモリ　　　　近年，記憶のなかでも情報処理の働きを担う**ワーキングメモリ**が，学習と強く関連することが示されている（湯澤・湯澤, 2014）。ワーキングメモリとは，さまざまな場面で目標に向かって情報を処理しつつ，一時的に必要な情報を保持する働きをする記憶（短期記憶）である。ワーキングメモリは，情報を保持するだけでなく，すでに学習した知識や経験を絶えず参照しながら，目標に近づけるように，その過程を支えている。日常生活を考えると，他の行動をしつつ同時に記憶しなければならないといった並列処理を必要とする場面が多々ある。ワーキングメモリは，さまざまな行動場面での情報処理の一時的な保持を担うことにより，情報の処理と保持の並列処理を支える働きをしている（苧阪, 2002）。たとえば，「12＋23」という足し算の問題を解くときに，「12」と「23」という数の情報を保持しつつ，足し算という演算処理の仕方を思い出すというように，ワーキングメモリは使われている。

　ワーキングメモリには，言語的短期記憶，言語性ワーキングメモリ，視空間的短期記憶，視空間性ワーキングメモリの4つの側面が含まれており，4歳頃にはこれらの要素が整うとされている（図3-6）。言語的短期記憶は情報の保持に特化した役割を担う音

第3章 学 習

77

韻ループの機能に対応している。数，単語，文章などの音声を含めた言語的短期記憶の情報を用いて中央実行系の処理資源を利用し，言語的な課題に取り組むという側面が言語性ワーキングメモリである。視空間的短期記憶は，視覚情報と空間情報を一元的な表象に統合する貯蔵システムとして働く視空間スケッチパッドに対応している。視空間的短期記憶の情報を用いて情報の制御を行う中央実行系の処理資源を利用し，視空間的な課題に取り組むという側面が視空間性ワーキングメモリである（湯澤・湯澤，2014）。

　学習者のなかには，ワーキングメモリの容量が小さい，うまく働かせることができないなどの理由によって，授業のなかで教師の指示に従うことができない，ついていけなくなってしまうなどの困難を抱える子どもたちがいるため，支援方法も検討されている。

　これまで取り上げてきたことがらは，学習者である児童生徒の内的要因に関わることであった。しかし，学校での学びにおいて，学習者の外的要因である教師の期待や信念，指導行動もまた，児童生徒の学習に影響を及ぼすことが明らかになっている。

適性処遇交互作用　　個々の学習者に合わせた指導を行うことが望ましいことは当然であるが，それを実証した研究がある。大学生に物理学の授業を行うとき，ビデオ視聴のような映像を用いて教える授業と，通常の大学で行われる授業のように教師と学生が対面式で教える授業では，どちらのほうが効果的だろうか。スノーら（Snow et al., 1965）が行った研究では，学生の対人的積極性の程度によって，効果的な授業法が異なることが明らかになった。対人的積極性が高い学生たちには，対面式で教える授業のほうがその後の記憶テストで高い成績を示し，逆に，対人的積極性が低い学生たちには，映像を用いて教える授業のほうが効果的であった（図3-7）。つまり，学習者の特性と授業方法は交互作用を示したのである。

クロンバックは、このように学習者の適性によって効果的な教授法が異なることを、**適性処遇交互作用**（ATI：aptitude-treatment interaction）とよんだ。適性処遇交互作用の考え方をふまえると、学習者である児童生徒の

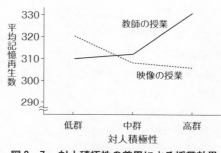

図3-7　**対人積極性の差異による授業効果の違い**（Snow et al., 1965 より作成）

適性に応じた学習指導を行うことが効果的な学習につながるといえる。ただし、常に学習者の適性に合わせた指導を行えるとは限らない。また、たとえば、学習に意欲がもてない、積極的でないなど、望ましくない適性を学習者がもっている場合もある。そのようなときは、学習者の適性のほうを変えるように働きかける指導を行う必要もあるだろう。

教師期待効果（ピグマリオン効果）

ローゼンタールとジェイコブソン（Rosenthal & Jacobson, 1968）は、次のような実験を行った。ある小学校の教師に対し、学習能力予測検査と偽り、児童に知能検査を実施した後、学習能力予測検査の結果をふまえたかのようにふるまい、教師に知的に伸びると予想される子どものリストを渡した。半年後、再び児童に知能検査を行ったところ、知的に伸びると予想された子どもたちの知能は実際に伸びていたという結果が得られた。実は、ここでローゼンタールとジェイコブソンが教師に渡した子どものリストは、クラスのなかからランダムに選んだ子どもたちを載せたものであった。しかし、教師にその子どもたちは伸びるという期待をもたせることによって、実際に子どもたちの知能は伸びていたのである。このような結果が得られた理由として、教師が期

待をもった子どもたちには，期待をもたなかった子どもたちに比べて，より励ましたりほめたりするなどの指導行動を行ったことが考えられる。教師は無自覚かもしれないが，期待によって子どもに対する働きかけを変えることにより，子どもの学習に対する動機づけに影響する可能性もある。なお，この**教師期待効果**は，ギリシャ神話のピグマリオン王の話になぞらえて，**ピグマリオン効果**ともよばれる。反対に，教師が子どもたちに期待をもたないために，子どもたちの達成が低下してしまうこともある。これをゴーレム効果という。

2　教科学習の特徴と意味——素朴概念と科学的概念

本節冒頭でも述べたように，中学・高校では教科担任制となることが大きな特徴である。ここでは，教科学習の特徴について，理科を取り上げて考えてみよう。

自ら知識を習得していく知識構成者である子どもは，学校に入学する前からさまざまな知識を身につけており，それらの知識と学校教育で教授される知識を統合していくことになる。加えて，子どもは発達の早い時期から，バラバラの知識ではなく，数や生物学などの領域ごとに「理論」とよべるようなまとまりのある知識集合をもっている。このような子どもがもつ知識集合や，科学者ではない大人が直観的にもっている知識は，科学的には誤っていることも多いため，科学的理論との対比から**素朴概念**や素朴理論とよばれている。これらの素朴概念や素朴理論が，学校での科学的学習を阻害することもある。

理科教育の分野では，このような学習者のもつ素朴概念や素朴理論と科学的概念・理論の問題を扱ってきた。物理学の領域を例にあげよう。物理学の領域に関する素朴理論を**素朴物理学**といい，外界についての理解の基礎をなす対象（モノ）の理解を扱う。オズボーンとフライバーグ（Osborn & Freyberg, 1985）が指摘した子

どもたちの科学の一般論には，素朴概念の特徴，素朴物理学の特徴が現れている。

図3-8　力と運動の概念を調べるために使われた面接カードの例
(Osborn & Freyberg, 1985 より作成)

① 幼児期から，あるいは学校で理科の授業を受ける前から，子どもたちは，彼ら独特の自然観のなかで，多くの科学に関する言葉の意味をつくりだしてきている。

② たとえ，それらが教師に知られていなくても，子どもたちの考え方は，常に堅固である。そして，それらは，しばしば科学者の考え方とは，意味ありげに異なっている。

③ 子どもたちの考え方は，彼ら独特の理論にもとづき，明解で一貫性をもっている。そして，それらは，しばしば，理科の授業により影響されないまま残ったり，予期しない方法で影響されたりする。

オズボーンとフライバーグ（Osborn & Freyberg, 1985）は，7歳から19歳までの子どもたちがもっている力と運動の概念を調べる面接を行っている。図3-8のような調査カードを用い，子どもに「自動車には力が働いていると思いますか」とたずねた。その結果，ニュートン力学的な物の見方ともいえる論理的に正しい考えを示した7，8歳の子どもがいた一方で，「自動車は何も感じることができないから自動車には力が働いていない」と答えた9歳の子どもがいた。また，力と運動の概念についての授業を受けた後でも，力が働いていないならばそれは止まるという誤った概念をもち続けた生徒が多かったという報告がある（Watts & Zylberstan, 1981）。同様に，大学生であっても物理的な学習の難しさ

はみられるという。

　中学・高校から始まる科学的な物理学の教育において，過去の経験からもっている素朴概念や素朴物理学が学習に影響を及ぼすことは，留意すべき点であろう。生徒が素朴概念や素朴物理学をもっていることに教師が気づいている場合は，授業のなかで注意を喚起することも可能であるが，教師も生徒も気がついていない場合，学習困難につながりかねない。また，素朴物理学は堅固なものであるため，科学的物理学への変化は容易には起こりにくいことも事実である。教科学習を考える際，どのような授業や教授方法が，生徒がもっている素朴概念を科学的な概念に変化させるために有効であるかという視点も求められる（たとえば，仮説実験授業など。詳しくは，第 **4** 章 2 節参照）。

3　教科外の学び，中学校・高校での学び

　子どもは授業や学校のなかだけで学んでいるわけではない。受験勉強のため学習塾に通う児童生徒は多いが，そうした学校外で学習する場も多く用意されている。また，さまざまな体験を通して学ぶ体験学習なども盛んに取り入れられている。

　さらに，最近は小・中学校から**キャリア教育**を取り入れる動きがみられる。キャリア教育とは，特定の職業についての教育ではなく，職業や働くことについての意識や関心，職業人としての基礎的な力を育成するものである（第 **5**，**6** 章参照）。2020 年度から小学校，翌年度から中学校で施行される学習指導要領のなかで，重要視される「主体的な学び」の説明でも，「学ぶことに興味や関心を持ち，自己のキャリア形成の方向性と関連付けながら，見通しを持って粘り強く取り組み，自己の学習活動を振り返って次につなげる主体的な学び」と記されている。たとえば，中学・高校の教師をめざす場合，教員免許のとれる大学を選び進学しただろう。そのとき，自分の学びたいことが学べるかどうか，また，

将来の就職を考えて，進学先を選ぶためにいろいろな大学で開催されるオープンキャンパスなどに参加した人も多いのではないだろうか。オープンキャンパスに参加する高校生は，３年生だけでなく，１，２年生も多い。話を聞くと，高校でいろいろな大学のオープンキャンパスに参加するよう指導されているそうである。こうした将来の進路を見据えたキャリア教育は，中学校でも行われている。スーパーやお店で店員の仕事を体験したり，保育所や幼稚園で保育者の仕事を体験するという職場体験がその例である。

　こうした職場体験やキャリア教育を通した学びは，中学生や高校生にとってどのような意味をもっているだろうか。たとえば，進学や就職という進路選択の際，自分が自律的に進路を選択したという動機づけがもてるほど，学校適応がよいことが報告されている（櫻井，2009）。特に高校生は，自己実現の欲求にもとづいて自分の将来目標を明確にする時期であるため，キャリア教育などでの学びが重要な意味をもつであろう。その際，単に進路，進学先などの情報だけでなく，経済的事情などの理由により進学が困難な生徒に対しては，種々の奨学金や授業料免除などの制度があることを伝えることも，自律的なキャリア形成の援助となることが予測される。こうした学びは，青年期の課題とされているアイデンティティの形成にも関わってくるであろう。

第 3 節　学習の動機づけ

　動機づけは行動を起こす力であり，あらゆる行動の源である。いわゆるやる気である。学習はたいてい動機づけを伴っている。高い動機づけは，学習プロセスや学習結果に対する注意を高める。また，課題への取り組みを向上させる。英会話に打ち込んでいる場合は，自由時間でもレッスンをする。さらに，困難な課題への学習の努力を増加させる。また時間がかかる課題にも粘り強く取

り組むのである。

1　外発的動機づけから内発的動機づけへ

　人間はなぜ行動するのか。人が生きていくには，衣食住を満た
さなくてはならない。そのためにやむなく行動するのであって，
本来は何もせずにすごしたい「怠け者」なのだと考えられていた。
人は飢えや渇きを満たすために，また苦痛を避けるためにやむな
く行動する。この考えの延長線上には，学習を進めるには，ほめ
る・叱る，賞罰が必要だという**外発的動機づけ**重視による教育が
ある。この人間を受身的存在としてみる見方は，1950年代以降，
動物実験，感覚遮断実験，乳児の選好注視実験などによって否定
され，代わって，知的好奇心，有能感などが注目され，人間は環
境に働きかける能動的な存在という見方が優勢になり，次第に定
着するようになってきた（稲垣・波多野，1989）。

　動機づけの点からみると，課題への取り組みを外的強制によっ
て始めて継続する外発的動機づけから，課題に興味・関心をもっ
て自分から取り組んでいく**内発的動機づけ**への変化である。ほめ
る・叱る，賞罰などの外的要因によって学習を促す外発的動機づ
けは，学習者自らの興味，選択，決定による内発的動機づけにそ
の位置をゆずったのである。内発的動機づけは，おもしろいので
行動するのであり，何かのために行動するのではない。たとえば，
知的好奇心という内発的動機づけにもとづいた学習は，課題の内
容に興味・関心があり，成績という結果はどうでもいい。また内
発的動機づけは，学習者自身が自ら行動を始める場合である。だ
が，自分から学習を始めたようにみえても，それが宿題や試験の
ためなら外発的動機である。内発的動機づけと外発的動機づけは，
外見的な行動観察だけでは見分けられないことがある。

　内発的動機づけは，目的性があり，行動を自分自身で始発させ
る。これに対して外発的動機づけは，手段性があり，行動を外部

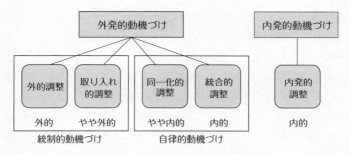

図 3-9　動機づけのタイプ（櫻井，2009 を改変）

の力で始発させる。

　現実の生活場面では，内発的動機づけと外発的動機づけは，それぞれ単独ではなく関連して作用する。

2　外発的動機づけの区分

　外発的動機づけはほめる・叱る，賞罰などの外的要因によって学習を促すものとされていた。リーブら（2009），櫻井（2009）によると，外発的動機づけは自己への内面化と統合の程度によって，4つのタイプに区別されるという（図3-9）。

　外的調整は，外的な力によって行動が調整されることである。行動の調整はまだ内面化されていない。教師や親からいわれて勉強する，ほめられたくて勉強するなどの場合である。これはこれまでの外発的動機づけである。

　取り入れ的調整は，直接的で外的な力がないときでも行動を起こすが，本当にそれを受け入れているのではなく，行動の調整は部分的な内面化にとどまっている。心配だから勉強するなどの場合で，あくまでも仕方なしに勉強するのである。なお内面化とは，価値や規範を同一化し自分自身のものとして受け入れるようになることである。

　同一化的調整は，行動の価値が個人的にも価値づけられたとき

に生じる内面化された外発的動機づけである。行動の価値を認め，自分の責任で受け入れている。自分の意思で活動に取り組む。自分にとって大切なことだから勉強する場合である。

統合的調整は，課題と自己の価値観の間にズレがない。課題が自己に完全に統合された状態である。生徒は課題に進んで取り組む。やりたいと思って勉強するのであり，内面化の最も高い段階である。ある行動を選択し取り組むときに，その選択に悩みがない段階である。統合は，内面化されたものを自己の感覚のなか入れ，自己の一部にすることである。

このように段階を追って（図の左から右に移行する），外発的に動機づけられた行動が，その個人の日常活動や価値づけられた目標と適合する程度が強くなる。

内発的動機づけは，この４つの外発的動機づけの外に位置づけられる（図の独立した右端）。それは，活動自体がおもしろく楽しくて活動に取り組もうとするもので，内在する満足感による動機づけである。

3　統制的動機づけと自律的動機づけ

レンズとファンステンキスト（2009）によれば，外的調整と取り入れ的調整を統制的動機づけといい，抵抗や強制，義務などの感覚によって行動を起こさせる。それに対して，同一化的調整と統合的調整を合わせたものを**自律的動機づけ**といい，自分の意思や自由の感覚にもとづいて行動を起こさせる。この場合の行動には，外部からの制御によるのでなく，自分自身のものだという気持ちが伴う。自律的動機づけは，自律性の程度では内発的動機づけに近く，内面化された活動の目標や価値が大切であるという認識にもとづいている。

それに対して，内発的動機づけは価値自体に対する興味や楽しさにもとづいていて，そこが自律的動機づけと異なるのである。

学習には統制的動機づけよりも自律的動機づけが有効である。自律的動機づけは目標を自己選択しそれにもとづいて勉強するので，持続するエネルギーがあり，よい成績を収めることが期待できる。自律的動機づけをもつ生徒は進んで学習に取り組むので，勉強によく集中できる。統制的動機づけでは勉強は自己選択では始まらないので，エネルギーと努力がいる。そのプレッシャーから精神的疲労が生じ，成績は振るわなくなる。統制的動機づけをもつ生徒は集中ができにくい（レンズ・ファンステンキスト，2009）。

　自律的動機づけは，自ら行動を開始し続けようとする動機づけなので，目的的な内発的動機づけのようにすべてが快の経験をもつわけではない。自律的動機づけを働かせるには，正確で客観的な自己評価が必要になる。つまり，学習目標を，正確な自己評価にもとづいた自分の力量に見合ったものに，調整する力が必要なのである。

4　学習性無力感と原因帰属

　ある生徒が数学のテストでよい点をとったとする。級友たちからの賞賛に，彼は気乗りがしない様子で「運がよかっただけで，次はまたいつもの通りになるよ」と応じる。彼は，自分の力に自信がなく，テスト時の自分の努力と成績間に関連があるとは思っていない。彼は，今回のよい成績は「運」だと考えた。彼の気乗りのしない態度は，これまで悪い成績を何度もとり，その成績や先生からの評価を思い起こしていたためだったのである。このように，繰り返された悪い成績や評価は，ある反応を抑制したり鈍らせたりする。これまでの度重なる失敗が，次回の成績予想に重くのしかかっている。こうして生じるのが**学習性無力感**である（シュタイナー，2005）。

　生徒は試験中に問題の内容を学習するだけでなく，テスト勉強の努力やテスト中の態度と，テスト結果や教師の評価が関連して

いることも学習する。この場合の先行する勉強とその結果である成績の関連を**随伴性**があるという。この随伴性を知ることが生徒には大きな意味をもつのである。彼に学習性無力感が形成されたのはこれまでの自分の試験勉強の努力と結果である得点の間にはなんの関連もない、つまり両者は非随伴性だと考えたからである。彼はこれまでの失敗の原因を探して、いまのよい成績を自分の外部である外的要因としての「運」に帰属させた。これを原因帰属という。「運」はいつどうなるか予測ができない不安定要因でもある。彼はテストの成功を「運」という不安定な要因である外的要因に帰属させたのである。あるいは「僕は、数学は苦手」と失敗の原因を自分の「能力」不足のせいにしたとする。これは失敗を「能力」という安定した要因である内的要因に帰属させた場合である。安定した要因だから変わることが見込めない。そうすると今後も数学の成績はよくならないと予想される。こうして数学テストに対する無力感が生じる。無力感は個人的・個別的な性質をもつ。だから彼もほかの生徒の成績がよいのは勉強したせいであったり、能力が高いせいであることは認めている。また彼は数学以外の科目では随伴性を認め、努力をし、好結果を得ているかもしれない。

　この学習性無力感の生じた結果を次のようにみることができる。第1に、動機づけの不足である。彼は何をやっても無駄でコントロールできないことを学習してしまっている。第2は、認知面の不足である。なんらかの活動をすれば実際に効果がありよい結果につながることが理解できないので、効果のあるものまで放棄されてしまう。第3は落ち込みの感情である。自己の行動結果の制御不能を経験すると、不確実感を感じ、それは落ち込みの感情に変わる。数学でよい点をとっても冷めていた生徒のように、成功しても喜びの感情が湧いてこない。第4は、自尊感情に対するダメージである。自分の失敗を能力に帰属させると、これからも成

功は望めないし，自分以外の人たちは自分よりうまくいっていると信じてしまう。そして，自分の価値を他の人が評価するよりも低く評価するようになる。無力感はこうした結果を生じさせ，自尊感情を引き下げるのである（シュタイナー，2005）。

5 動機づけを支える自己効力感

バンデューラは，人間の機能に関する認知的相互作用モデルを唱えている（パハレス，2009）。それは，(a)認知，感情，生物学的事象などからなる個人要因，(b)行動要因，(c)環境上の影響要因，が相互に作用し規定しあう関係をつくりあげている，というものである。この見方では，人は，環境の力によって形成されたり潜在的な内的衝動によって動かされたりする受動的な有機体ではない。人を自らを組織し能動的であり，自らを内省し調整する存在としてとらえている。人は，自らの環境と社会システムをつくりだすものであり，同時に，それらによってつくりだされるものである。たとえば，自分の行動結果についての解釈の仕方が，環境と個人要因に作用し変化させ，また，そのことが次に生じる行動のあり方にも作用し，変化させることになる。

このモデル理論の考え方の根源には次の理解がある。人は，自分とはいかなるものかについて自ら定義を行う個人要因とよばれる力をもっている。それは新しい方略を考え出し計画する予見能力，代理的経験から学ぶ力，**自己調整**や**自己内省**する能力などである。この能力の認知的な働きにより，人間は，自らの運命を決めることに主導的な力を行使できる。これは，人間を主体者とみる考え方であり，人は自分自身の発達に能動的に関与し，自らの活動を通じて環境に働きかける力をもつとみる考え方である。

動機づけの要因はいくつか考えられるとしても，その根底には，自らの行動を通じて変化を起こす力が自分にはあるという中核的信念があるはずだとバンデューラは主張する。人は自らが望む結

果を自らの行動で生み出すことができると信じない限り，行動を起こそうとは思わないだろうし，困難に直面したときに粘り強くつづけようともしないであろう。この主体者の感覚にとって鍵となる事実は，個人が自らの思考，感情，活動をコントロールできるという自己信念をもつことであり，人がどのように考え，信じ，感じるかがその人の行動のあり方に影響するということである。このように，生活場面で，一連の行為を構築し，実行する個人の能力についての信念を**自己効力感**という。

　生徒が試験のために，勉強を進んでやるかどうかは，学習能力とそれによって生じた結果に対する信念に左右される。これは学習の自己効力感である。それは，生徒の活動の選択，費やされる努力，粘り強さなどに影響するといわれる。バンデューラは，自己効力感は，言葉による説得や愚弄，成功や失敗のモデルの観察，活力や疲労の身体的兆候，プラスやマイナスの個人の遂行結果のような経験から引き出されるとした。自己効力感の高い生徒は，自信喪失している生徒よりも，困難に直面しても，勉強を頑張り，継続し，やり抜くのである。たとえば，数学の習得レベルとは無関係に，自己効力感の高い生徒は低い生徒よりも，問題を正しく解き，間違えた問題をやりなおした研究結果もある。自己効力感とは，熟達したレベルで遂行ができるかどうかに関する自己の能力の認知のことである。

6　自己効力感の源

　自己効力感は行動と環境に影響を及ぼし逆にその影響を受けると仮定される。

　人は，課題を遂行したときの情報の解釈，他者の観察（代理経験ないしモデルを観察する経験），対人的説得，身体的指標の４つを通して，自己効力感の評価のための情報を獲得する。課題の遂行は個人の能力の有形の指標とみなされるので，もっとも信頼でき

る情報である。課題遂行の成功は自己効力感を向上させるが，失敗は低減させる。類似する仲間の観察は，彼ができるなら自分も同じようにできるだろうと信じるため，観察者の自己効力感を高め，課題への取り組みを動機づける。反面，仲間が失敗するのを観察すると，自分もうまくやれないと信じて，課題を取り組むことをためらうかもしれない。

　また，人は他者からの説得的情報にもとづいて自己効力感を評価する（「あなたはこれができる」）。説得は自己効力感の発達に大事な役割をする。しかしそれが効果的であるには，自分の能力についての信念を強化するものでなければならない。肯定的フィードバックは自己効力感を増加させるが，その後の課題達成がうまくいかないと，その増加は持続しない。

　さらに人は，不安やストレスなどの身体的感情的状態から自己効力感に関する情報を獲得する。課題に対する強い感情反応は，予想される成功や失敗についての手がかりを与えてくれる。級友の前で話すときに緊張を感じることは，自己効力感を低減させるだろう。試験を受けながらそれほど不安を感じないとき，自分はうまくやれるという自己効力感を経験するかもしれない。

　以上みてきた4つの情報源は，自己効力感に対して自動的に影響するのではない。人はできごとの結果を解釈し，この解釈が判断の際に依拠する情報を提供する。人は自己効力感を評価するための情報源に重みづけをし，組み合わせているのである。

第4節　学力形成

1　学ぶことと自立すること——社会的自立のための学習

　教育は，人を育てることである。〈育てる〉ということは，〈巣立ち〉に由来する。巣立ちは，それまでの成長の結果であるとと

もにあらたな自立へのスタートである。自立のあり方は，時代や社会のあり方と深く結びついている。現代社会において，自立は家庭を含む全社会的関係のなかで行われる。重要なことは，自立は素手で行われるものではないということである。もろもろの社会的支援を含めて自立を支える手段の獲得というプロセスを不可欠とするということである。多くの場合，職業生活への参加と深く結びついている。

　資本主義社会以前の封建的な身分社会において，職業は親から（家業）の世襲であった。親のもとで家業を身につけ，引き継いだ。自由な職業選択の余地はなかった。したがって自立は社会の問題にならなかった。資本主義的な生産の発展と近代社会の成立のなかで，封建的世襲制は大きく崩れ，自立の問題が広く登場した。社会的に制度化された教育のもつ意味が大きくなった。それが学校である。学校は「学問」（学習）を保障する。学問が入職，自立の基本となった。学校へ行かないものは徒弟に，奉公に出た。徒弟制もまた自立（職人）への学習のステップとなった。

　学歴社会といわれて久しい今日，学歴により職業選択の可能性は大きく左右されると考えられることが多い。しかし，重要なのはどのような学校に通うにしても，どのような学習をわがものとするかである。大学への進学率が高まっているが，その背景要因はいろいろあるにしても，多くの国民が，社会的自立のために大学・大学院での学習が必要だと感じ始めていることがあるだろう。国民的視点で，大学が保障する学習の質量が，現代諸科学と技術，文化の基盤の上に立つ職業活動の必要に応えるものになっているかどうかが問われる。自治と自由が前提になった，強制学習ではない，真の自由な学習が求められる。

2 「学習」と「能力」と「学力」

経験と学習：目的意識的学習へ　　　　学習の観念は，心理学の歴史においては「経験」や「行動」，また「活動」の概念と多く結びついている。経験は，個人と外界・環境との関係の一過程を表す。それは五官を含む身体の活動を要素とする体験（感性的活動）の過程である。身体の活動に変化を生み出さない経験は経験とはいえない。学習は経験による主体の変容とも定義されるが，それを媒介するのは体験である。端的にいえば学習は，外（ほかの人）の経験を自らの体験のなかに受け入れることであり，そのことで自ら変化することだといえる。その意味で学習はそれぞれの経験の制約（限界）を乗り越える活動である。

　学習には自然発生的なものと目的意識的なものがある。**自然発生的学習**は，結果を意図した活動ではない。遊びなど活動そのものの結果，生まれた変化が学習である。**目的意識的な学習**では，学習の終わりに学習の結果として生み出されるもの（目的）が学習の始まりにおいて意識（体験）されている。そこでは目的が対象であり動機である。目的意識が学習者に外から与えられたものか，自らの設定したものなのか。目的意識のあり方の研究が課題となる。第3の学習の段階は，自らの経験の要求からのものである。そこから否応なしに求められるとともに学習の追求が喜びの源泉となる。自由な学習の段階である。人の成長のなかでは，この学習が繰り返されている。

　学習の指導の基本は，学習への目的意識性を育てることである。端的にいって目的への意欲（やる気）を育てることなしに学習は成果を上げえない。職人の技能学習において，やる気のないものに教えても無駄ということがよくいわれる。はじめは，何も教えない。教えてもらいたい，学びたいという目的への意欲が出ると

きまで待つ。あるいは，盗め，みて覚えよともいわれることも多い。あくまで，学ぶことへの意欲重視である。

　一方，実は，意欲を引き出すのが指導の基本である。意欲を引き出さない指導は，指導ではない。学習の目的意識が，自発的学習要求の発展としてではなく受験など社会的強制（他者からの命令への同化）の転化した目的像である場合がある。自分の立てた目標でありながら，目的に近づけば近づくだけ，やらされている自分が浮かび上がってくる。自分がなくなっていく。真実の自分は何か。今日の広くいきわたっている競争主義の人間観（競争こそ人間の自由の条件）では，競争は自由の源泉であり，勝者こそ人間中の人間，"真の自由人"とみられる。この方向に向けて「その気」にさせる指導がある。

　学ぶことがらの真実が明らかにされていく，真実の世界がみえてくる，そういうおもしろさに開かれ，動機づけられていく学習への指導とは異質のものである。開かれていく世界を共有する人々との関係のなかに，競争を超えた共同が広がり，それが，また，世界の広がりを支える。そんな学習をめざしたい。未曾有の災害（3.11東日本大震災）によって生きる基盤が大きく破壊され汚染され，おびやかされた。そのなかで，人々は復活・復興を求め，手をとりあった。その必然性のなかに自由がある。学習の世界からも自由を追求したい。何のために，何を学ぶのか。自然との共生，人間と人間との共生に生きる学習のあり方の探究の課題である（地域復興の学力；第**2**章も参照）。

　「学習」を一定の能力や行為の獲得とみるだけでなく，そうした能力の獲得において，ほかならぬ一定の集団，地域，共同体——能力の評価の基準や目的，価値基準を共有する——の一員，担い手として承認され，その度合いが深まっていく関係（参加）のプロセスとして学習をとらえる立場がある（参加＝学習論）。その際，重要なことは，「参加」は一定の社会規範への適応や同化

ということと同じではないということである。一定の集団・共同体の担い手としての参加は，その共同体との関係（あり方）を自らの一部として，わがものにしていく過程と対応する。すなわち，その集団・共同体の目的なり，方法なりを対立と批判も介しながら一身的なものとして個性化していくことである。その意味で，いわゆる社会化とは対極的な，社会性の自律化としてとらえられる。参加＝学習論はまた，学習の動機的側面を重視する。参加は学習の動機であり目的である。それは学習の意味の承認・評価のモメントと深く関わっている。

「学力」と「能力」，「個性」と「素質」：民主主義の視点

「学力」は学習によって獲得される能力以外のものではない。

人間の自立の基礎に位置づけられる能力にしても，それが，学習によって獲得される能力であれば「学力」である。「学力」と「能力」については，さまざまに議論されてきた歴史がある。教育心理学と民主主義の関係で，常に立ち返り，豊かに発展させられるべきは，日本国憲法における「能力」である。すなわち，「能力に応じて，ひとしく教育を受ける権利を有する」（第26条第1項）とされる「能力」である。歴史的にみて憲法が含意する「能力」は，それ以前の時代社会において，能力以外の，社会的身分や家柄，門戸，出自，性別，経済的・社会文化的貧困などの理由で，教育を享受する機会が，学校にせよ，家庭・社会においてにせよ，差別・制約されたことへの反省を前提にしている。村始まって以来の神童といわれた小さい商売人の子どもを進学させるために，村の篤志家が奨学金制度をつくった，彼に村おこしの学びを託したというようなことがなかったわけではない。しかし，小作人や職人の子が中等・高等教育へ進学するのはきわめてまれなことであった。戦後改革においては，「教育を受ける」機会は能力以外の理由での差別を許してはならないとされた。それは「教育の機会」の「均等」をおかすも

のだ。義務教育は無償とする。これが基本的な考え方であった。

　問題は，その「能力」である。男らしさ，女らしさなど性の特性は何に由来するのか。自然的特性に根拠をもつというより，社会的・歴史的に形成された性役割（意識）の学習に由来するとみる視点と立場がある。能力についても，学習による能力と学習によらない能力の存在をどうみるのか。遺伝的素質に与えられた能力と獲得的能力との区別と連関をどうみるのかの問題である。能力そのものの働きにおいて，個々人には差がある。これはある種の常識だ。その差において「教育」における差別化（能力が特に低いものに教育を免除〔排除〕することを根拠づけるなど）の正当性を主張する声も小さくなかった。

　これに対してどんなに高い能力でも，あるいはどんなに障害の重い子どもでも，能力それ自体の発達変化は，それぞれの発達の必要と必然によるものであり，一定の筋道をたどる。その筋道は早い遅いの違いはあるとしても基本的に同一のものであるとの研究と実践があった。それをふまえ，「能力に応じて」を「（能力の）発達の必要」に応ずることとして読み換える立場が主張され，実践された。

　一方，近年，それぞれの能力の違いは当然であって，みな違っていい，むしろ違うのだと，違い（の比較）よりもそれ自体としてどの人（子）もユニークな遺伝素質の設計図に拠っていることに目を向けることが，主張される。その視点からすると「能力」は限りなく「個性」と同じものとなる。「能力に応じて」は「個性に応じて」と等しい。戦後教育の理念が個性教育といわれる所以の１つもそこにあろう。しかし，この観点は，突き詰めると"頭がいい"のも，"悪い"のも，あるいは，"障害"も"天才"も，「個性」であるということになる。つまり，「個性」は「素質」の概念に還元される。その独自性において，あれこれの間に差はなく，それぞれの開花が教育の使命となる。独自性に差をつ

ける選別・差別が否定される。

そうしたとき，あらためて「素質」のなかにおける能力のあり方が問いなおされなくてはならない。そこでは各個人の独自性とともに，類的資質としての共通性，あるいは，普遍性に目を向けなくてはならないということもあるのではないか。

能力を個性とみるか否かはともあれ，能力を個体内在（還元）的にみる能力観に対し，能力はそれ自身，共同性（過程としての能力）に本質があるとする見方がある。能力そのもののなかに「社会的・文化的なものが内在し」，能力は本質的に個体内在的作用とみる見方とは対照的に，社会的・文化的諸要素，諸関係の相互作用（運動）において能力をとらえることを主張する立場である。相互作用はもとより重要である。しかし，個体内在的な人間的資質のなかに相互作用としての共同性に解消できない自立性，自立能力（要素）の基礎が認められなくてはならないのではないか。実はそこに「社会的・文化的」資質が凝縮して反映しているのではないか。個人個体の有する人類的能力とその自然史的基礎に注目したい。

3　人間としての卓越能力──新しい能力論への視点

類的資質の視点　いろいろな能力のなかでも，人類に共通の能力に注目する立場が重要である。そこでは差異ではなく，同質性が強調されよう。それは，ごく平凡な体験と一致するものであるが，すべての人は人の子として生まれた限り人として育つ可能性をもつということである。さらに可能性にとどまらず，必然性の要素，普遍的能力資質が存在するのではないかということである。「みんな違っていい」のではない。みんな同じなのだ。それが生かされないだけでなく，否定されることに，人は反発し，抵抗し，闘い，乗り越える。そういう活動力の発揮を通じ，自らの歴史（生活）をつくる。そこに，人それぞ

れの人として育つかけがえのないドラマがある。人として育つ能力の平等性のありようではないか。

　人として育つ能力の平等性の根拠は，人間という種の遺伝子型の世界の探求（進化の歴史・記録）になるだろう。同時に，人類社会の成立の起源と原動力において歴史的に前提とされてきた人間として他の諸動物の能力と区別される人間たる独自性の根拠，すなわち労働の問題（社会の歴史）に立ち返ってとらえる必要があるだろう。

　道具を使う能力：労働能力の構造　　社会科学の古典（マルクスの『資本論』）では蜜蜂の巣づくりの精緻さ（本能）と大工の建築の能力，住まいづくりを対比させ，大工の卓越性に言及している。大工の労働を例に，人間労働の特質は，本能ではなく目的意識性——独自性と卓越性——にあることを提示している。

　大工は，家を建てるはじめに，建築の仕事の終わりに生み出す家の形（全体）を描いている（目的像）。しかし，それは単に完成された家の絵（イメージ）ではない。家の建つ地盤や地形，方位などの吟味から材料，構造，意匠など全建築的要素を1つの体系に結びつけてカタチ（象）にした"絵"である。それは実際の諸要素を統合し制作過程を推進し，仕上げる技能行為（腕）や統合力を含む。技能行為は目的像の諸要素の統一性，一体性を生み出す能動的要素として，全過程を貫く。技能行為は道具・技術を使う行為そのものである。日本の大工の場合，建築技能は規矩術といわれる技術の習得・使用と結びついていた。さらに重要なことは，その"絵"には，住まい手（家を使う側）の立場が反映されることである。建物が構造的・意匠的に立派であるだけでなく，使い手にとって快適で，使い勝手のいいものであるかどうか。住まい手がどういう生活をするのか。部屋の間取りや床や壁のあり方，照明の位置，色や明るさへの関心はどうか。これらの使い勝

手を左右する使い手の趣味志向との対応性が組み込まれている。それは，住まいのあれこれの具体的な造作・造型の行為に反映され，そのなかで実現される。こうした過程への指示が"絵"の要素であり，大工の能力である。つまり建築の能力のなかには，使い手の生活そのものとその立場と目線（感性），つまり，人間がわがものとされている。それが大工とりわけ棟梁の器量（技術）であり，目的意識であった。

　一方，**道具**を使う能力の獲得過程で重要なことは，道具のなかに，目的像が埋め込まれているということである。使うことによって目的そのものが現実化される。その具体的に示され確かめられる多様さは，道具使用のはじめから意識化できているとは限らない。道具を通じて（つくり，使う）目的を意識する能力を獲得する。道具のなかには文化がある。道具（使用）を通じ文化（人間）を学ぶ。道具使用は文化（人間）と自然（身体）との結びつきのあり方となる。どれだけ多様で豊かな脈絡のなかで道具を使うのかが問われる。道具を使う（道具をつくる）能力は，人として育つ能力の根本であるとともに，人としての潜在能力である。また，卓越能力である。そのようなとらえなおしが必要である。

卓越能力　今日新しい能力観として強調される能力は，ことがらを文脈のなかでとらえることができる，ある創造的な，また応用力ある能力であると考えられる。コンピュータ産業などの最先端で創造的企画で成果を上げている技術者たちの**卓越能力**の構造が追究されている。それは，学習の結果なのか，学習は関わらないものなのか。能力的要素より人格的要素による能力か。卓越能力の持ち主の独特な能力と人格的構造の追究である。卓越能力の持ち主を検出するテスト開発もされる。能力・個性研究の１つの方法であろう。しかし，卓越能力を育成するよりも育ったものを発見（選別）するほうが，安上がりで手っ取り早いからだとすると，それは卓越能力の教育の放棄と結びつ

く。

　卓越能力の基本は目的性の問題である。それは道具を使う能力，道具をつくる能力という要素を欠いてありうるだろうか。何のための道具であり，何のための卓越か。労働の目的そのもの（像）を，目先の直接的利害（損得）の枠内にとどめるのではなく，社会共同体の生存を賭けた自然の制約との闘いを通し人類的な福祉へと貢献する，功利主義を超えた長い展望（目的像）に統合することにおいて，今日的な卓越の新しい可能性が開かれるのではないか。

　「道具を使う（道具をつくる）能力」は労働能力の最も原初的形である。その意味で労働の究極の目的像とは対極的位置にある。しかし，道具を使い，使い込む行為は壮大な目的そのものの実現過程の能動的要素であり，その過程の一貫性を支える創造的技能である。技能は獲得され，わがものとされて，偉大な学力となる。

4　社会のあらゆる領域を通じて

　今日の学力形成にとって「学校」の果たす役割は大きい。同時に，人として育つ能力，自立を支える能力の根本的な要素（基礎能力）が，ものを生産する能力，人を生み育てる能力，そして，人や物との関係を取り結び調整する能力（交通力），思考の創造力などであるとしたとき，自立は，その基礎を担う身体諸器官（手や口，舌，言語器官，生殖器官など）の活動力，技術を使う能力，集団組織を使う能力，さらには，人々の連帯の能力に支えられることが不可欠である。自立はそれらをわがものとして使いこなし自立の手段（体系＝技術）としていく過程そのものであろう。それは，学校のみならず家庭・地域・社会のあらゆる場面と領域を通じて追求される学習の過程にほかならない。

― 第Ⅲ部 ―

教　師

第4章 教育指導

学習指導，教育計画，学習単元，学習指導計画，診断的評価，形成的評価，総括的評価，学習指導案，学習指導要領，教育課程，ゆとり，新しい学力観，生きる力，学力低下問題，PISA，誤答分析，メタ認知，批判的思考，教材分析，教材研究，教材開発，同僚性，ティーム・ティーチング，発達障害，習熟度別指導，少人数学級，補充的指導，発展的指導，協同学習，総合的な学習（探究）の時間，特設「道徳」，「特別の教科 道徳」，心のノート，コールバーグ，「公共」，シティズンシップ教育，ピアジェ，ハイト，道徳基盤理論，障害特性に配慮した指導，障害特性に応じた教育，合理的配慮，インクルーシブ教育，サラマンカ声明

第1節 学習の指導

1 学校における学習指導

学習指導の成り立ち 学校教育はその時々の社会に影響されながら，大人たちの願いを託して進められてきた。そのなかで**学習指導**はどう形づくられていくのか。

教育計画は，社会・地域・保護者からの要請，生徒の期待と課題，教師の意図や願いという，多方面からの要件を満たすものとして成立する。学校には学校教育目標や教育方針が設けられるが，これも本来それらの総合である。そして教育活動の具体化に際しては，何よりも生徒自身の利益が考慮されなければならない。

学習指導を形にするのは授業である。1年間の授業を展望するために，年度はじめには年間指導計画を立てる。特別支援教育では，個別の教育支援計画・指導計画も設けられる。これを絶えず実態に照らして見直し，深めていくことになる。

日々の教科学習は，たいてい**学習単元・学習題材**という単位で構成される。ここでの**学習指導計画**の要件は，目標，生徒の実態（レディネス）と課題，教材，指導方法，学習環境，教師の願いや期待，各時点での評価などである。レディネスとは，学習に臨む生徒の学習準備状況を広く指す言葉で，予備知識や事前学習経験，興味・関心，動機づけ，認知・社会・情動の発達，技能，体力，身体成熟など学習に関わるあらゆる範囲のことが含まれる。また各時点での評価とは，レディネス評価に当たる**診断的評価**のほか，単元途中の**形成的評価**，終了時の**総括的評価**である（第**5**章参照）。

　学習指導計画は，教科書の内容を機械的に割り付けるのでなく，生徒の課題に立脚して構想するのが本来のあり方である。教える営みは生徒たちとの共同作業ととらえる観点が必要である。

学習指導案　　　　授業の設計図に当たるのが，学習指導案である。**学習指導案**は単元全体との関わりを示す細案や，当該時間に絞った略案などが必要に応じて使い分けられる。

　図4-1では，教育実習や授業研究などで用いられる学習指導案様式の一例が示されている。教科や学習内容によって項目は異なるが，学習指導のねらいと根拠，単元の学習の流れ，当該時間の進め方などから構成されるのが一般的である。生徒の反応や到達点の予測を伴うものなので，生徒に対する日常の観察と評価が指導案の善し悪しを左右する。

　学習指導案は，目標と教材を深く理解し教師がどういう授業をしたいのか明確にする作業の結果である点で，また教師間の集団的検討に用いることができる点で，有意義なものである。しかし実際に授業に臨んでみると，計画通りにいかないことはしばしば起こる。肝心なことは，生徒が指導案通りに動かないとみるのでなく，生徒に合わない指導計画だったという反省である。ただし，学習指導案も含め学校では教務上のさまざまな書類作成を行うが，書類を整えることに振り回されることになると本末転倒である。

第○学年○組　　○○科学習指導案

日時／場所／授業者など

1. 単 元 名

2. 本単元の意図

   (1) 生徒の実態

   (2) 教 材 観

   (3) 指 導 観

3. 単元の目標

4. 評 価 規 準

5. 指 導 計 画

時	学習活動・学習内容	指導上の留意点・評価	資料
1			

6. 本時の学習指導（本時限／全時数）

   (1) 目　　　標

   (2) 評 価 規 準

   (3) 展　　　開

時	学習活動・学習内容	指導上の留意点・評価	資料

   (4) 板 書 計 画

   ※板書配置図

図 4 - 1　　学習指導案の様式例

準備や報告作成の活動は，授業を充実させるためのものである。

2　学習指導要領と社会

学習指導要領の変遷　　　　学習指導要領は教育課程の基準として
文部科学省が告示するものであり，お
よそ10年ごとに改訂され，告示後に移行期間を経て実施される。
教科教育の一般的内容が規定されているものであるが，社会の価
値変化や教育の動向が反映しているものでもある。

　最初の学習指導要領は1947年に試案として公表された。その
内容は，教育の一般目標に始まり「学ぶのは児童」（文部省，
1947）など戦後新教育の指針となる言辞に富む。その後，試案や
改訂版が校種・教科ごとにもつくられた後に，いまの形式となっ
たのが1958年（高等学校は1960年）の学習指導要領であった。こ
こで系統学習を基本とする教育課程の具体的内容を示す形が確立
した。一方この学習指導要領では道徳の時間が新設され，1960
年前後に数回実施された全国一斉学力調査とあわせて，国家によ
る教育統制が大きな論点となった。

　今日，教育のゆとりか学力形成かという対立図式が描かれるこ
とがあるが，これは歴史的には次の1968年（小学校），1969年
（中学校），1970年（高等学校）の学習指導要領にさかのぼる。ア
メリカでの科学教育運動にも影響されたこの学習指導要領は，
「教育内容の現代化」が特徴とされ，たとえば中学校数学での
「集合・論理」など新しい学習内容が導入された。また表4-1の
ように授業時間が増やされた。その結果，授業についていけない
子どもの実態が「落ちこぼれ」として社会問題となり，理解しな
いままに覚え込ませる「詰め込み教育」との批判も起こった。そ
して，教育のゆとりの実現が課題となり，1977年（高等学校は
1978年）の学習指導要領では「学校生活全体にゆとりをもたせる
ため，授業時数を全体として削減」（文部省，1977）という「ゆと

表4-1　中学校標準授業時数

告示年	年間総時数（週当たり）
1958年	1,120（32）
1969年	1,190（34）※第3学年は1,155
1977年	1,050（30）
1989年	1,050（30）
1998年	980（28）※2002年度より
2008年	1,015（29）　週5日制完全実施
2017年	1,015（29）

り」策が打ち出された。

表4-1は中学校の標準授業時数だが，高等学校においても，卒業に必要な修得総単位数が80単位以上から74単位以上に縮減された。また各学校には創意工夫を生かした特色ある教育活動を展開することが求められ，ゆとりの時間という教科学習でない時間が設置されたりもした。

　そうしたなか，1984年に設置された臨時教育審議会により，個性，生涯学習，国際化を基軸とした一連の答申がなされ，「画一主義と学校中心主義からの脱却」（文部科学省，2002a）がはかられることとなった。そして「自ら学ぶ意欲と社会の変化に主体的に対応できる能力」（教育課程審議会，1987）という基調で，1989年学習指導要領が出された。またこれに伴う指導要録の改訂では「**新しい学力観**」という表現でこのことが示され，学習評価は「関心・意欲・態度」が筆頭の観点となった。学校教育の個別化・個性化が強調され，教育のゆとりは個々の学校の創意に委ねるものとされた。個人から学校単位に至るまでの今日につながる自己責任論が，この頃に用いられ始めたといえる。

　そして，「**生きる力**」の育成をめざすとした1998年（高等学校1999年）の学習指導要領が示された。また「完全学校週5日制の下，『ゆとり』の中で『特色ある教育』を展開し」（文部省，1998a）と「ゆとり教育」を前面にした学校週5日制が，国際的に問題となっていた日本の労働時間の短縮政策とも関わって実現され，そのため授業時間が削減された。週5日制は1992年に漸次導入され，2002年に毎週実施となった。

ところが，そこに**学力低下問題**が出現した。それまで日本の生徒は国際的に最も高い学力水準にあると思われていたが，経済協力開発機構（OECD）が 15 歳児に実施した PISA（Programme for International Student Assessment; 2000 年から 3 年おきに実施）の結果判明した学力の低下がそれを覆した。これが社会に衝撃を与え，PISA ショックともよばれた。そして学力向上をめざして学校にはさまざまな取り組みが求められ，すき間時間の学習活動や読書，朝食の啓発など，教育は学力向上に向けて動いていく。小学校などではモジュール学習（帯学習）という毎日定時 15 分程度の学習時間が設定され，これが 3 日合計で 45 分として教育課程上の 1 単位授業時間に充てられた。

　このような背景のなかで 2008 年（高等学校は 2009 年）の学習指導要領が告示された。その強調点は，①基礎・基本の学力重視と，②言語活動を通じて生きる力を育成するということである。それに伴い中学校の年間標準授業時数は 980 時間から 1015 時間に増加した。1989 年の 1050 時間よりは少なくみえるが，当時は土曜日に 4 時間（年間 140 時間）の授業があったことを考慮すると，その頃と比べても平日授業時間が増加した。学習量も増え，たとえば漢字は中学 2 年を中心に読み書きとも 50 字程度が増加した。さらに，③道徳の位置づけが強化され，中学校学習指導要領総則での記述は，「道徳の時間を要として学校の教育活動全体を通じて行う」という 1 文が掲げられた。

　学習内容と量の増加は，2017 年小中学校学習指導要領（高等学校は 2018 年）において堅持された。この学習指導要領では，「育成を目指す資質・能力」として知識の理解の質を高めることが求められ，そのために「主体的・対話的で深い学び」を展開するべきだとされた。学習評価の観点としては，以前の 4 観点に代わり「知識・技能」「思考・判断・表現」「主体的に学習に取り組む態度」を用いることとなった（文部科学省初等中等教育局長，2019）。

その「主体的・対話的で深い学び」の体現としては、アクティブ・ラーニングの視点ということが重視される。アクティブ・ラーニングとは学習者の知的好奇心に支えられた能動的学習である。仮説検証を伴い、試行錯誤や回り道もある学習である。「視点」にとどめず、アクティブ・ラーニングを実現するために、次の点に留意するとよいだろう。①成果のみえない学びも軽視しないこと、②大人の発想にはない着想を大事にすること、③生徒の疑問や違和感を論理的に表現させること、④問い続ける時間を保障することである（馬場、2018 を要約）。

　「育成を目指す資質・能力」は子どもの責務ではない。生徒が自分らしく学び成長する権利にもとづいて、時間と自由が保障されるなかで、教師の考え抜いた問いとの対話を通して獲得するものである。すべての生徒の学力保障を念頭におきながら、生徒の進む方向を押しつけず、いまの大人社会を乗り越えていく学力と意欲を育みたい。

学習指導要領と教育の設計

　2017 年の学習指導要領（高等学校は 2018 年）における重点の 1 つは「『何ができるようになるか』の明確化」だという。教師が何を教えるかですませるのでなく、生徒の視点から学習目標を見通すことは重要である。生徒の実態と現実社会をとらえて、その将来像を生徒とともに描いていく教師の姿勢は、いまに始まったことではない。だがそうでなく、何ができるかという文言が上からの成果目標となってしまうと、生徒と教師を追い立ててしまう。成果主義が学習目標を脅かすと、教育は貧しいものになる。

　学習指導要領では、内容の取扱いで「示していない内容を加えて指導することができる」と述べられているが、そうした発展的学習は抑えられてきた。それは指導要領という規定的性格に加え、各教科の記述でのいわゆる「はどめ規定」のためでもあった。たとえば 1998 年中学校学習指導要領（文部省、1998b）では、「国会、

内閣，裁判所の細かな組織や働きについて深入りしないこと」
（社会），「断面図や投影図は取り扱わないものとする」（数学），
「心臓の構造は扱わないこと」（理科）などの記述が多数あった。
取扱いの記述は「目標や内容の趣旨を逸脱」なのだが，それが内
容自体の制約とみなされ，教員や学校の独自の教育活動が「学習
指導要領からの逸脱」といわれることも少なくなかった。

　ところが学力低下問題をきっかけに，「新しい学習指導要領は
最低基準としての性格を一層明確に」（文部科学省，2003a）という
観点が強調されるようになった。2003年の学習指導要領一部改
正では，「すべての生徒に対して指導するものとする内容の範囲
や程度等を示したものであり，学校において特に必要がある場合
には，この事項にかかわらず指導することができる」（文部科学省，
2003b）という記述が加わった。そして2008年学習指導要領では
「はどめ規定」の多くが削除された。「電力量の概念は扱わないこ
と」（1998年）から「電力量も扱うこと」（2008年）と正反対に強
調されたものもある。

　だがそれでも学習指導要領の規定性は依然強い。そのもとで学
習指導を構想するときに留意するべき点がある。それは学習指導
要領や教科書に照らすだけで指導計画の適否をみるのでなく，生
徒の実態と課題からみて妥当かどうかを考えることである。生徒
の実態をとらえることは学習指導に不可欠の活動であり，そのた
めの子ども理解が重要である。子どもを知る活動は，観察と対話
を基本として，教員同士や保護者とのコミュニケーションも生か
し，あらゆる機会をとらえて絶えずなされることが大切である。

3　子どもとつくる学習指導

生徒のつまずきや疑問に学ぶ

子どもの反応や発想は本当に
おもしろい。だが，教師には
そのおもしろさに気づく余裕はない。どうして何度教えてもでき

ないのか，こちらが当たり前と思うことができない生徒を目の前にして，その反応や発想をおもしろいとはなかなか思えない。従来これらは間違いとか失敗として単に退けられてきた。

　だが，授業研究や近年の認知研究のなかには，間違いの規則性や，間違いに至る論理に注目してきたものがある。授業研究での誤答分析という作業や，認知研究での誤概念・素朴概念，学習や授業に対する信念をとらえる試みは，その例である。**誤答分析**とは，誤答の規則性・系統性や頻度などを整理して，教材や教授方法の改善をはかるものである。素朴概念は，生活のなかで知らず知らず獲得された概念で，科学の体系からみると誤概念のこともあるが，日常用いられる経験的概念である。間違えている生徒は独特の思考理論や信念をもっていることがわかってくると，対応の仕方もみえてくる。ただしこれらの価値ある情報を得るためには，失敗を恐れず安心して間違えられる教室環境が必要である。

生徒の批判力の成長に学ぶ

　今日の教育において，省察力としてのメタ認知の育成が注目されている（たとえば中央教育審議会，2016）。**メタ認知**とは，自分の理解・記憶・思考などの認知についての知識と評価，その過程の把握と調整とを指す包括的な概念である。メタ認知は考え深い態度を支える認知の力として個々の生徒の学習に寄与するが，学習の協働性が生きる授業のためには，メタ認知に加えて批判的思考力の育成が重要な課題となる。**批判的思考**（critical thinking）とは，「論理的で証拠に基づく偏りのない思考」（楠見ほか，2016）といわれる。他者を攻撃したり揚げ足を取ることではなく，よりよい状態をめざして論理的に考えをすすめることであり，よりよい状態ということに関わって，他者への配慮や共感性にもつながりうる思考である。大人の気づきにくい生活や社会の課題に気づく子どもたちの言葉に耳を傾けることが，教育の営みを豊かにするだろう。

第Ⅲ部　教　師

教育は大人からの一方的関係ではなく，子どもに学びつつ大人が変わることを通して発展する。子どもに学ぶという観点を得ることは，教師にとって教育活動の成長である。新任の教師をいろいろと試して困らせる生徒も，授業に取り組まないようにみえる生徒も，教師へのサインを発しているのだろう。生徒たちをよくみてよく聞いて考えるということが，教える前提にある。

第2節　授業づくり

1　教材分析・教材研究・教材開発

本書の読者は，大学入学までにさまざまな授業を受けてきただろうが，そのなかで感銘した授業，強く印象に残った授業はどのようなものであっただろうか。振り返りの作業を通して，優れた授業の視点を見出してほしい。

授業づくりに大切なことがらは，**教材分析**，**教材研究**，**教材開発**である。学習指導要領と教科書をもとに年間計画を立てることが必要である。教科書会社刊行の教師用指導書に依存するのではなく，担当する学級・学年の生徒1人ひとりの姿を思い浮かべながら，構想を練ることである。「教科書を教える」のではなく，「教科書で教える」，さらに一歩進んで「教科書でも教える」ということを念頭におくことが大切である。

教材分析や教材研究を行うためには，この授業・単元で，「何を」「どこまで」「どのように」教え，生徒にどのような学力を身につけてもらいたいかという学力観と指導観と教材観をしっかりと考えなければならない。生徒1人ひとりの学習履歴や到達度，興味・関心を把握し，指導の展開を構想することになる。1つの発問に対して少なくとも学級の生徒数分の回答を想定しなければならない。学校や生徒の実態に即した授業を行おうとすると，教

科書の配列通りに指導を進めるのではなく，再編成して組み替えを行う場合もある。

「総合的な学習の時間（中学校）」「総合的な探究の時間（高等学校）」や選択教科，学校設定科目（高等学校）では，教科書は存在せず，各学校で創意工夫のある教材開発が求められる。中学校や高等学校では，開発した単元や教材を教科部会に持ち寄り，相互検討を行うことが大切である。小規模校では，地域の研究会に参加して提案を行い，検討してもらうことも有益である。学年末には，実施した授業と年間計画の成否を総括し，カリキュラム評価を行うことも忘れてはならない。

情報技術（ICT）機器は，さまざまな学習指導で活用されている。たとえば，障害のある生徒に対する合理的配慮として，視写が遅い学習障害の生徒には，携帯カメラで板書を写すことを認めることや，小規模へき地校の学校と都市部の学校とをテレビ会議システムで結んだ遠隔授業を実施し，多人数の学びを構築するなどである。

2 同僚性を高める

同僚性とは，教師が自らの授業をオープンにして，同僚と学びあう関わりのことである。佐藤（2003）は，同僚に自分の授業を公開し，批判やアドバイスを受けることで，授業の改善が行われ，教師の成長もみられるようになると提言している。授業検討会では，教師経験の長短に関わらず，対等平等で意見をいいあえる雰囲気があることが大切である。

教師は，一般的に被援助指向性（困ったときに，他者に援助を求める指向）が低く，1人で悩み孤立する傾向にある。固有の学校文化とプライバタイゼーション（privatization；私事化）が学校現場にあることも，ほかの職場とは異なる点である。しかし，同僚性を高めることで，些細な不安や課題であっても，職場の同僚に

相談して共有することで，チームで対応できるようになる。そして，協働性を強めることができるようになり，創造的な教育活動が可能となる。

同僚性を高めることは，授業づくりにプラスの効果があるだけではなく，生徒指導においても，問題と危機感の共有をはかることができるとともに，援助方法についても多面的な視点から検討できるというメリットがある。学級崩壊の事例でも，授業の困難さが現れ始めた初期に同僚に相談し，チーム援助を行えば，崩壊に至らずにすんだものも多いと思われる。

3 指導形態の多様性

ティーム・ティーチング　　ティーム・ティーチング（以下，T. T. と略記）は，複数の教師が協力して指導を行う形態のことである。T. T. が本格的に取り入れられたのは，学習指導要領の「総則」に「教師の協力的な指導」という文言が明記されてからである（小学校では1989年版，中学校では1998年版学習指導要領）。

T. T. の形態としては，①同じ教科を複数の教師が協力して担当する場合，②異なる教科の担当教師が協力して担当する場合の2つがある。指導内容による分類では，①1人の教師が全体進行や一斉指導を行い，残りの教師が補助や個別指導を行う，②JTE（日本人英語担当教師）とAET（外国人英語担当教師）とのT. T.，③複線型教材でのT. T.，④一斉指導と個別指導を各教師が交替で行う，⑤特別支援学校におけるT. T. など，多様である。

T. T. の長所としては，①複数の視点で見取りや評価ができる，②教材開発や教材研究が豊かになり，労力も削減できる，③生徒理解の促進，④学習障害やAD／HD（注意欠如／多動性障害）などの**発達障害**のある生徒への支援がしやすくなる，などがあげられる。課題としては，授業づくりのための打ち合わせ時間の確保

が難しいことである。

習熟度別指導　　　　　　**習熟度別指導**とは，生徒の学習到達度をもと
に，同程度の学力レベルに分けて指導を行う
指導形態のことである。習熟度別指導が普及し始めたのは，1998
年版中学校学習指導要領の「総則」に「学習内容の習熟の程度に
応じた指導」という文言が明記されてからである。習熟度の差が
大きい算数・数学や体育で，習熟度別指導がよく行われてきた。
国語では，あまり習熟度別指導が行われていないが，多様な意見
の交流を必要とする教科の特性によるところが大きい。近年は，
習熟度別指導から少人数分割授業へとシフトしている傾向にある。

　生徒の感想としては，「わかるまで教えてくれる」という回答
が一般的に多い。しかし，学力が低位のコースでは，劣等感が強
く自尊感情の低い生徒が多く，生徒指導上の課題も多いため，指
導の困難度が大きい。また，学力の高位のコースでは過度の優越
感をもつ生徒もいる。さらに，中学校・高校の場合，定期試験で
は習熟度別のコースとは関係なく同一問題が課されることになる。

　佐藤（2004）は，習熟度別指導の効果は，学力の高位のコース
のみにきわめて限定的にみられるだけで，中位や低位のコースに
は有効でなく，かつて習熟度別指導を取り入れていた外国（たと
えばフィンランド）で，現在も続けている国はほとんどないと指摘
している。日本の教育心理学研究でも，生徒の学力水準をマッチ
ングし，習熟度別指導を取り入れた実験群と通常の授業を行う統
制群とを比較したエビデンスベイスド（evidence-based）な研究は
ほとんどない。

　もし，習熟度別指導を実施する場合，コースを固定化せず，単
元や領域で編成替えを行うこと，生徒の自己決定を尊重すること
（必要に応じて教師が助言を行う），低位のコースはできるだけ少人
数にして，指導力のある教師を配置することが大切である。

少人数学級　　習熟度別指導による少人数指導ではなく，機械的に学級を2分割するなどによって，**少人数学級**を構成することで，学力向上につながっていった実践は多い。学級編制の標準は，中学校では1963年までは50人，1964〜79年は45人，1980年以降は40人と縮小してきた（高等学校は1993年以降40人学級）。さらに，各県教育委員会では，独自の判断で35人以下学級の推進を行ってきたが，文部科学省は市町村教育委員会で柔軟に学級編制ができるように法律（「義務標準法」）を2011年に改正した。

文部科学省の2005年の調査では，少人数学級を導入している小学校や中学校では総じて学力向上がみられ，発展的な学習に取り組む児童生徒の増加が示された。さらに，不登校やいじめなどの問題行動が減少し，基本的な生活習慣が身につき，教師の指導力の向上や教材研究の深化がみられたという成果を得ている。

たとえば，犬山市教育委員会では，小・中学校に少人数学級や少人数指導，とりわけ後述する協同学習を採り入れている（習熟度別指導は実施せず）。その結果，学力向上がみられ，学力差も縮まり，学習意欲や自己肯定感，有能感が高まるといった成果を得ている（犬山市教育委員会，2003，2007；苅谷ほか，2006）。

他方，山形県教育委員会でも，小学校に少人数学級を導入したところ（「山形さんさんプラン」；33人以下の学級編制），追跡調査で中学生になっても学力向上が維持され，不登校率が大幅に低下し，欠席率も低下したことを見出している。

補充的指導と発展的指導　　学習が十分に達成できていない生徒には，「基礎・基本の定着」という学力保障の視点から**補充的指導**が必要である。放課後などに個別指導・グループ指導を行う際には，生徒に被差別感や劣等感をもたせないような配慮が必要である。

他方，学習が十分に達成できた生徒には，**発展的指導**を行うこ

　少子化やそれに伴う人口減少，地域の持続可能性の問題は学校教育と大きな関係をもつ。そのひとつとしてへき地・小規模校における教育を取り上げることができる。

　へき地教育振興法によると，「へき地学校」とは，「交通条件及び自然的，経済的，文化的諸条件に恵まれない山間地，離島その他の地域に所在する公立の小学校及び中学校」を指す。教育の機会均等の趣旨にもとづき1954年に制定されたこの法律は，へき地の否定的な側面を強調し，それを補う必要性を主張しているといえる。この主張について玉井（2019）は，通信機器の発達に伴う情報化や現代的に都市化した環境がもつ課題との関連において，そのパラダイムの転換の必要性を強調している。それは，へき地の環境を逆手にとって有利な点としてとらえなおすという視点である。今後，人口減少によってへき地が増えてくることが想定される現代において，重要な視点だといえる。

　へき地・小規模校に関わる研究や実践は小学校を対象としたものが多いが，そこで取り上げられている視点は中学校でも適用可能であることが多い。また，へき地・小規模の小学校を卒業して中規模・大規模の中学校に入学する子どもたちも当然存在する。したがって，へき地・小規模校でどのような教育が展開されているのかを知ることは，小学校から中学校への移行に対する支援を考える際にも重要である。

　日本が直面するさまざまな課題を考えた場合，へき地・小規模校の教育は一部の地域の問題ではない。そのような学校で展開されている教育について学び，理解していくことはもちろんのこと，それをほかの学校にも拡張していくという視点が必要である。

とができる。藤岡（2003）は，発展的指導の例として，(A)習熟度別指導，(B)複線型教材の活用，(C)オープンエンドの授業，(D)マーケッティング・ディスカッション法，(E)ジグソー（jigsaw）学習，(F)選択教科の学習，の6つをあげている。

(B)複線型教材の活用とは，同一単元のなかに複線型の教材を入れて，少し難易度の高い教材を学力到達度の高い生徒に提示するものである。(C)オープンエンドの授業は，授業の最後に結論やまとめをしない授業であり，生徒が自ら結論を考え，次の課題を構想し決定するもので，自己教育力を高めることになる。調べたことをノートやワークシートに記載させて理解度や興味・関心を見取ることができる。

(D)マーケッティング・ディスカッション法は，授業の形態が，市場の売り手と買い手の様子に似ていることから命名された。指導の流れは，以下のようになる。

①グループごとに観察・実験などで得られた結果を話しあいでまとめる→②グループでまとめたことを他のグループにわかりやすく説明する準備を行う（演示実験・ポスター・展示）→③グループごとに，前・後半の説明者と，他のグループへ行って情報を収集する者（情報収集者）を決める→④グループに残った説明者は，他のグループの情報収集者に自分たちのグループのねらいや実験結果について説明する。情報収集者は，自分のグループに必要な情報を収集したり質問したりする→⑤情報収集で得た新しい情報をもとに自分たちのグループのまとめを吟味する→⑥全体で各グループの考え方を出しあい，話しあいを通して課題を解決する。

(E)ジグソー学習は，アロンソンらによって提唱された小集団学習の方法であり，協同的な雰囲気で仲間同士が教えあうものである。指導の流れは，以下のようになる（図4-2）。

①はじめに4～6人程度の小集団を原グループ（ジグソーグループ）として編成→②グループのなかで，課題からいくつかに分かれた問題の1つを各自が分担する→③次に，他のグループと同じ問題を担当する生徒同士のグループ（カウンターグループ）を編成→④同じ問題を担当する同士で問題を追究し，結果を出す→⑤原グループに戻って学習成果を各自説明しあう。

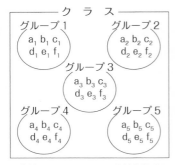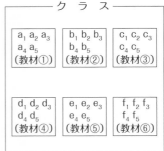

（注）a_1, a_2, a_3…は同一教材を学習した各生徒を示す。

　　　a_1, b_1, c_1…は異なる教材を学習した各生徒を表す。

**図4-2　ジグソーセッションによる学習（左）とカウンターパート
　　　　セッションによる学習（右）**

　ジグソー学習は，すべての生徒が発表者になるので能動的な学習が行われ，表現力や思考力を高めることができる。

　(F)選択教科の学習は，発展的指導のみならず，補充的指導にも活用できる学習である。生徒にシラバスを提示し，ガイダンスを丁寧に行うことが望まれる。発展的指導として実施する場合，学習指導要領を超えた内容になる場合があるので，クロスカリキュラムとなる授業（異教科の教師による T. T.）や少人数のグループ編成も取り入れることが望まれる。

　　協 同 学 習　　協同学習（cooperative learning / collaborative learn-ing）とは，ジョンソンら（Johnson et al., 1993）によれば，「小集団を活用した教育方法であり，そこでは生徒たちが一緒に取り組むことによって自分の学習と互いの学習を最大限に高めようとするものである。しかし，ただグループに分けて学習させるだけでは，協同学習とはいわない。学習者を小集団に分け，その集団内の互恵的な相互依存関係をもとに，協同的な学習活動を生起させる技法」と定義されている。

　生徒同士がペアワークやグループワーク（4人が原則）を通し

て，協力して学びあう学習のことであり，前述のジグソー学習も該当する。教えあいや学びあい，伝えあいができることで，1人の学びより学習の定着度が高い。等質な生徒で構成される習熟度別指導とは対照的で，さまざまな学力や適性の異なる生徒で小集団は構成される点が，特徴的である。

　協同学習を進めるに際しての留意点は，グループ間の競争をさせないこと，グループ間の協同を促進させること，教師の適切な介入などがあげられる。協同学習の概説的な論考としては，杉江（2011）に譲りたい。

4　Less is more.

Less is more. とは，「少なく教えて豊かに学ぶ」ことである。1単位時間にあまりにも多くのことを教えようとすると，「詰め込み」になり，生徒の多くは消化不良を起こしてしまい，「落ちこぼし」を生み出してしまう。重要なポイント，あるいは典型事例を丁寧に学習すれば，転移性の学力が育つことになる。数学を例にあげると，定理や公式をすべて覚えなくても，必要最小限のことさえ理解しておけば，そこから必要な定理や公式を導出できるのである。

　高校の「数学Ⅱ」で学習する三角関数の加法定理を例にあげてみよう。加法定理には，$\sin(\alpha+\beta)$，$\sin(\alpha-\beta)$，$\cos(\alpha+\beta)$，$\cos(\alpha-\beta)$，$\tan(\alpha+\beta)$，$\tan(\alpha-\beta)$ の 6 つがあるが，このすべての展開式を覚える必要はない。$\sin(\alpha+\beta)=\sin\alpha\cos\beta+\cos\alpha\sin\beta$ と $\cos(\alpha+\beta)=\cos\alpha\cos\beta-\sin\alpha\sin\beta$ の 2 式だけ覚えておけば十分である。$\sin(\alpha-\beta)$ は，$\sin(\alpha+(-\beta))$ ととらえなおし，$\sin(\alpha+\beta)$ の展開式につなげればよい。同様に，$\cos(\alpha-\beta)$ も $\cos(\alpha+(-\beta))$ ととらえなおす。$\tan(\alpha\pm\beta)$ は $\sin(\alpha\pm\beta)\,/\cos(\alpha\pm\beta)$〔複号同順〕から求めることができる。

　「できる」けれど「わからない」生徒が多いこと，つまり「で

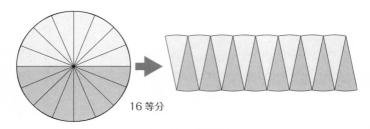

16等分

図4-3 円の面積の求め方

きる」と「わかる」との乖離がみられることは，指導に工夫を凝らす必要があることを意味している。

　たとえば，円形の面積の求積公式が $S = \pi r^2$ であることを覚えているだけでは，数値を代入して面積を正しく求められた（「できる」という状態）としても，必ずしも「わかっている」とはいえない。この求積公式がどのようにして導出されるのかを理解できて，はじめて「わかっている」といえるのである。円を16等分し，扇形を図4-3のように互いに組み合わせれば，底辺 πr（円周の半分の長さ），高さが r の平行四辺形に近似する。平行四辺形の求積公式（$S =$ 底辺×高さ）は既習事項であるので，$S = \pi r \times r = \pi r^2$ が導かれる。このような操作活動を取り入れると，認識が深まり，学習の定着度も高くなる。

5　子どもの好奇心を生かす授業

　ここでは，仮説実験授業を取り上げてみよう。仮説実験授業は，国立教育研究所（現国立教育政策研究所）の研究者（物理教育研究室長）であった板倉聖宣が1963年に提唱した指導法で，当初は理科の指導の改善を目標としていたが，後に社会科や算数・数学などの実践にも拡がっていった（板倉，1977）。

　仮説実験授業の考え方は，科学的認識は，対象に対して「仮説・予想」をもって意識的に問いかける「実験」によってのみ成

立するという認識論と，科学的認識は，社会的な認識であって，個々の人間が仮説実験的に確かめたことがらを超えた認識をめざすものであるという科学論をもとにしている。

仮説実験授業は，問題→理由→討論→実験・観察→検証という流れで実施され，授業書という形態でまとめられている。問題を提示した後，選択肢をいくつか示し，児童生徒に自分の予想を立てさせ，同時に学級の予想分布表を提示する。各選択肢ごとに理由を発表させ，討論を行わせ，その後，予想を変更してもかまわない。そして，実験・観察を行い，自分の予想が正しかったかを検証する（『たのしい授業』編集委員会，2008）。仮説実験授業の有効性としては，知的好奇心を高め，内発的動機づけを促進させる点と学習定着度が高い点である。

6 「主体的・対話的で深い学び」

2017年改訂の中学校および2018年改訂の高校の学習指導要領では，「主体的・対話的で深い学び」が重視されている。「主体的・対話的で深い学び」とは，アクティブ・ラーニング（能動的学習）のことである。「何ができるようになるか」「何を学ぶか」「どのように学ぶか」の3つの柱で教育課程を編制することが求められているが，「主体的・対話的で深い学び」は，「どのように学ぶか」に該当する（文部科学省，2018d）。

「主体的な学び」とは，学ぶことに関心をもち，見通しをもって粘り強く取り組み，自己の学習活動を振り返って次につなげる学びである。「対話的な学び」とは，子ども同士の協働，教職員や地域の人との対話，先哲の考え方を手がかりに考えることなどを通じ，自己の考えを広げ深めることである。「深い学び」とは，習得・活用・探究という学びの過程のなかで，各教科等の特質に応じた「見方・考え方」を働かせながら，知識を相互に関連づけてより深く理解したり，情報を精査して考えを形成したり，問題

を見出して解決策を考えたり，思いや考えをもとに創造したりすることに向かうことである。

「主体的・対話的で深い学び」は，何も目新しいことではなく，優れた実践者は，教師と生徒間および生徒同士の対話や討論を重視し，座学や受動的な授業を回避してきたのである。前述の協同学習，複式学級におけるガイド学習（間接指導時にリーダー〔ガイド〕の児童生徒が小先生となり，フォロワーの児童生徒と授業を進める：藤岡，2019）なども「主体的・対話的で深い学び」の代表例であり，研究蓄積が多い。

第3節　総合学習

1　学習指導要領における総合的な学習の時間・総合的な探究の時間

総合的な学習（探究）の時間の授業時数　1998年（高校は1999年）に告示された学習指導要領では，「**総合的な学習の時間**」が，小学校3年生から高等学校までに新設された。2018年改訂の高等学校学習指導要領では，高等学校の「総合的な学習の時間」が，「**総合的な探究の時間**」に改められた。本節では，学習指導要領で示されている「総合的な学習（探究）の時間」と，学習指導要領で扱われるようになる以前から実践を行ってきた国立大学附属校や私立校での学習を「総合学習」と表記し，両者を紹介する。法的拘束力のある学習指導要領で内容が規定されている「総合的な学習（探究）の時間」は，教科学習と比べると自由度は高く，各学校での創意・工夫のある取り組みが可能である。新設当時の授業時間数は，中学校では年間70〜130時間，高等学校では卒業までに3〜6単位を履修することになっていた。現行の学習指導要領（文部科学省，2018a，2019b）では，中学1年では50時間，2年および3年

では70時間に減少したが，高等学校では卒業までに3〜6単位（標準50分の授業を週当たり1回で1年間受講すると1単位になる）の履修で，変化はない。

「総合的な学習（探究）の時間」は，教科としてではなく，領域としての扱いであり，指導要録においては，中学校では，数値的な評価は行わず，自由記述で評価し，高等学校では単位数のみを記すことになる。

総合的な学習（探究）の時間の目標

中学校の「総合的な学習の時間」の「目標」は，「探究的な見方・考え方を働かせ，横断的・総合的な学習を行うことを通して，よりよく課題を解決し，自己の生き方を考えていくための資質・能力を次のように育成することを目指す」となっていて，「①探究的な学習の過程において，課題の解決に必要な知識及び技能を身に付け，課題に関わる概念を形成し，探究的な学習のよさを理解するようにする。②実社会や実生活の中から問いを見いだし，自分で課題を立て，情報を集め，整理・分析して，まとめ・表現することができるようにする。③探究的な学習に主体的・協働的に取り組むとともに，互いのよさを生かしながら，積極的に社会に参画しようとする態度を養う」の3つがあげられている。

そして，「目標」を実現するにふさわしい探究課題については，学校の実態に応じて，①国際理解，情報，環境，福祉・健康などの現代的な諸課題に対応する横断的・総合的課題，②地域や学校の特色に応じた課題，③生徒の興味・関心にもとづく課題，④職業や自己の将来に関する課題，の4つがあげられている。

他方，高等学校の「総合的な探究の時間」の「目標」は，「探究の見方・考え方を働かせ，横断的・総合的な学習を行うことを通して，よりよく課題を解決し，自己の在り方生き方を考えながら，よりよく課題を発見し解決していくための資質・能力を次の

ように育成することを目指す」となっていて，①探究の過程において，課題の発見と解決に必要な知識及び技能を身に付け，課題に関わる概念を形成し，探究の意義や価値を理解するようにする。②実社会や実生活と自己との関わりから問いを見出し，自分で課題を立て，情報を集め，整理・分析して，まとめ・表現することができるようにする。③探究に主体的・協働的に取り組むとともに，互いのよさを生かしながら，新たな価値を創造し，よりよい社会を実現しようとする態度を養う，の3つがあげられている。中学校の「総合的な学習の時間」よりも，より深い学びや探究的な学習が求められていることに気づくだろう。課題設定については，生徒が自ら課題を発見することが重視されている。

　「目標」を実現するにふさわしい探究課題については，地域や学校の実態，生徒の特性等に応じて，①国際理解，情報，環境，福祉・健康などの現代的な諸課題に対応する横断的・総合的課題，②地域や学校の特色に応じた課題，③生徒の興味・関心にもとづく課題，④職業や自己の進路に関する課題，の4つがあげられている。

総合的な学習（探究）の時間と他教科との関連

2018年版学習指導要領では，「古典探究」「地理探究」「日本史探究」「世界史探究」「理数探究基礎」「理数探究」の科目が新設されたが，これらの「探究」の名称が付されている科目と「総合的な探究の時間」の差異を理解する必要がある。学習指導要領（文部科学省，2019b）によれば，「総合的な探究の時間」の学習の対象や領域は，特定の教科・科目等にとどまらず，横断的・総合的であり，複数の教科・科目等における見方・考え方を総合的・統合的に働かせて探究し，学習活動が，解決の筋道がすぐには明らかにならない課題や，唯一の正解が存在しない課題に対して，最適解や納得解を見出すことを重視している点である。

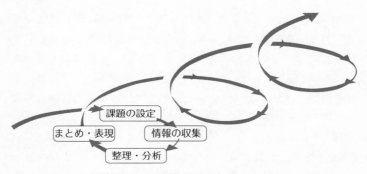

図4-4　探究的な学習の姿（文部科学省，2008c）

　職業教育を主とする専門学科においては，「総合的な探究の時間」の履修により，農業，工業，商業，水産，家庭，情報の各教科の「課題研究」，看護の「看護臨地実習」，福祉の「介護総合演習」の履修と同様の成果が期待できる場合は，「総合的な探究の時間」の履修をもって「課題研究」等の一部または全部に替えることができる（この逆も可）。

　学習活動については，座学ではなく，自然体験や職場体験，ボランティア活動などの社会体験，ものづくり，生産活動などの体験活動，観察・実験，見学や調査，発表や討論などの学習活動を積極的に取り入れることが大切である。中学校においても，習得－活用－探究という学習の流れの一部である「探究的な学習」も取り入れることが求められる（図4-4）。教科学習で学んだ「習得」や「活用」が，「総合的な学習の時間」における探究活動で深化・発展することになる。「習得」や「活用」を「探究」と対立図式でとらえるのではなく，相互関連性があり，教科学習のなかにも探究活動が含まれている点に留意したい。

「総合的な学習の時間」の現状

文部科学省が実施した教育課程の編制・実施調査をもとに，「総合的な学習の時間」の現状を紹介してみよう。公立中学校の

調査（2009年度の実施計画，複数回答可）では，「職業や自己の将来」が90.5%，次いで「地域や学校の特色に応じた課題」が76.8%，「横断的・総合的な課題」が74.0%，「生徒の興味・関心に基づく課題」が49.3%，その他が7.3%であり，キャリア教育と結びつけた実践が多かった。「横断的・総合的な課題」を取り上げる予定の学校での具体的な学習活動（複数回答）としては，「国際理解」が34.7%，「情報」が30.8%，「環境」が46.6%，「福祉・健康」が52.7%，その他が21.4%であり，「福祉・健康」と「環境」が相対的に多くの学校で取り上げられていることがうかがわれる。

　公立高等学校の調査（2010年度の実施状況）のうち，普通科では，全学年次で実施している学校が全体の85.9%を占め，単位数としては3単位が96.3%であった。学習活動の調査結果（複数回答可）では，「横断的・総合的な課題」のうち，「国際理解」が32.0%，「情報」が20.9%，「環境」が31.3%，「福祉・健康」が32.8%，その他が19.2%であり，「生徒が興味・関心，進路等に応じて設定した課題についての知識や技能の深化，総合化を図る学習活動」が63.7%，「自己の在り方生き方や進路について考察する学習活動」が86.7%，その他が10.0%であった。採り入れている体験活動の内訳（複数回答可）は，就業体験が27.7%，ボランティア活動が26.8%，自然体験が17.5%であった。

　小・中学校と比べて高等学校では，年間計画が不十分で，担任任せの学校もある。また，進学校では，この時間を大学受験のための補習や小論文指導に充てたり，大学訪問などの進路学習に矮小化した学習になっており，本来の趣旨が十分に生かされておらず問題がある。現代的課題を取り上げて青年期の生徒の生き方を考えさせ，将来展望をもたせるような内容に改善する必要性があるだろう。

　2008年の学習指導要領の改訂では，「総合的な学習の時間」が

「ゆとり教育」の典型とみなされ，時数削減が行われた。しかしながら，「総合的な学習の時間」が好きな児童生徒は，学力が相対的に高いという調査結果もあり，「総合的な学習の時間」の学習内容と質について検討すべきであろう。

総合学習の歴史　総合学習の歴史は古く，特に小学校の実践では第二次世界大戦前から行われてきた。問題解決学習を中心に据えた1947年と1951年の学習指導要領では，教科の総合性が謳われていた。しかしながら，教科の系統性を無視した合科的な授業や生活単元学習により，知識や技能の習得が疎かになり，また，子どもの自主性を尊重するあまりに，教師の指導が軽視された。そして，基礎学力の低下を引き起こす場合も多くみられ，「活動あって学習なし」「はい回る経験主義」という批判が起こり，1958年の学習指導要領では問題解決学習が消え，系統学習に転換した。

総合学習が注目を浴びたのは，日本教職員組合の中央教育課程検討委員会が1976年に提起した「教育課程試案」である。第2階梯（小学校4〜6年生）以降に総合学習を設け，第2階梯と第3階梯（中学校）では週当たり1時間，第4階梯（高等学校）では卒業までに3単位履修することになっている。公害，平和，人権・差別，性教育などが学習テーマの例としてあげられていた（長尾，1999）。

総合学習の実践例　総合学習の実践例として，私立和光中学校（東京都町田市）の実践を取り上げてみよう。和光中学校では，1997年から各学年ともに週当たり2時間で総合学習が行われている（姉妹校の和光小学校では1985年から，和光高校では1977年から実施）。和光中学校の総合学習の新設時のねらいは，次の通りであった。

現代的課題（人類的課題）を能動的・探究的に学びとる中で自立

した『地球　市民』として『共に生きる』智恵と力を身につける。

（森下・田中，2000，25頁）

　現行の学習内容は，１年では「障がい」「演劇」「インターネットの問題」を扱い，「多様性の中のLGBTQ（レズビアン，ゲイ，バイセクシャル，トランスジェンダー，クエスチョニングの頭文字を示す）」では当事者をゲストティーチャーとして招いて講演を行っている。２年では「食べる・働く・生きる」をテーマとし，農業や添加物の学習やキャリア教育を行い，秋田の学習旅行へとつなげている。３年では「卒業演劇づくり」「幸せ・不幸せを考える」「働くことと生きること」などがテーマである。

　和光中学校の総合学習の特徴は，①地球で起きているさまざまな課題や身近な現代的課題を教科の枠にとらわれないで学習する，②自己表現などのプレゼンテーション能力を身につけさせる，③生徒１人ひとりの「違い」を認めあい，自分とは異質な（あるいは同質な）考えや発想との「出会い」を大切にする，④「生徒－生徒」の横の関係をより重視し，生徒が主人公になって能動的に参加する「探究－獲得」型の授業，発表・討論を中心に進めていく授業である，⑤文化祭や演劇祭などの自治活動と結びついている，の５点である。さらに，教科学習でも，教科間での協力のある総合学習的な授業が行われているのも注目に値する。

2 「総合的な学習の時間」「総合的な探究の時間」の授業づくりの留意点

　藤岡（2009）は，「総合的な学習の時間」の授業づくりについて論じているが，中学校や高等学校での実践のあり方について，これに補筆したい。

　授業づくりの留意点としては，第１に，価値ある体験活動を行うことである。「体験あって活動なし」とならぬよう，中学生や高校生の発達段階にふさわしい価値のある体験活動をさせること

である。教材開発は，各学校の創意工夫に委ねられており，学年団の教師で協同して行うことが肝要である。

　第2に，生徒の実態に即した学習課題を設定することである。学習指導要領には例示として，国際理解，情報，環境，福祉・健康の4つがあげられているが，これらすべてを実施する必要はない。ものづくり，キャリア教育，食育，安全・防災教育，平和，人権，性（ジェンダー），障害理解，命，民主主義，法教育，主権者教育，シティズンシップ教育なども現代的課題として取り上げてみたい。

　第3に，管理職も含めた全教職員が関わることである。たとえば，健康に関しては養護教諭やスクールカウンセラー，食育に関しては栄養教諭，福祉に関してはスクールソーシャルワーカーが教材開発だけでなく，ティーム・ティーチングとして授業に参加するとよいだろう。たとえば，「環境」領域の学習では，理科の教師だけに任せず，社会科学の視点を採り入れた実践にするために社会科・公民科の教師が加わることや，環境問題を取り上げた英文を用いる場合に英語科の教師が加わることなどが考えられる。

　第4に，生徒の発達段階にふさわしい学習課題と指導方法を設定することである。中学校の「健康・福祉」領域の学習で，車椅子体験やインスタントシニア体験（アイマスクや視野が狭くなるメガネの着用，両腕・両脚に重りをつけるなどを行い，高齢者の身体の状況を理解する体験）を行っている学校も散見するが，生徒は既に同様の体験学習を小学校で行っており，同じ内容を取り上げても「冷めた」状態で意欲的でないことが多い。中学校レベルの学習では，校区を調査した後，バリアフリーの町づくりをどう構築したらよいのかを提言させたり，社会科公民分野の「租税の役割と使途」「社会保障」「憲法第25条（生存権）」の単元と結びつけて学習させることなどが可能である。

　第5に，「学びの共有化」をはかることである。個人やグルー

第4章　教育指導

プ，学級で有意義な学習活動を行っても，それを全生徒にシェアする時間がない場合がある。体験活動に時間をとりすぎないように，適宜，教師は介入を行い，発表の時間を確保することによって，「学びの共有化」をはかるように努めなければならない。

第6に，教科学習と「総合的な学習（探究）の時間」の相互環流が大切である。教科学習で学んだことが，「総合的な学習（探究）の時間」で発展・深化し，「総合的な学習（探究）の時間」の学習活動から教科学習に戻ることにより，シナジー効果が働き，「豊かな学力」が育成されることになる。たとえば，「環境」領域の学習を行うときには，関連する理科や社会科，地理歴史科，保健体育科，家庭科などの単元の学習を同時期に寄せ集め，相互関連性を高めた年間計画を作成し，効率的な学習ができるようにすることである。

第7に，評価の改善を行うことである。「総合的な学習（探究）の時間」の評価は，ペーパーテストは適さず，ポートフォリオ評価を用いることが多い。教師が生徒を評価するだけでなく，生徒自身の振り返りや次の課題設定を行う際にも，ポートフォリオは有効である。また，自己評価も重視するとともに，発表会では，ほかの生徒からの他者評価も活用したい。

第 4 節　道　　徳

1　学習指導要領における「道徳」の変遷と現行

学習指導要領における「道徳」の変遷

特設「道徳」は，教師や教育学研究者の批判の声もあったが，1958年の学習指導要領の改訂で教育課程に位置づけられ，以降，6回の改訂が行われた。1958年（小・中学校：以下同様）の学習指導要領では，「総則」に「学校における道

徳教育は，本来，学校の教育活動全体を通じて行うことを基本」とし，「道徳の時間」では「道徳的実践力の向上を図る」ことが明記された。「内容」では，日常生活の基本的な行動様式，道徳的な判断力と心情・豊かな個性と創造的な生活態度，民主的な社会および国家の成員として必要な道徳性の3つの柱に分け，21の内容項目が定められた。

　1969年の改訂では，「目標」で「道徳的判断力を高め，道徳的心情を豊かにし，道徳的態度における自律性の確立と実践意欲の向上を図る」と明記され，内容項目は13項目に精選され，1977年の改訂では，「目標」に「道徳的実践力を育成する」という記述が入った。1989年の改訂では，「目標」に「生命に対する畏敬の念」が付け加えられ，「主体性のある日本人」の記述が登場した。「内容」は，小・中学校共通に，①主として自分自身に関すること，②主として他の人との関わりに関すること，③主として自然や崇高なものとの関わりに関すること，④主として集団や社会との関わりに関すること，に整理され，22項目になった。1998年の改訂では，「目標」に「道徳的価値」の自覚を深めることが加えられ，「内容」では，法や決まりの遵守，自他の義務を果たし社会の秩序と規律を高めるよう努めることなどが加わった。

　2008年の改訂では，「内容」で，「道徳の時間を要として学校の教育活動全体を通じて道徳教育を行うこと」が明記され，教科学習の道徳化という批判も生み出した。「総則」では，「職場体験やボランティア，自然体験などの活動も，生徒の内面に根ざした道徳性の育成が図られるように配慮しなければならない」と記された。新たに設けられた分掌（生徒指導部，進路指導部など校内の教師の役割分担）である道徳教育推進教師を中心に，校長や教頭の参加，ほかの教師との協力を含めて指導することが配慮事項になっている。ネットの書き込み，人権侵害，著作権の侵害などを受けて情報モラルに関する指導も加わった。

現行の「特別の教科 道徳」の学習指導要領

2017 年に改訂された現行の中学校「特別の教科 道徳」の学習指導要領を紹介しよう。「道徳」の教科化(特別の教科 道徳;以下,「道徳科」と略記)を受けた改訂で,教科書の刊行や指導要録での評価など,大きな変化がみられる。いじめ問題への対応が,教科化の議論の発端となった。

「目標」では,「補充,深化,統合」が消え,「道徳的価値及びそれに基づいた人間としての生き方についての自覚を深め」ることが,「道徳的諸価値についての理解を基に,自己を見つめ,ものごとを広い視野から多面的・多角的に考え,人間としての生き方についての考えを深める学習」と改められ,「道徳的実践力を育成する」から「道徳的な判断力,心情,実践意欲を育てる」に変更された。

「内容項目(徳目)」の4つは変わらないが,配列順が変更された,①主として自分自身に関すること(「自主,自律,自由と責任」「制度,節制」「向上心,個性の伸長」「希望と勇気,克己と強い意志」「真理の探究,創造」の5項目),②主として人との関わりに関すること(「思いやり,感謝」「礼儀」「友情,信頼」「相互理解,寛容」の4項目),③主として集団や社会との関わりに関すること(「遵法精神,公徳心」「公正,公平,社会正義」「社会参画,公共の精神」「勤労」「家族愛,家庭生活の充実」「よりよい学校生活,集団生活の充実」「郷土の伝統と文化の尊重,郷土を愛する態度」「わが国の伝統と文化の尊重,国を愛する態度」「国際理解,国際貢献」の9項目),④主として生命や自然,崇高なものとの関わりに関すること(「生命の尊さ」「自然愛護」「感動,畏敬の念」「よりよく生きる喜び」の4項目),総計22項目からなる。各学年ですべての内容項目を取り扱わねばならない。

指導に際しては,問題解決的な学習,体験的な活動(たとえば,職場体験活動,ボランティア活動,自然体験活動)など多様な指導方

法を工夫し，道徳教育推進教師を中心とした指導体制を充実する必要がある。教材としては，伝記，実話，論説文，物語，詩，劇などが示されている。指導法の工夫として，教材の提示，発問，話しあい，書く活動，動作化，役割演技などの表現活動，説話などがあげられている。

　教科化されたため，教科書が刊行され，使用義務が発生する。2019年度の教科書は8社から刊行され，補足資料を加えると，年間35時間分の教材（22の内容項目）で構成されている。

　「道徳科」の指導計画が，カリキュラム・マネジメントの重視を反映し，従前よりも硬直化している。学習指導要領では，「年間指導計画は，（中略）指導者の恣意による不用意な変更や修正が行われるべきではない。変更や修正を行う場合は，児童生徒の道徳性を養うという観点から考えて，より大きな効果を期待できるという判断を前提として，学年などによる検討を経て校長の了解を得ることが必要である」とされ，教材の変更は，「少なくとも同一学年の他の教師や道徳教育推進教師と話し合った上で，校長の了解を得て変更することが望ましい」と柔軟性に欠けている。学級でいじめが起きたら教科学習を「道徳科」や学級活動に変更し，児童生徒で話しあうことが実質的に困難になったといえよう。

2　「道徳科」の教材論・指導論・評価論

(1)　文部科学省の配布教材

「道徳科」の教材　　「道徳の時間」では，これまでは副読本を中心に，教師が多様な教材を用いて実践してきた。しかし，2002年に文部科学省が全国の小・中学生に『心のノート』を配布した。図や写真を多用し，ビジュアルでストーリー性が強いものであった。児童生徒が感じたことや体験したことを書き込めるようになっており，また，スローガンらしきものが散見し，メッセージ性が強いといえる（藤岡，2004）。

『心のノート』には，勧善懲悪主義のトーンの記述も多く，社会との関係を切り離して「心」（内面）の問題に還元している点から，心理主義であるという批判もあった。「集団や社会との関わりに関すること」において，家族愛→愛校心→郷土愛→愛国心へと，同心円拡大方式で展開されているが，郷土愛から愛国心への展開のところで乖離がみられる。「ふるさとを愛する気持ちをひとまわり広げるとそれは日本を愛する気持ちにつながってくる。私たちが暮らすこの国を愛し，その発展を願う気持ちは，ごく自然なこと」と一方的に述べられている。「排他的な自国賛美であってはならない」と留意点が記されているが，多文化共生の視点はみられず，外国籍や外国にルーツのある児童生徒には，戸惑いや苦痛を感じさせるものになったのではないだろうか。

　2014年には『心のノート』を踏襲した『私たちの道徳』（2014）が刊行され，教科書登場後も活用できるように，文部科学省のホームページに掲載されている。『心のノート』作成以降の児童生徒をとりまく現状を反映させている。いじめの問題の対応や情報モラル，日本の伝統と文化などのページが新設もしくは増加した。中学校用では，各内容項目を6ページ構成とし，1ページめで内容を簡潔に示し，2～4ページめは各教科や特別活動などでも活用できるように配慮し，考えるきっかけとなる素材を配し，主に5ページめに人物のメッセージやコラムなどを，6ページめに格言・名言を配置している。

　『私たちの道徳』（中学校用）で記述内容に問題のあると思われる教材を紹介してみよう。「異性を理解し尊重して」の記述のなかで「好きな異性がいるのは自然なこと」という見出しがあり，本文では「中学生で，好きな異性や意識してしまう異性がいるのは不思議ではない。むしろそれは自然な気持ちで，大切にしなければならない気持ちだ。この気持ちを，明日に生きるエネルギーにできたらいいと思う。だけど，二人だけのカラに籠もってしま

うと，周りが見えなくなって，人間としての幅を狭めてしまうこともあるかもしれない」と記述されている。ここにはLGBTの生徒への配慮はまったくない（指導資料のみ性同一性障害の生徒への配慮について2行のみ記述）。文部科学省はLGBTの児童生徒に対する配慮の通知を出しながら，このような記述のある同書（『心のノート』にも掲載）の活用を勧めることには，大きな矛盾がある。

(2) 副 読 本

「道徳」が教科化される前は，出版社や地方教育委員会作成の副読本が主として使用されてきた。出版社刊行の副読本は，学習指導要領で示される内容項目に沿った読み物教材を中心に編集されており，各社の特色が表れたものが多かった。地方教育委員会作成の副読本は，郷土の偉人の記述が含まれている。2011年の東日本大震災以降，被災地の県の副読本では，防災教育の視点を採り入れた教材が多いが，東京電力福島第1原子力発電所のメルトダウンによる避難や福島県をはじめ東北地方から避難した子どもに対するいじめなどは，扱われていない。

他方，地方教育委員会作成の副読本にも好感のもてる教材もある。たとえば島根県教育委員会（2016）作成の「島で学ぶ」は，生徒減で存続が危うくなった島根県立隠岐島前高校の再生を取り上げた教材である。島前高校魅力化プロジェクトにより，「島留学」で島外からの入学生が増え，「ヒトツナギ部（地域での活動を企画・運営する部活動）」による町おこしを行っている取り組みを，生徒のインタビューをもとに構成されたものである。「道徳臭さ」がなく，「学ぶことの意義」「愛校心」「郷土愛」「進路学習（キャリア教育）」につなげていくことが可能な教材である（藤岡，2018b）。

(3) 教 科 書

「道徳科」になったため，検定教科書が作成された。伊東（2019）は，副読本と教科書の相違点として，第1に，教科書で

は共通資料が著しく増加したことを指摘している。中学校では全8社共通の資料として，「二通の手紙」（内容項目は【遵法精神，公徳心】）と「足袋の季節」（【よりよく生きる喜び】）が，6社採用が「一冊のノート」「裏庭でのできごと」「言葉の向こうに」「六千人の命のビザ」である。これらの大半は，文部科学省の読み物資料や『私たちの道徳』からの転載や抜き出しであり，副読本と比べて多様性が失われているといえよう。第2に，資料を内容項目別にノンフィクションかフィクションかに5段階評定で分類すると，ノンフィクションの資料が多い内容項目は，「希望と勇気，克己と強い意志」「真理の探究，創造」であり，フィクションの資料が多い内容項目は，「友情，信頼」「自主，自律，自由と責任」「遵法精神，公徳心」「礼儀」であった。フィクションの資料は，教科書編集委員会が内容項目に合わせて創作したものが多く，現実とは乖離したとってつけたような展開になっているものが多い。第3に，「感動，畏敬の念」では，自然を題材にした資料が大半を占めるものの，人の行為を題材にしたものがかなり登場している。第4に，副読本では「ヒロシマのうた」「ヒロシマの空」など戦争と平和を扱う資料が散見されたが，教科書では「国際理解，国際貢献」として，自衛隊の海外派遣や戦前の日本統治下の台湾における日本人の行為を偉業として美化する資料（日本教科書1年生用「大地——八田與一の夢」など）が登場している。

　教科書（とりわけ小学校用）や副読本では，オリンピックやパラリンピックなどのアスリートが多く取り上げられているが，障害を克服してスポーツに取り組む選手は，ある意味では勝者であり，多くの障害者のおかれている状況とは異なることを丁寧に考えさせることが大切である。パラリンピックの参加要件に，聴覚障害者と精神障害者は含まれていないことも指導の留意点である（藤岡，2018b）。

　ジェンダーや性（セクシャリティ）の問題を取り扱っている教科

書も散見される。しかしながら，家族内の性別役割分業やロールモデルを前提とした記述，産み育てる女性という視点に立った教材，ジェンダー平等や社会的視点の欠けた教材が多い（橋本，2019）。

「道徳」の教科化の背景には，いじめの深刻化や認知件数の増加への対応があるが，カウンセリングや心の問題に傾きすぎると，心理主義に陥る可能性がある。生徒指導における毅然たる指導である「ゼロ・トレランス」と内面から迫る「道徳」の教科化は，コインの裏表の関係にあるといえる。「ゼロ・トレランス」と関係が深い「割れ窓理論」（1枚の割れた窓ガラスを放置していると，さらに割られる窓ガラスが増加し荒廃が進むので，軽微な犯罪でも早期に取り締まるのがよいという犯罪心理学者ケリングが提唱した理論）が「マナーとルール」の教材の補充資料として提示（日本教科書2年生用）されている点にも注意を払いたい。

教科書のなかで好感のもてる資料を紹介しよう。学校図書2年生用の「自分らしい多様な生き方を共に実現させるためにできること」（内容項目は【公正，公平，社会正義】）では，まず，セクシャリティの3要素（「からだの性」「こころの性」「好きになる性」）の関係性が，セクシャル・マジョリティとセクシャル・マイノリティで異なることを考えさせ，次にLGBTについて紹介している。そして，多様な性を学ぶ教師の勉強会やトランスジェンダーの生徒と関わった養護教諭の実践などが紹介され，末尾には「この記録を読みながら，今まであなたがもっていたどのような先入観に気がついたか」「セクシャル・マイノリティの人への差別や偏見のない学校や社会を実現するために，みんなでできることはどんなことだろうか。話し合ってみよう」という設問がある。LGBTの当事者が学級に在籍する場合（特に教師にカミングアウトしていない場合），授業の展開に際しては，工夫と配慮をする必要があるが，思春期に位置する中学生にとっては，重要な教材であるとい

えよう。生徒より年長の当事者をゲストティーチャーとして招き，苦悩や差別などを語ってもらうと理解が深まる。『私たちの道徳』とは対照的な内容である。

　教科書のなかには，指導の展開の仕方によっては，道徳的価値や道徳的判断力を高めるだけではなく，多文化共生や人権意識の向上，平和学習，市民性の涵養などに生かせる教材もある。東京書籍の 2 年生用の「渡良瀬川の鉱毒」（【公正，公平，社会正義】）は，田中正造を取り上げているが，彼の生き方を通して，公害・環境問題へ発展させることが可能である。光村図書の 2 年生用の「民主主義と多数決の近くて遠い関係」（【遵法精神，公徳心】）は，多数決と少数意見の尊重，意思決定，折り合いをつけることなどを考えさせながら，多様な展開が可能となる教材である。

| 「道徳科」の指導 | 　教科化に伴い，教科書の使用義務が発生するが，教科書以外の多様な教材（副読本，教師作成の資料，児童生徒の作文など）も必要に応じて使用することは可能である。 |

学習指導要領でも，「考え，議論する道徳」が謳われている。そのためには，心情理解にとどまらず，「ゆさぶり」や討論の時間の保障が大切である。指導の冒頭で「本時のねらい（目標）」を提示することは，生徒を誘導し，自由な発想や思考に制限をかけてしまうリスクがあるので，避けるべきであろう。

　宇佐美（2005b）は，読み物教材などで単元のねらいが，心情や態度を育てることであっても，認識させることを無視しては「押しつけ」となり，心情や態度を育てることは不可能であると指摘している。「道徳」の読み物教材や教科書にも「隠れたカリキュラム」が存在していることを，教師は認識すべきである。

　資料を最後まで読まず，途中で意見や考えを交流させる「中断読み」を取り入れたり，オープンエンド（第 **4** 章 2 節参照）で授業を終了し，次時に新たな視点で継続・発展させる指導も大切である。1 単位時間で 1 つの内容項目を指導するだけでなく，複数

の時間をかけて2つ以上の内容項目を同時に指導することも可能である。「いじめ」はすべての教科書で扱われているが，フィクションが多く，生徒が直面してきた「いじめ」は資料より重層的で複雑である。「いじめ」の統計データ，被害者への聞き取りや作文などを付加し，複数時間にわたる授業設計が必要である。

　心理学の視点から取り組まれた「道徳」の指導法の1つにコールバーグ（Kohlberg, 1988）のモラル・ジレンマ課題がある。対立する価値葛藤を提示し，児童生徒にどちらがよいと思うか，理由を含めて考えさせる学習である（荒木，1988）。彼の知見については，テュリエルやギリガンの批判があり，また，宇佐美（2005a）は，モラル・ジレンマ課題が，二者択一の問題（究極の選択を強いる）と，そもそも価値葛藤に値しない題材の問題をあげて批判している。コールバーグ自身も批判を受けて，1970年代以降は正義（justice）とコミュニティ（community）との調和を保とうとする「ジャスト・コミュニティ」という見解に改めている。

　「道徳科」の授業と特別活動や総合的な学習の時間の学習活動とを関連づけ，価値ある体験と結びつけることも大切である。障害理解学習を取り上げる場合，キャップハンディ体験（アイマスク着用や車椅子利用をしてハンディキャップのある状態を体験する）を通して，考えさせることが必要である。体験だけに終わってしまうと，「障害者は可哀想」「自分は障害者でなくてよかった」という皮相な認識で終わってしまう。障害のある児童生徒への合理的配慮や障害者の権利，バリアフリーの町づくりへの提言など，幅の広い内容へ発展させることも肝要である。また，広島，長崎，沖縄への修学旅行と結びつけて，平和学習としての「道徳科」の授業も取り組みたい。

　小学校高学年の全社の教科書に掲載されている「手品師」は，「正直，誠実」をねらいとしている。売れない手品師と独りぼっちの少年が遭遇し，手品をみせて少年は元気を回復する。翌日も

手品をすると少年に約束するが，その夜，友人から大劇場で手品をしないかと申し出があり，手品師は申し出に応じるか躊躇したが，最終的には断り，少年との約束を守るという展開である。手品師は名声をあげることを捨ててまで，少年との約束を守ったことが，「正直」で「誠実」であったという指導に予定調和的につなげなければ指導のねらいに達成しないことになる。しかしながら，大劇場でのステージに，この少年を招待すれば，WIN-WINの解決策になるのだが，それでは望ましい授業にならない。道徳的判断力や思考の多様性を尊重すべきではないだろうか。興味深いのは，「手品師」が中学校3年生の教科書（光村図書）に再登場し，冒頭で小学校のときに学んだことをもう一度学びなおしたら，どのように感じたり考えたりするかを問うている点である。末尾の設問では，「手品師は，本当に『誠実』といえるだろうか」と，ゆさぶりをかけている点も指導の工夫がみられて好ましい。

「道徳科」の評価　文部科学省（2018c）によれば，「道徳科」の評価は，①児童生徒を励ます個人内評価を中心とした記述式とする，②個々の内容項目ごとではなく，大くくりなまとまりをふまえて評価する，③学習活動において児童生徒がより多面的・多角的な見方へと発展しているか，道徳的な価値の理解を自分自身との関わりのなかで深めているかといった点を重視する，④調査書には記載しないが，指導要録（「学習状況及び道徳性に係わる成長の様子」）では記載することになっている。

留意点として，発達障害児，帰国児童生徒，外国にルーツがある児童生徒，日本語習得に困難のある児童生徒等に配慮することが示されている。

しかしながら，一部の教科書では，生徒に内容項目ごとに自己評価（4〜5段階）させ，それを教師が活用するような評価欄が設定されているのは，問題である。教科書本体以外に書き込み式の「道徳ノート」が付随している教科書もあるが，教師がそれを

定期的に点検すると，生徒は本音を記入しなくなり，教師の期待に沿うような内容になる恐れがあることにも注意を払いたい。また，指導要録や通知表の評価では，内心や人格の評価にならぬように配慮すべきである。

3 高校公民科の「公共」

2018年の高校の学習指導要領の改訂で公民科の「現代社会」が廃止され，**公共**が新設された。2単位で公民科の必履修科目となった。「公共」の内容は，A. 公共の扉──(1)公共的な空間を作る私たち，(2)公共的な空間における人間としての在り方生き方，(3)公共的な空間における基本的原理，B. 自立した主体としてよりよい社会の形成に参画する私たち，C. 持続可能な社会づくりの主体となる私たち，の3大項目からなり，履修順序はA→B→Cとなっている（文部科学省，2019a）。

「現代社会」と比較すると，「現代社会」の学習事項を踏襲しているものの，「公共的な空間」「私たち」「主体」「参画」「自立」という文言が多く登場していることが見出せる。他方，日本国憲法や国際政治，経済の仕組みなどの学習が減少し，公共の精神を養うこと，法や社会規範の遵守，領土，国家主権，安全保障と国際貢献などが重視されている。

高校では「道徳科」は設置されていないが，公民科の「公共」と「倫理」がその役割を果たすことになる。「公共」における育成すべき資質・能力のうち，「学びに向かう力，人間性」では，「よりよい社会の実現を視野に，現代の諸課題を主体的に解決しようとする態度を養うとともに，多面的・多角的な考察や深い理解を通して涵養される，現代社会に生きる人間としての在り方生き方についての自覚や，公共的な空間に生き国民主権を担う公民として，自国を愛し，その平和と繁栄を図ることや，各国が相互に主権を尊重し，各国民が協力し合うことの大切さについての自

覚などを深める」となっていること（文部科学省，2019a）に注意を払いたい。

18歳選挙権や主権者教育などを受けて，「公共」でどのような授業を展開するかは，教師の教材研究と価値ある体験や問題解決学習にかかっているといえよう。

4 よりよい「道徳科」をめざす視点

藤岡（2018b）をもとによりよい「道徳科」をめざすための視点を述べよう。第1に，多様な価値観や人権意識を前提としたうえでの道徳判断力の育成である。生徒をとりまく環境に対応した判断力と現実吟味能力，批判的思考力の育成が大切である。モラル・ジレンマ課題も，限界（宇佐美，2005a）に留意しながら活用するのもよい。現代的課題としては，表現の自由とヘイトスピーチ，いじめを法教育の視点でとらえなおすなどが想定できる。

第2に，子どもの生活や人々の葛藤をベースとした多様な教材開発をすることである。生徒の作文や優れた文学作品（恣意的な抜出しや改竄・創作は避ける）を投げ込み教材として活用する。建前論や説教調，徳目注入の意図が強いものでなく，子どもの生活場面を反映したものを使用する。1980年代半ばまで国語の教科書に掲載されていたドーデの『最後の授業』（フランス領のアルザス＝ロレーヌ地方が普仏戦争でプロイセンに割譲され，フランス語を母語として使えなくなる）は，戦争，愛国心，国民文化の問題を考えるのに適している。多文化共生や戦争による民族としての尊厳の略奪が指導のポイントになる。偏狭な愛国心をもたせないことが大切である。

第3に，構成的グループエンカウンターやアサーション・トレーニングなど多様な指導方法を用いる。ただし，これらの限界も理解しておく。話しあいの時間も十分に保障し，とりわけ少数意見を開陳できる場を保障することが大切である。

第4に，「生き方」を語りあえ，共感できる力を高めることである。プライバシーに配慮しつつ，生徒同士で「生き方」を話して学びあうことは，1人ひとりの違いやダイバーシティを認めあい，共感する力を高められることに結びつく。障害理解学習，労働やキャリア教育も該当する。

　第5に，平和の大切さや人権の保障について理解させる。たとえば，ゼッケンに「日の丸」をつけて1936年のベルリンオリンピックに日本代表として出場した孫基禎選手の事例や創氏改名の事例も歴史学習とあわせて考えさせたい。「権利」と「義務」を対立的に扱っている教材もあるが，世界人権宣言や子どもの権利条約を読み解くことを通して，「権利」と「義務」の関係性を考えさせる必要がある。

　第6に，**シティズンシップ教育**（市民性教育）の視点を採り入れることである。イギリスで始まったシティズンシップ教育は，参加型民主主義の実践のために必要な知識やスキルを身につけさせるもので，権利と義務，社会的課題などの公民的知識，合意形成や問題解決の仕方，社会参加の仕方，主権者としての自覚と力量形成，共生意識，自立と協調などがテーマとしてあげられよう。民主主義社会を指向する内容もあり，社会科とのクロスカリキュラムの可能性もある。コールバーグの「ジャスト・コミュニティ」アプローチは，シティズンシップ教育に影響を与えている。

　第7に，生徒のおかれている家庭環境などを十分に教師は理解して，教材の選択や開発をすることである。「家族愛」の教材では，親から虐待を受けた生徒やひとり親の家庭の生徒が学級にいる場合は，教材の差し替えや発問の工夫を凝らす必要がある。外国籍の生徒がいる場合は，「愛国心」の教材についても十分な検討が求められる。たとえば，教科書の「日本人としての」という記述を見直すことや多文化共生の視点に立った教材に差し替えるなどである。

5　道徳性発達に関する心理学の諸理論と教育方法

　それでは，道徳判断に関する心理学の理論とはどのようなものがあるだろうか。ここでは３人の心理学者の理論をみていきたい。

　ピアジェは物を壊した結果の重大さと壊す意図の有無を比較したストーリーを子どもに提示し，どちらがより悪いことなのかという善悪の判断を子どもに尋ねた。その結果，子どもは道徳判断の発達により，どのような結果であったかよりもどのような意図で行為がされたかを重視するようになることが明らかとなり，子どもの道徳判断の発達は「他律（結果）から自律（動機）」という方向で発達するのだとした。

　コールバーグは子どもの道徳的発達を道徳的に正しいと判断する際の理由づけ（道徳的推論）に着目し，複数の道徳的価値や規範が相克する状況（モラル・ジレンマ）での道徳的推論に着目した。たとえば，妻を助けるために高価な薬を盗むべきか否かの理由を問う「ハインツのジレンマ」が知られている。コールバーグはこのようなモラル・ジレンマから他律的・個人主義に従う前慣習的な水準，慣習的な水準，公平さや普遍的な倫理的原理に従う脱慣習的な水準の各水準に２段階を組み込んだ３水準６段階の道徳的発達段階を見出した。コールバーグの理論にもとづいたモラル・ジレンマの授業は日本でも行われている（例：荒木，2010）。

　このように，ピアジェやコールバーグの道徳研究は概して発達に伴い公正や正義が洗練されるという内容であるが，これらの道徳理論は個人や理性を重視する欧米圏的価値観に偏重しているという批判がある（ハイト，2014）。たとえば，誰もみていないところで国旗を雑巾代わりに使うことなど，個人の尊重と公正さという点で道徳的に反していない行動でも，非道徳と判断される場合がある。場合によっては共同体の倫理や神聖さの倫理も重要となる社会があり，それらも含め，道徳性を進化的に説明する理論の

第Ⅲ部　教師

1つとしてハイトの**道徳基盤理論**がある（詳しくはハイト〔2014〕を参照）。道徳基盤理論では道徳をケア／危害，公正／欺瞞（ぎまん），忠誠／背信，権威／転覆，神聖／堕落の5つ（研究によっては自由／抑圧も加えた6つ）に大分している。そして，人間の道徳性は味覚受容器（味蕾）のように備わっており，どの道徳性を重視するか（味の感じやすさ）は文化や社会によって変わるとしている。このように，そもそも何を道徳的とし，誰が何を重視しやすいのかについての批判や理論も心理学の立場から存在している。

6 いじめと道徳性

また，道徳的な人間ほど，善良で，分別があり，誰かを傷つけるなどの問題を起こさないと素朴に予想することができるが，その通りなのだろうか。

ここでは，いじめと道徳性についての国内外の研究を紹介する。フィンランドの小学4〜6年生を対象にした調査では，いじめをよくないと思うような態度はその後のいじめ加害の低下を予測したが，学級全体では効果がなかった（Sentse et al., 2015）。しかし，オランダの中学生を対象にした調査ではいじめをよくないと思う態度と学級の雰囲気の両方がいじめ低下を予測している（Scholte et al., 2010）。また日本の中学生を対象にした研究では，道徳的感情の1つである罪悪感が高いほどシナリオ上での加害行為も少ないと示した研究（大西ほか，2009）や，罪悪感といじめ加害の関連は弱く，「他の人はいじめをよく思っていない」と考える子どもが多い学級ほどいじめも少ないという研究もある（水野ほか，2018）。

このように，道徳性といじめの関連については統一的な研究結果が得られておらず，さらなる研究が望まれるだろう。そのため，道徳性が高いからといって必ずしもいじめを起こさないという視点は単純すぎるといえるのかもしれない。

第5節　障害のある生徒を教える

　障害のある生徒を教える基本は，障害のない生徒と同じである。ただ，そのうえで，障害という他の多数の生徒にはない要素がある。そのため，障害に配慮した指導が求められることも事実である。そこで，本節では，障害のある生徒を教えるに際して，どのような視点が大事になるかを，3つに分けて述べる。

1　障害特性に応じた教育

　障害のある子どもに教える際に大事にしたい1つめは，**障害特性に配慮した指導**を行うことである。「**障害特性に応じた教育**」ともよばれ，現在の特別支援教育の根幹をなす重要な視点といえる。

　この視点の具体的な内容について「蛍光灯が痛い」という発言をした高機能自閉症スペクトラム障害の生徒を例に考えてみよう（別府ほか，2005）。なお，ここでいう「高機能」という用語は，知的障害がないという意味を指し，何か特別な能力を有しているという意味ではない。「蛍光灯が痛い」という発言の背景には，視覚過敏のため，蛍光灯が点滅してみえてしまうという事実がある。蛍光灯がちらちらして落ち着かないため，その生徒は，教室で落ち着かない様子でそわそわしたり，イライラしていた。

　もし教師が，子どもの障害特性からくる感覚過敏という事実を理解できていなければ，教師は，「落ち着きがない」とだけとらえて，「じっとしなさい」と注意するのみだろう。場合によっては，「なぜ何回注意してもじっとできないの」「そんなこともできないの」などと子どもの人格を否定するような発言が出るかもしれない。しかし，障害特性を理解することができれば，指導の方針が変わる。じっとできない原因が蛍光灯によるとわかれば，白熱灯に変えることで，子どもは大きく様子が変わる。もちろん，

状況によっては，電球をすぐに変えることができないかもしれない。それでも声かけを変えることはできるはずだ。「じっとしなさい」「なぜ何回もいってるのにできないの」ではなく，「チラチラするのが気になるね」ということができる。このような声かけをしても，子どもにとって蛍光灯が点滅してみえるという困難な事実は変わらない。しかし，そのしんどさに共感してくれる教師がいることで，子どものなかでは「わかってもらった」と思え，子どものもつ自己否定感は大きく軽減されるはずである。また，教師にとっても「なぜできないの？」と子どもを否定的にみることは少なくなり，子どもなりの世界を知る手がかりにもなる。障害特性を理解することは，子どもがもっている困り感を理解し，共感的に関わっていくうえでの前提となる重要な視点となる。

　障害の種類によって，その具体的な支援のあり方は異なる。さらに，同じ障害でも子どもの障害特性は異なる。そのため一律に「○○という障害には○○をすればよい」とはいいにくい。ただ，一般的には，自閉症スペクトラム障害（ASD）の場合，写真などを使って予定を具体的に提示するなどの視覚的支援がよく用いられる（佐々木，2008）。注意欠如／多動性障害（AD／HD）の生徒で多動傾向が強い場合，授業中に動いてもよい環境や展開を設定するなどの工夫があげられる。学習障害（LD），特に読み書き障害の子どもに対しては，読む場所を線で囲む，文節ごとに線を入れて読みやすくする，書くスペースを大きくとるなどの支援が効果的であるとされている。

　なお，このような障害特性に応じた教育を，ほかの生徒とは別対応になるために，「他の生徒と違うことはできない」「特別扱いになるためそのような指導はできない」と感じる教師がいるかもしれない。しかし，そのような認識は正しくない。

　理由の第1は，障害の有無に関わらず，生徒は学ぶ権利があるからだ。このことは，文科省においても，障害のある子どもが学

ぶための**合理的配慮**を学校に求めている。「合理的配慮」とは、「障害のある子どもが、他の子どもと平等に『教育を受ける権利』を享有・行使することを確保するために、学校の設置者及び学校が必要かつ適当な変更・調整を行うことであり、障害のある子どもに対し、その状況に応じて、学校教育を受ける場合に個別に必要とされるもの」（文部科学省、2012c）と定義されており、過度の負担がかからない範囲で個別に対応すべきことであると求められている。2016年に施行された障害者差別解消法にも合理的配慮の必要性が述べられている。

　第2に、そもそも「他の多数の生徒と対応が同じ」でなければならないという認識自体を問いなおす必要がある。学校教育は、生徒を一律の枠に当てはめることではない。このような悩みの背景にある自身の教育観・子ども観についてあらためて検討する必要があるだろう。

2　「やってみたい」「できるようになりたい」意欲を引き出す

　障害のある生徒を教えるうえで2つめに大事にしたいことは、「やってみたい」とか「できるようになりたい」という意欲を引き出すことである。このような意欲を高めることは、より積極的に学習活動に参加することであったり、よりよい学習成果を得ることにつながる。

　学習意欲を高めることは、当然のように感じられるかもしれない。しかし、こと障害のある生徒を教える場合には、この点が軽視されがちである。というのも、障害児の場合、「できないことをできるように教える」という視点に重きがおかれがちだからだ。障害のある生徒は、同年齢の障害のない生徒と比べると、できないことが多い。だからこそ、教師は、障害のある生徒に少しでもできることを増やしたいと考える。その思いはもっともである。しかし、その思いが強すぎると、生徒の意欲を軽視して、授業を

行ってしまうことにつながりかねず、結果として、生徒の意欲を削いでしまうことにつながる。

　障害のある子どもの学習意欲を高めることにかんして、多くの研究や実践（品川、2004；鳥取大学附属特別支援学校・三木、2017）が行われてきた。ここでは、特に、授業づくりのなかで重要と思われる視点にしぼって述べる。

　1つは、集団のなかでお互いに「あこがれる」関係を意識することである。子どもたちは、自分1人だけで「やりたい」「できるようになってみたい」と思うようになるわけではない。先生や友達との信頼関係ができてくるなかで、子ども自らが「私もやってみたい」「○○さんのようにやってみたい」「先生のようにがんばりたい」と思うようになる。ただし、教師が意図しなければこのような関係をつくることは難しい。個々の子どものよいところを、みんなの前で紹介するなどして意図的に集団を組織することが求められる。また障害のある子どもは、定型発達児に比べてできないことが目立つために「あこがれられる」ことが少なくなりがちである。教師は、障害のある生徒の「できない」ところだけをみるのではなく、その生徒の素敵な面を見つけ、他の生徒に伝えていく作業が必要となる。

　2つは、授業内容を改善することである。発達障害のある生徒に「やりなさい」と繰り返し指示するのではなく、生徒自らが「やりたく」なるような授業内容を準備することである。もちろん、口でいうほど簡単なことではないが、原則としては、次のようなポイントが考えられる。第1に、目でみてわかるような工夫をすることである。授業中に行う指示を黒板に書いたり、その日や月の予定などを教室内に掲示をしておくなどして、生徒がいつでも参照できるようにすることである。また、社会科では、外国の様子などをイメージしやすいように写真や動画などを用いることもよいだろう。知的に遅れはなくても、抽象的なことがらの理

解が難しく，言語指示だけではすぐに理解できない子どももいるため，このような丁寧な指導は必須といえる。こうした指導を行うことで，生徒がわかる環境のなかで安心して学習に臨むことができる。結果として，子どもの学習意欲を高めることにつながる。

　第2に，障害のある生徒が興味をもてる工夫を採り入れることである。特別支援学校の教員である海野（2006）は，高等部に在籍する軽度知的障害のある生徒を対象にユニークな国語の授業を行っている。詩の読解を行う際に，「この文章には何が書かれているでしょう？」とか「この詩を読んでどのように感じましたか？」といった一般的な授業展開はしない。詩を読んで，その感想を作者にメールで送るのである。直接，作者に自分の感想が届き，また，それをメールという現代的手段を使って送るという斬新さが生徒の心に響き，子どもたちの「やってみたい」という意欲を引き出すことにつながった。

3　インクルーシブ教育の視点を大事に

　大事にしたい3つめのポイントは，インクルーシブ教育という視点である。インクルーシブとは，日本語に訳せば，「包摂」「包み込む」などと訳すことができる。文部科学省（2012a）による「共生社会の形成に向けたインクルーシブ教育システム構築のための特別支援教育の推進」という報告では，「インクルーシブ教育システムにおいては，同じ場で共に学ぶことを追求するとともに，個別の教育的ニーズのある幼児児童生徒に対して，自立と社会参加を見据えて，その時点で教育的ニーズに最も的確に応える指導を提供できる，多様で柔軟な仕組みを整備することが重要である」とインクルーシブ教育システムをとらえている。

　このインクルーシブ教育が注目されるきっかけとなったのは，ユネスコ・スペイン政府共催で1994年に開催された特別なニーズ教育に関する世界会議で出されたサラマンカ声明である。なお，

このサラマンカ声明では，障害のある子どもだけを対象にして声明が出されたわけではなく，性的マイノリティや経済的に貧しい状況で育った子ども，外国籍の子どもなど，さまざまなマイノリティの属性にある子どもたちが視野に入れられている。

このインクルーシブ教育は，特別支援学級・特別支援学校で教える教員だけではなく，通常の学級で教える教員も押さえておきたい視点である。現在，通常の学級に在籍する障害のある生徒は，クラスに1人はいる状況である。かつ，彼らは，障害のない生徒と同じ教室・同じ学習内容で学んでいる。だからこそインクルーシブの発想にもとづいた教育を実践していくことが求められる。

では，どのような教育が求められるのだろうか。1つは，「一緒・一斉」教育を前提にした授業づくりを「めざさない」ことである。「みんなと同じような姿勢・態度」で，「みんなと同じ学習内容」を教えることを前提とする限り，どうしても障害のある生徒は「できない」ことが目立ったり，「問題」のある生徒，指導困難な生徒として浮かび上がってしまう。結果として，障害のある子どもが，通常の学級の場から排除されることにもなりかねない。実際，現在，特別支援学級・特別支援学校の児童生徒の在籍数が急増しており，その1つの要因として，通常の学級が障害のある児童生徒を包摂できていない事実が考えられる。

もっとも，そうはいっても，いまの日本の通常の学級は，「一緒・一斉」の授業スタイルが主流であり，そのなかでどのように包摂していくかを具体的に構想していく必要がある。その1つとして参考になるのが，公立中学校の国語教諭であった石川晋による実践である（石川，2016）。たとえば，石川は，国語の時間に「合法的立ち歩き」と称する授業を展開している。古文を覚える時間をとり，どこで・どのように覚えてもよいことを生徒に伝えて授業を行う。自閉症スペクトラム障害（ASD）傾向のある子どもは，体育倉庫など静かに囲まれた場所で覚える。また，多動の

第4章 教育指導

151

特徴がある生徒はところどころ場所を変えて覚える。つまり合法的に立ち歩いてもよい状況がつくられている。また，1人で集中できない生徒は友達と問題を出しあいながら覚える。もちろん，机に向かって1人で暗記するのもありだ。こうして覚える時間の後は，お互いに自分の学び方を語りあいながら，よりよい学び方をブラッシュアップしていく。

　大事なのは，「みんな同じ」ではなく，1人ひとりが，自分の特徴（そこには障害特性ももちろん含まれる）を自覚したうえで，その特徴に応じた学び方があることに自分で気づき，それを洗練させていくことである。「1人ひとり，違う学び方」を意識することである。加えて，そのうえで，お互いの学び方について話しあっていくことも大事な視点である。「1人ひとり違う学び方（個別最適な学び，ともいわれる）」だけでは，生徒たちのお互いに影響を与えながら学ぶ視点は弱くなる。最後に，それぞれの学び方を話しあうことで，自分にはない視点を知ったり，自分に採り入れたりすることができる。なにより，その学び方に優劣はないため，お互いの違いを尊重しながらつながっていく契機になる。

　このように「違い」と「つながり」を重視しながら授業づくりを進めることは，障害のある生徒を包摂していくことにつながる。それは翻ってどの生徒にとっても学びやすい授業になるだろう。

4 終わりに

　中学・高校というのは社会がみえてくる時期である。そのため，社会という出口から逆算して教育をしがちになる。ややもすると，未来を見通すという大義名分のもとにいまを犠牲にする教え方になる。しかし，基本はいまを充実させることである。今日も学校が楽しかったという毎日の「よき終わり」が基本である。いまの充実を経験してはじめて子どもは，未来を見通せるようになる。このような指導が障害のある子どもにこそ求められる。

第**5**章 教育評価

PDSA，指導と評価の一体化，相対評価，絶対評価，到達度評価，到達目標，自己評価，個人内評価，目標と指導と評価の一体化，新学力観，新しい学力観，観点別評価，ポートフォリオ評価，パフォーマンス評価，診断的評価，指導計画，形成的評価，総括的評価，指導要録，補助簿，通知表，調査書，進路指導，キャリア教育，キャリア発達，基礎的・汎用的能力，大学入試センター試験，大学入学共通テスト，学校評価，教員評価

第1節 教育評価とは

1 教育評価とは何か

1990年代以降，「評価」という用語が，学校教育において頻繁に使用されるようになった。それは1989年12月の学習指導要領の改訂および1991年3月の生徒指導要録の改訂に起因するといえるだろう。これらの改訂により，「目標に準拠した評価」（いわゆる絶対評価）である指導要録の「観点別学習状況」の評価（以下，「観点別評価」という）において，「関心・意欲・態度」の評価が強要され，かつ授業の指導過程において「観点別評価」を日常的に行うことが教師に求められた。加えて，評価結果についての保護者への説明責任が強調され，評価すること自体に多くの時間をさかざるをえない状況が生まれた（大津，2012b）。

さらに，全国学力・学習状況調査の実施や学校評価，教員評価などが導入され，学校現場は評価の渦に巻き込まれている。大学においても，自己点検評価が求められるようになり，定期的に認証評価を受審するようになっている。大学生であれば，頻繁に授

業アンケートに回答する経験をしていることであろう。このような評価の重視は，教育の「質」保証としては重要であるが，ともすれば数値主義や数値目標主義に陥る危険性がある。たとえば，不登校の生徒数を 20％削減する，特別支援学校高等部卒業者の一般就労率を 30％増やすなどである。

　教育評価の最大の目的は，児童生徒の学習到達度を正確に評価し，その結果をもとに，指導の改善に生かすことである。指導の改善は，学力保障の考え方に結びつく。「評価のための指導」や「評価のための評価」に陥らないように，評価のあり方を絶えず検証・点検しなければならない。

　次に，測定（measurement）と評価（evaluation）の相違点について述べよう。測定は，運動能力や身体測定のように数値的なデータを収集することであり，価値判断は含まない。他方，評価は価値づけ・値ぶみ（value）が含まれる。学力テストを実施して，粗点と標準偏差から偏差値を求め，学力が高い（優秀），低い（劣等）などの判断をすることである。身長と体重を計測するだけでは，測定にとどまるが，BMI（body mass index）を計算し，25 以上なら肥満，18.5 未満なら痩と判定すると，体格（肥満度）の評価になる。

2　PDCA サイクルと教育評価

PDCA サイクルとは　学校評価の普及に伴い，改善モデルの 1 つとして取り上げられているのがPDCA サイクルである。デミング（Deming, 1994）は，1950 年代に PDSA サイクルを提唱した（図 5 - 1）が，PDSA とは，Plan（計画），Do（実行），Study（検討），Act（行動）の頭文字をとってつけられた名称で，この順に回るサイクルとして考えられ，製品管理や工程の改善を行うために用いられてきた（大津，2012b）。

　製品管理のための PDSA サイクルを教育現場に当てはめたの

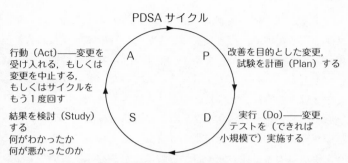

PDSA サイクル

行動（Act）——変更を
受け入れる，もしくは
変更を中止する，
もしくはサイクルを
もう1度回す

改善を目的とした変更，
試験を計画（Plan）する

結果を検討（Study）
する
何がわかったか
何が悪かったのか

実行（Do）——変更，
テストを（できれば
小規模で）実施する

A　P

S　D

図5-1　製品や工程を検討し，改善するためのフローダイヤグラム
（デミング，1996）

が，PDCA サイクルである。S の代わりに C（Check；評価）に
置き換えられたのであるが，教育現場での活用には問題があるよ
うに思われる。

PDCA サイクルの問題点　大学評価などの教育評価に
PDCA サイクルを適用すること
について，重本（2011）は，3つの問題点を指摘している。第1
は，品質管理の際に製造者が行う活動とその改善は，教育におい
て教師が行う活動とその改善とは，本質的に異なっていることが
ふまえられていない。製品の目標管理とは，品質管理においては
すべての製造者が一定の作業手順をふんで等品質のものを製造す
るためのものであり，品質向上のために製造手順の修正が行われ
る。これに対して，教育においては，品質管理におけるような目
標管理は不可能であり，目標に至る教育的働きを画一的なものに
することはできない。また，PDCA サイクルを回して絶えず目
標の見直し（変更）を行うならば，改善・改革の方向を見失い，
質の保証が困難になってしまう。

第2は，上述の通り，デミングの述べた PDSA サイクルの
「品質管理としての成立過程」がよく理解されていないというこ

とである。すなわち，製品の品質管理というのは，PDSA サイクルを回すだけではできないので，製品の特徴にあった品質管理のシステムを工夫してきたこと，デミングは数値目標による品質管理を否定していることがふまえられていないということである。

第3は，企業経営と学校経営との異質さを考慮していないことである。経営管理者のトップダウンによる目標設定と彼らによる目標管理を，どこでも通用する「常識」とみなしている。このような手法による目標設定や目標管理は，企業経営においても失敗例が多いにもかかわらず，その手法を企業経営とは異質な学校経営に持ち込もうとすることは誤りである。

大津（2012b）によれば，デミングの経営管理の思想は，競争原理にもとづいておらず，管理者には協力と協調の姿勢を強く求め，管理者たる資格を厳しくしているという。数値目標や業績評価を廃止し，部下が安心して職務遂行ができるようコンサルティングしたり，教えたりすることをあげている。

そして，デミングは，学校教育についても，相対評価にもとづく成績評価に反対し，生徒が提出した論文を教師が読むのは，成績をつけるためではなく，教師としての自らの教え方を知り，うまくいかなかった点とその改善の方法を考えるためであると述べている（大津，2012b）。デミングの考え方は，真の意味での「**指導と評価の一体化**」につながる考え方だといえるだろう。

3 教育評価の方法

評価の方法は，評価観や評価規準・評価基準の設定方法により相対評価，絶対評価，到達度評価に分けられる。また，評価者の違いにより，自己評価と他者評価に分けられる。

相対評価 　**相対評価**とは，集団の基準（平均値）と比較して，生徒個人がどの位置にいるのかを示す評価方法である。5段階相対評価は，**図5−2**のように各段階の配分

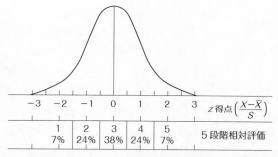

図 5-2　標準偏差を1としたときの正規分布曲線と5段階相対評価

比率が決められており，成績の低い者から順に並べて下から7％が「1」，次の24％が「2」というように自動的に評価段階が決まるようになっている。学力が正規分布（ガウス分布）をするという前提にもとづく評価法である。第二次世界大戦後，アメリカにおいて相対評価が導入され，「科学的」な評価法として，学校現場に普及した。現在では，「集団に準拠した評価」とよぶことが多い。

　しかしながら，教育測定としては「科学的」であっても，教育評価としては矛盾を抱えているのである。生徒の努力の跡が反映されず，教育的ではない。後述する調査書（内申書）に用いた場合，学校間の学力差が反映されない。X中学校で「5」がついた生徒が，学力平均の高いY中学校に転校すると「3」の評価になるということはよくみられたのである。近年，少子化が進み，小規模校では，学力の分布は正規分布にはならないことは自明である。指導要録においても，長年，相対評価が「評定」で用いられてきたが，「絶対評価を加味した相対評価」（相対評価における各段階の配分比率を緩和）から，2001年の改訂で絶対評価に移行し，相対評価の役割は，その影を薄めつつあるといえよう。

絶対評価　絶対評価は，あらかじめ設定した目標にどの程度到達したかをみる評価であり，日本でも明治期から 1945 年までよく用いられていた評価法（甲乙丙丁，10 点法，秀優良可など）である。相対評価とは異なり，各段階の配分比率は自由であり，すべての生徒ががんばり，目標に到達できれば，全員に「5」（5 段階評価の場合）をつけてもかまわない。総合的評価である「評定」で用いられてきたが，ともすれば教師の主観による評価の差が生じることが多く，信頼性・妥当性に欠けるという批判があった。

1980 年の指導要録の改訂により，観点別学習状況欄に絶対評価が組み込まれ，その後 2001 年の改訂により評定欄にも，絶対評価が組み込まれるようになったが，かつての絶対評価との違いを明らかにするために，「目標に準拠した評価」とよぶようになった。「目標に準拠した評価」には，規準と基準の 2 つの「キジュン」がある。規準は「○○がわかる」「○○ができる」といった質的なものであり，評価観点と単元ごとに作成する。基準は「A」（十分に満足できる），「B」（おおむね満足できる），「C」（努力を要する）の 3 段階で示す量的なものである。

到達度評価　到達度評価は，絶対評価のもつ問題点を克服するために，開発された評価法である。1970 年代に京都府教育委員会で開発されたのが，最初である。客観性を得るために具体的な到達目標（たとえば，「2 桁のたし算ができる」「阪神工業地帯の特色を理解する」）を設定し，それに，どの程度到達したかを評価する。絶対評価との相違点は，その学力観と評価観，評価の結果を指導の改善に生かすための仕組みがつくられていることにある（全国到達度評価研究会，1989）。到達度評価では，すべての子どもに学力を保障することが重視され，授業の過程で行われる評価は，指導の改善に結びつけるという考え方に立脚している。

到達度評価において重要なことは，到達目標の設定である。到達目標は，教科でつけるべき学力を目標として具体的に示したものであり，指導目標として，また評価の規準としての働きをもっている（大津，2012b）。到達目標は，方向目標（よくなるのが望ましいといった目標で，「関心・意欲・態度」の評価目標が該当）とは異なることに留意したい。

自己評価と他者評価　自己評価とは，生徒が学習過程を振り返り，取り組みや興味・関心などを自分で評価するものと，教師が指導を振り返り，その成果や課題を省察し評価するものがある。特に前者では，自己教育力の育成に有効である。生徒の自己評価では，自分を厳しく評価する生徒と甘く評価する生徒がおり，教師はその結果を鵜呑みにせず，1つの情報として活用するのがよい。

他方，他者評価とは，本人以外の生徒による評価で，評価対象者は個人の場合とグループの場合がある。「総合的な学習の時間」「総合的な探究の時間」やキャリア教育の発表会などで用いられることが多い。

個人内評価　個人内評価とは，集団のなかの平均値や到達目標への到達度などで評価するのではなく，個人のなかでどのような変化や成長がみられたかを評価するものである。個人内評価を分類すると，評価する時期の違い（1学期と比べて2学期は評点がアップ），教科・科目における違い（数学は得意で「5」であるが，国語は「3」で苦手），領域・単元における違い（理科の第1分野は得意だが，第2分野は苦手）などがある。

個人内評価は，個の変容を評価するものであるが，知的障害児などの特別支援教育の対象児の評価では，より有益な成果が得られる。

第 **2** 節　授業における評価

　授業づくりにおける評価の役割は，すべての生徒にわかる授業をつくり，学力を保障するためのものである。その目的を実現するためには，教師は生徒を評価することだけではなく，自らの指導の評価を行い，その結果を指導の改善に生かすことに努めなければならない。すなわち，授業の目標，指導，評価を関連づけたサイクルを確立することが求められている。「指導と評価の一体化」ではなく，正しい意味での「**目標と指導と評価の一体化**」が確立されなければならない。評価を客観的に行うことは重要なことであるが，そのことのみが達成されても，指導の改善には結びつけられない。指導の改善を進めなければ，生徒の学力の向上は望めない。授業づくりで行われている目標づくり，診断的評価，形成的評価，総括的評価などの役割を正しく理解して，指導の改善を進めていくことが求められている（大津，2012b）。

1　授業づくりにおける評価のあり方

「新学力観」と評価　　　1989 年の学習指導要領の改訂で登場した「**新学力観**（『**新しい学力観**』ともいう）」は，「指導と評価の一体化」とセットで導入された。「新学力観」では，「関心・意欲・態度」が「知識・理解」よりも重視される傾向があり，指導のあり方も教師の主導性を薄くした「支援」という用語が用いられた。そのために，「指導と評価の一体化」の本来の意味である，評価の結果を指導の改善に生かすことができず，「評価のための評価」に陥る事態が生じた。授業中，教師はチェックリストを片手に生徒の様子をチェックしたり，挙手の回数をカウントしたりする行動が増え，本来の教師と生徒の対話が減少した。その結果，学力低下を引き起こしたのである。

もう１つの課題は，**観点別評価**の一人歩きであった。原則として４つの評価観点（「関心・意欲・態度」「思考・判断・表現」「技能」「知識・理解」）で分析的評価をすることと，総合的な評価である「評定」とが，指導要録で評価されるのであるが，４つの評価観点（国語は５つ）が，相互の関連性を抜きに，バラバラで評価されたのである。また，善意からであることが多いが，「知識・理解」が劣る生徒に対して，授業態度が良好であり提出物を完全に提出しているので，「関心・意欲・態度」に「Ａ」（十分満足できる）をつけ，救ってあげたいという教師の思いがみられることもあった。しかし，「関心・意欲・態度」が「Ａ」なのに，「知識・理解」に「Ｃ」（努力を要する）をつけることは，教師の指導性として問題がある。それは，「関心・意欲・態度」が優れた生徒なのに，「知識・理解」の育成・習得ができないのは，教師の指導の責任であるということに気づかれていない可能性も十分にある。

　また，「関心・意欲・態度」は授業や単元の冒頭の評価であり，「思考・判断・表現」「技能」は途中の評価であり，「知識・理解」は学習の結果の評価であるとする誤ったとらえ方がある。授業の最初では，「関心・意欲・態度」が低い生徒であっても，授業の進行に従い，動機づけが高まり，単元終了時では，「関心・意欲・態度」は最高になるということもよく経験することがある。

観点別評価の現状　　2019 年に指導要録が改訂され，観点別評価の観点が従前の「関心・意欲・態度」「思考・判断・表現」「技能」「知識・理解」の４つから，「知識・技能」「思考・判断・表現」「主体的に学習に取り組む態度」の３つに変更された。そして，これまで観点別評価がなかった高等学校の指導要録にも，観点別評価が登場した。「技能」と「知識・理解」が１つの観点になるとともに，「理解」が外され，観点別評価のトップに位置づけられた。「関心・意欲・態度」は「主体的に学習に取り組む態度」に改められ，当該欄の最後に移

行した。中学校の観点別評価は従前と変わらず，3段階絶対評価であり，評定は5段階絶対評価（目標に準拠した評価）である。高等学校の観点別評価は，中学校と同様に3段階絶対評価であり，評定は5段階絶対評価である。

　次に，目標と評価観点の相違について述べよう。目標は，教科目標，単元目標，本時の目標などさまざまなレベルの目標に分けられる。具体的な指導内容や教材から，目標が設定される。これに対して，評価観点は主として資質・能力的なものであり，一般的・概括的な内容が示されている。指導要録の評価観点は，教科の特性を十分に配慮せず，絶対評価の規準とはなりにくいものになっている。

2　多様な評価方法

　教育評価といえば，ペーパーテストを思い浮かべることが多いと思われるが，学校現場では多様な評価方法が用いられている。ペーパーテストのうち，客観テストは，「知識・理解」の評価に最も適しており，次いで，「思考・判断・表現」と「技能」の評価に適している。他方，「関心・意欲・態度」の評価には適さない。記述式テストは，「思考・判断・表現」の評価に最も適している。

　観察法や作品法は，「思考・判断・表現」と「関心・意欲・態度」の評価に最も適しており，次いで，実技教科では，「技能」の評価に適している。自己評価や他者評価は，「関心・意欲・態度」の評価の補充資料の位置づけになる。

　ポートフォリオ評価は，「総合的な学習の時間」や生活科でこれまでもよく用いられてきたが，理科や社会などでも活用されつつある。ポートフォリオ（portfolio）とは，紙挟みや綴り帳（ファイル）のことで，生徒が学習してきたワークシートや写真，DVDやUSBメモリ，作品，記録などを集積したもので，これをもと

に教師が評価する。また，生徒自身もポートフォリオを振り返りながら，興味・関心の変化や成果を評価し，次の課題の自己決定に生かす。ポートフォリオ発表会を行い，他の生徒や教師から評価を受けることもある。ポートフォリオ評価は，プロセス（過程）の評価が中心となる。評価規準が曖昧であったり，資料の収集と評価に時間がかかることが，難点である。

　パフォーマンス評価は，以前から観察法や作品法として活用されてきたが，理科で生徒に実験操作や観察をさせて，その行動を評価することも含まれる。さらに，パフォーマンス課題を提示し，解決過程を分析し，評価を行う。パフォーマンス評価では，課題ごとに事前に評価基準（通常3〜7段階）であるルーブリック（rubric；評価指標）を作成する。課題実施後，生徒の結果をもとに教師間でルーブリックを調整するモデレーション（評価者間で評価結果を調整する）が必要となる。パフォーマンス評価の難点は，適切な課題作成の困難さ，評価者間の不一致とモデレーションの労力，1課題に費やす時間の長さなどが指摘されている。

3　授業過程と評価

　授業の進行過程では，さまざまな評価が行われる。これらの評価は，診断的評価，形成的評価，総括的評価に分けることができる。指導と評価のサイクルを図5-3に示す。

診断的評価　　　**診断的評価**としては，中学校や高等学校に入学したときに，前の学校で学習の達成がどの程度できていたかを診断する評価が代表的なものである。つまずきや学習の到達度を把握し，それに対応した**指導計画**を構築する資料になる。診断的評価は，学年の冒頭や大単元の冒頭でも行い，生徒の既習事項の定着度やレディネスを調べる。診断的評価の結果をもとに単元の到達目標や指導計画を作成・吟味し，次に，授業ごとの到達目標の一覧（「到達目標細案」という）を作成する。診

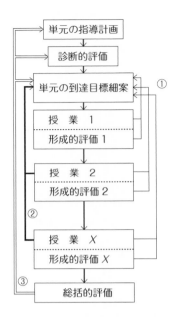

① ── 形成的評価の結果にもとづき指導内容などを見直す。

② ── 形成的評価の結果にもとづいて次の授業目標・内容などを確認・修正する。

③ ══ 総括的評価の結果にもとづき単元の指導計画，診断的評価などの適否を判断する。

図5-3　到達目標と指導と評価のサイクル

断的評価は，問題解決の仕方の個人差やつまずき分析に焦点を当てる。評価結果をグループ編成に生かすこともある。

　　　　　　　　　　　形成的評価は，1単位時間終了時における評価
形成的評価　　　であり，ここにあげた3つの評価のなかで最も重要なものである。形成的評価の結果をもとに，次時の指導計画を組み替えたり，未到達の生徒に対する回復指導を実施したりする。形成的評価は，5～10分程度の小テスト，ワークシート，教師による観察などで評価する。1単位時間においては，1～3

つの観点で評価するのがよく，指導案の最後に「本時の評価」を記しておく。形成的評価から，生徒1人ひとりのつまずきの状態を把握することができ，回復指導につなげていく。また，次時の指導計画を改めることがある。たとえば，授業後の形成的評価の結果，事前に想定した到達度よりも低い場合は，次時の授業で次の単元に入るのではなく，本時の復習やドリルを行うというような授業の組み替えを行うことである。

総括的評価　総括的評価は，一定期間の学習の終了時（大単元終了時，学期末，学年末など）に行う評価であり，実技教科を除けばテスト形式で行うものである。通知表に記載されるのは，中間テストや学期末テストの総括的評価の結果である。単元終了時の総括的評価の規準・基準は，単元の到達目標である。総括的評価では，あらかじめ到達基準を教科担当者で決めておく必要があり，総括テストの問題作成に反映させなければならない。

第3節　進路指導と評価

1　指導要録

指導要録とは何か　指導要録は，学校における指導の過程や指導の結果，健康の状態を記載し，指導の引き継ぎに生かすための資料である。指導要録は，学校教育法施行規則第28条で幼稚園から高等学校までの各学校に備え付けなければならない表簿の1つとして定められている。指導要録の作成義務は学校長にあるが（学校教育法施行規則第24条），指導要録の様式や記入の仕方などに関しては，設置者の教育委員会が定めることになっている。

指導要録は，証明機能と指導機能の2つの性格を有する。証明

機能は，戸籍簿的な意味あいをもち，転校や上級学校進学，就職に際して，対外的証明の役割を担う。指導機能とは，生徒に対する指導の過程や結果を記載し，個々の生徒の学習状況の把握に役立たせることをいう。指導要録は，学習指導要領が改訂されると，それと連動して改訂されることが多い。指導要録は，「学籍に関する記録」欄と「指導に関する記録」欄から構成されている。前者は証明機能をもち，保存期間は20年である。後者は指導機能をもち，保存期間は5年である。

指導要録の内容　2019年改訂の中学校生徒指導要録を取り上げて，内容について説明してみよう。「学籍に関する記録」欄には，生徒・保護者の氏名，現住所，入学・編入学・転入学・退学・卒業の期日，進学先・就職先，学校名，校長および学級担任の氏名などを記載するようになっている。

「指導に関する記録」欄（図5-4）は，「各教科の学習の記録」「特別の教科　道徳」「総合的な学習の時間の記録」「特別活動の記録」「行動の記録」「総合所見及び指導上参考となる諸事項」「出欠の記録」から構成されている。「各教科の学習の記録」は，「観点別学習状況」と「評定」に分かれている。「観点別学習状況」は，すべての教科の観点が今次の改訂で統一され，「知識・技能」「思考・判断・表現」「主体的に学習に取り組む態度」の3観点となった。学習指導要領に示す目標に照らして，「十分に満足できる」状況と判断されるものをA，「おおむね満足できる」状況と判断されるものをB，「努力を要する」状況と判断されるものをCとする。評価方法は従前通り，「目標に準拠した評価（いわゆる絶対評価）」であり，A，B，Cの配分比率は規定されず，生徒の学習到達状況により変動する。

「評定」は，必修教科では，学習指導要領に示す目標に照らして，その実現状況を「十分に満足できるもののうち，特に程度が高い」状況と判断されるものを5，「十分に満足できる」状況と

判断されるものを４，「おおむね満足できる」状況と判断される
ものを３，「努力を要する」状況と判断されるものを２，「一層努
力を要する」状況と判断されるものを１とする（「観点別学習状況」
と同じく「目標に準拠した評価」で行う）。選択教科を実施する場合
は，各学校が評定の段階を決定する。

「特別の教科　道徳」は，学習活動における生徒の学習状況や道
徳性に係る成長の様子を個人内評価として文章で記述する。

「総合的な学習の時間の記録」は，この時間に行った学習活動
および各学校が自ら定めた評価の観点を記入したうえで，それら
の観点のうち，生徒の学習状況に顕著な事項がある場合などにそ
の特徴を記入するなど，生徒にどのような力が身についたかを文
章で記述する。

「特別活動の記録」は，各学校が自ら定めた特別活動全体に係
る評価の観点を記入したうえで，各活動・学校行事ごとに，評価
の観点に照らして「十分に満足できる」活動の状況にあると判断
される場合に，○印を記入する。

「行動の記録」は，10項目について，各項目の趣旨に照らして
「十分に満足できる」活動の状況にあると判断される場合に，○
印を記入する。

「総合所見及び指導上参考となる諸事項」は，①各教科や総合
的な学習の時間の学習に関する所見，②特別活動に関する事実及
び所見，③行動に関する所見，④進路指導に関する事項，⑤生徒
の特徴・特技，部活動，学校内外におけるボランティア活動など
社会奉仕体験活動，表彰を受けた行為や活動，学力について標準
化された検査の結果等指導上参考となる諸事項，⑥生徒の成長の
状況にかかわる総合的な所見，の６点について文章で記述する。
なお，高等学校生徒指導要録では，この６点に加えて，取得資格，
生徒が就職している場合の事業所も記載する。記載に際しては，
生徒の優れている点や長所，進歩の状況などを取り上げることに

生 徒 氏 名		学 校 名	区分\学年	1	2	3
			学 級			
			整理番号			

各 教 科 の 学 習 の 記 録											
教科	観 点 　　　学　年	1	2	3	教科	観 点 　　　学　年		1	2	3
国語	知識・技能					知識・技能				
	思考・判断・表現					思考・判断・表現				
	主体的に学習に取り組む態度					主体的に学習に取り組む態度				
	評定					評定				
社会	知識・技能				特 別 の 教 科 　道 徳					
	思考・判断・表現				学年	学習状況及び道徳性に係る成長の様子				
	主体的に学習に取り組む態度				1					
	評定									
数学	知識・技能				2					
	思考・判断・表現									
	主体的に学習に取り組む態度				3					
	評定									
理科	知識・技能				総 合 的 な 学 習 の 時 間 の 記 録					
	思考・判断・表現				学年	学習活動	観　点		評　価	
	主体的に学習に取り組む態度				1					
	評定									
音楽	知識・技能									
	思考・判断・表現				2					
	主体的に学習に取り組む態度									
	評定									
美術	知識・技能									
	思考・判断・表現				3					
	主体的に学習に取り組む態度									
	評定									
保健体育	知識・技能									
	思考・判断・表現									
	主体的に学習に取り組む態度									
	評定									
技術・家庭	知識・技能				特 別 活 動 の 記 録					
	思考・判断・表現				内　容	観　点 　　学　年		1	2	3
	主体的に学習に取り組む態度				学級活動					
	評定									
外国語	知識・技能				生徒会活動					
	思考・判断・表現									
	主体的に学習に取り組む態度				学校行事					
	評定									

図 5 - 4　中学校生徒指導要録の「指導に関する記録」欄（参考様式）

生　徒　氏　名

行　　動　　の　　記　・　録									
項　　目　＼学　年	1	2	3	項　　目　＼学　年		1	2	3
基本的な生活習慣				思いやり・協力				
健康・体力の向上				生命尊重・自然愛護				
自主・自律				勤労・奉仕				
責任感				公正・公平				
創意工夫				公共心・公徳心				

総　合　所　見　及　び　指　導　上　参　考　と　な　る　諸　事　項
第1学年
第2学年
第3学年

出　欠　の　記　録						
＼区分 学年＼	授業日数	出席停止・ 忌引等の日数	出席しなければ ならない日数	欠席日数	出席日数	備　　　考
1						
2						
3						

図 5 - 4 （続き）

留意する。障害のある生徒や日本語の習得に困難のある生徒のうち，通級による指導を受けている生徒については，通級による指導を受けた学校名，通級による指導の授業時数，指導期間，指導の内容や結果等を記入する。通級の指導の対象となっていない生徒で，教育上特別な支援を必要とする場合は，必要に応じ，効果があったと考えられる指導方法や配慮事項を記入する。なお，個別の指導計画を作成している場合，当該指導計画の上記にかかわる記載がされている場合には，その写しを指導要録の様式に添付することで，指導要録の記入に替えることが可能である。

「出欠の記録」には，授業日数，出席停止・忌引等の日数，出席しなければならない日数，欠席日数，出席日数などを記載する。不登校の生徒が教育支援センター（適応指導教室）等の学校外の施設において相談・指導を受け，または自宅において IT などを活用した学習活動を行ったときでそのことが当該生徒の学校復帰のために適切であると校長が認める場合には，「出欠の記録」においては出席扱いとすることができる（施設名または自宅においてIT などを活用した学習活動によることを記す）。また，病気療養児に対する同時双方向型授業配信を行った場合，「出欠の記録」においては出席扱いとすることができる（病気療養中の授業配信を明記）。

就職などで指導要録を用いた証明書作成に際しては，プライバシーの保護と教育的配慮を行い，必要最小限の記載を行うように留意する。また，転学先に指導要録の写しを送る際，配偶者からの暴力の被害者と同居する児童生徒の転学先や居住地などの情報については，個人情報保護条例などにのっとり，配偶者暴力相談支援センターや福祉部局などとの連携をはかりながら，慎重に管理することが求められている。

指導要録の変遷と問題点

指導要録は，約 10 年ごとに改訂されてきたが，「各教科の学習の記録」の「評定」の評価方法が相対評価から「絶対評価を加味し

た相対評価」（各段階の配分比率を緩和するが，相対評価を原則とする）へ，そして 2001 年の改訂で「目標に準拠した評価（いわゆる絶対評価）」と変更された。相対評価では生徒の努力の跡が反映されにくいという教育的意義の弱さや，少子化に伴って学級・学年の生徒数が減少し，学力の得点分布が正規分布しないことを受けた改善点である（藤岡，2011）。

　また，1991 年の改訂では，「各教科の学習の記録」の配列が変更され，「観点別学習状況」が冒頭に位置づけられるようになった。このことは，分析的評価を重視するようになったことを意味している。

指導要録の問題点　　第 1 の問題点は，1991 年の改訂で評価観点の配列が変更され，各教科ともに「関心・意欲・態度」が最初に，「知識・理解」が最後に位置づけられた。この変更については，知識の習得や理解を軽視するという批判もみられた。「関心・意欲・態度」といった情意的領域の評価は，内面の評価であり，「できる」「できない」と評価すること自体に問題があると指摘する研究者も少なくない。当該欄の評価は絶対評価であるが，ともすれば主観的な評価に陥りやすい。さらに「関心」「意欲」「態度」の三者は異なった要素（エレメント）であり，それらをひとまとめにして評価することには問題があることを指摘する研究者もいる。2019 年の改訂では，「関心・意欲・態度」が「主体的に学習に取り組む態度」に改められ，配列順序も最後に変更された。しかし，生徒の内面の評価であることには変わりはないので，絶対評価で評価するよりも，文章記述をすることが望ましいといえよう。

　第 2 の問題点は，「評定」を算出する方法である。「観点別学習状況」の結果をもとに，総括を行って「評定」を算出することが多いが，3 つの評価観点（2018 年までは 4 つ，ただし国語は 5 つ）を同じ重みづけで総括するのか，ウェイトを変えて総括するのか，

科学的な根拠がなく、経験則に頼っている。また、学年末に「評定」へ総括する場合、学期末に総括した評価の結果をもとにするのか、学年末に観点ごとに総括した評価の結果をもとにするのか、多様である。信頼性と妥当性を高めるためには、さらなる研究が必要である。

　第3の問題点は、高校入試の調査書に指導要録の「評定」の数値（県によっては「観点別学習状況」を付加）が用いられ、選抜指標に用いられている点である。妥当性のある評価規準と評価基準が設定されていないと、不公平な評価となり、これを回避しようとすれば、限りなく相対評価に近づき、指導要録の改訂の趣旨とは逆行してしまうことになる。

指導要録記載に際しての留意点

　指導要録は、学年末に担任が記載することになっているが、3学期の成績だけに目を奪われないように留意することが肝要である。指導機能として生かすためには、日常から**補助簿**を作成し、生徒1人ひとりの歩みや変容を記載しておくのがよい。補助簿とは、指導要録作成補助簿を略したもので、指導要録の記載を適正に行うために、日常の生徒の資料を収集し、記録をしたものである。指導要録の記載だけでなく、通知表や調査書の作成や、教師の指導にも生かすことができる。

　「観点別学習状況」の評価では、各学校において、各教科の担当教師で具体的な到達目標を設定し、評価基準表（評価規準も含む）を作成し、大単元終了時や学期末の総括的評価を適切に行い、年間を通した評価ができるようにしておかねばならない。「知識・技能」はペーパーテストで容易に評価できるが、他の評価観点は、ペーパーテストだけでなく、観察法、作品法、チェックリスト法、自己評価、相互評価など多様な技法を用いて評価することが肝要である。「主体的に学習に取り組む態度」は、挙手の回数や受講態度といった表層的なものを評価するのではなく、学習

の深まりや他の評価観点との連関を見取り，多様な技法を用いて評価することが大切である。

「各教科の学習の記録」をきちんと記載するためには，補助簿の活用が望ましく，通知表の到達度評価型への移行などの評価の改善と結びつけた取り組みが求められている。「特別の教科 道徳」の記載では，生徒の内心の評価にならぬよう配慮することが求められる。

「特別活動の記録」や「行動の記録」の記載では，生徒1人ひとりの個性を尊重し，長所を中心に記載することになるが，教師は日常から生徒を観察する視点を明確にしておき，補助簿の積極的な活用が望まれる。

2 通 知 表

通知表は，生徒の教育に責任をもつ学校と家庭との連絡や通信を行う手段の1つである。学期末や学年終了時に，生徒の学習活動の評価を家庭に連絡する機能を有している。石田（1992）によれば，1891年に出された「小学校教則大綱ノ件説明」が通知表の発行を公的に示唆した最初の記述であるという。それ以降，さまざまな変遷があったが，現在に至るまでほとんどの学校で発行され続けてきた。

通知表は，学習指導要領や指導要録が改訂されると，それに連動して改訂されることが多い。通知表の評価項目を指導要録に準拠することは，通知表の果たすべき役割から考えても好ましくない。教育評価の重要な役割を果たす通知表について考えてみよう。望ましい通知表とは，生徒や保護者がみて，学校における学習活動の歩みがわかり，その記載内容が理解できるものでなくてはならない。生徒が最も関心があるのが，「学習の記録」欄であるが，各教科のどの領域で優れているのか，劣っているのかが具体的にわかる到達度評価型の通知表が望ましい。前学期や前学年と比べ

数学（その1）	1 年　　組	氏　　　名		記載者	

単元	学　習　の　目　標	到　達　度	単元	学　習　の　目　標	到　達　度
正負の数	正負の数の意味がわかる	A B C D	比例と反比例	関数の意味がわかる	A B C D
	加減の計算ができる	A B C D		比例・反比例の表・式がわかる	A B C D
	乗除の計算ができる	A B C D		座標を正しく表すことができる	A B C D
	四則の混じった計算ができる	A B C D		座標・関数のグラフがわかる	A B C D
文字と式	文字の使い方がわかる	A B C D	平面図形	線対称・点対称がわかる	A B C D
	項と係数の意味がわかる	A B C D		図形の合同がわかる	A B C D
	文字式の計算ができる	A B C D		角の二等分線，垂直二等分線,垂線の作図ができる	A B C D
方程式	方程式の意味がわかる	A B C D	空間図形	直線や平面の位置関係がわかる	A B C D
	等式の性質と移項がわかる	A B C D		立体の体積と表面積を正しく求めることができる	A B C D
	一次方程式が解ける	A B C D		立体のいろいろな見方ができる	A B C D
	一次方程式の応用ができる	A B C D			
所見			関心・意欲		

図 5-5　到達度評価型の通知表例（中学 1 年生，数学）

て，本人の努力の跡が適切に反映されるものでなければならない。
総合評定のみの記載では，一瞥して終わってしまいがちである。
また，指導要録に準拠した「観点別評価」欄を設ける場合は，評
価基準を明示することが求められる。

　「行動の記録」欄では，評価事項を精選するとともに，個人内
評価を重視した自由記述欄も設け，進歩の度合いや努力した点な
どを記載する。保護者（家庭）から学校へのフィードバックを記
載する欄も設けたい。

　中学校の場合，高校入試の調査書の記入などの影響を受けて，
到達度評価型の通知表の採用に踏み切れないが，教育評価の改善
に取り組んでいる学校では，学期ごとに具体的な到達目標を設定
し，評価を行う到達度評価を併用した通知表が発行されている

（図5-5参照）。

3　調　査　書

調査書とは　　　調査書は，通称「内申書」とよばれ，上級学校
への進学に際して，入学者選抜のための資料と
して在籍学校から進学希望校へ提出される報告書のことである。
調査書には，在学中の学業成績や行動・特別活動・健康の記録，
総合所見，出欠状況などが記載されている。

調査書の法的根拠は，学校教育法施行規則第78条「校長は，
中学校卒業後，高等学校，高等専門学校その他の学校に進学しよ
うとする生徒のある場合は，調査書その他必要な書類をその生徒
の進学しようとする学校の校長に送付しなければならない」とい
うことにある。

選抜手段としての調査書の役割　　　調査書が重視されるように
なったのは，高校進学率が
急上昇した1960年代中期である。1966年7月に文部省（当時）
初等中等局長通達「公立高等学校の入学者選抜について」が出さ
れ，「選抜にあたっては，調査書を十分に尊重すること」という
記載により，学力検査と調査書が同等に扱われるといった調査書
重視の高校入試が実施されるようになった。「一発勝負」の入試
当日の試験結果よりも平常の学業成績のほうが，生徒の真の学力
達成状況を反映しているという考え方に立脚していた。このこと
により，受験勉強偏重の教育を改善できるというねらいが背景に
あった。

しかし，当時の調査書の学業成績の評価は相対評価であったの
で，学校間の学力差が存在している点が捨象されてしまい，選抜
資料としての信頼性と妥当性に欠けるものであった。中学校では，
高校入試の調査書に通知表の書式を合致させるといった本末転倒
がみられ，振り回されてきた。

学力試験を行わない実技教科（音楽，美術，保健体育，技術・家庭）の「評定」値を非実技教科（英語，数学，国語，理科，社会）の「評定」値の2〜3倍に重みづけする県が多い。しかし，教科の「評定」の重みづけの妥当性などの問題がある。

　現行の調査書の「評定」は，指導要録と同じ「目標に準拠した評価」を採用している。しかし，一部の県では相対評価に近づけようとしている県もみられる。熊本県では，学力試験の結果をもとに換算表を用いて調査書の「評定」の補正を行い，千葉県では，X(当該志願者の評定の全学年の合計値)$+\alpha$(県が定める評定合計の標準値；95とする)$-m$(当該志願者の在籍する中学校の3年生の評定の全学年の合計値の平均値)の値を指標（内申点）とするように補正することになっている。

　情報開示の流れが広がり，調査書についての開示請求も増加するので，記載に際しては，説明責任を果たすことができるように配慮することが求められている。

4　進路指導と評価

キャリア教育とは　　文部科学省（2006b）は，「小学校・中学校・高等学校キャリア教育推進の手引——児童生徒一人一人の勤労観，職業観を育てるために」と題する手引きを刊行した。少子高齢化，産業・経済の構造的変化，雇用の多様化・流動化などによる，児童生徒の進路をめぐる環境の変化を受けてまとめられたものである。かつては，高等教育を受けず，中学校卒業で就職する青年が多かったため，職業指導とよばれてきた。高等学校進学率が高くなり，**進路指導**に呼称が代わり，そして2000年代になると**キャリア教育**と名称が改められた。進路指導の取り組みは，キャリア教育の中核に位置づけられる。文部科学省に設けられた「キャリア教育の推進に関する総合的調査研究協力者会議」が2006年にまとめたキャリア教育の定義は

以下の通りである。

　　児童生徒一人一人のキャリア発達を支援し，それぞれにふさわ
　しいキャリアを形成していくために必要な意欲・態度や能力を育
　てる教育。

　ここでいう「キャリア」とは，「個々人が生涯にわたって遂行
するさまざまな立場や役割の連鎖及びその過程における自己と働
くこととの関係付けや価値付けの累積」であり，**キャリア発達**と
は，「自己の知的，身体的，情緒的，社会的な特徴を一人一人の
生き方として統合していく過程」と規定されている。

　キャリア発達の領域としては，①人間関係形成能力——自他の
理解能力とコミュニケーション能力から構成，②情報活用能力
——情報収集・探索活用能力と職業理解能力から構成，③将来設
計能力——役割把握・認識能力と計画実行能力から構成，④意思
決定能力——選択能力と課題解決能力から構成，の4領域があげ
られている。

　そして，文部科学省（2011a）は，中央教育審議会答申「今後の
学校におけるキャリア教育・職業教育の在り方について」を受け
て，この4領域8能力を**基礎的・汎用的能力**に改めた。「基礎的・
汎用的能力」は，①人間関係形成・社会形成能力，②自己理解・
自己管理能力，③課題対応能力，④キャリア・プランニング能力
の4つからなる（詳しくは第**6**章6節参照）。

　これまでの進路指導は，主として中学校以降の教育活動であっ
たが，キャリア教育においては小学校からスタートするものであ
り，各教科の学習，道徳，「総合的な学習の時間」，特別活動など
の教育課程で発達段階に応じて計画的に実施するものである。

キャリア教育の評価　　キャリア教育の評価は，結果の評価だ
　　　　　　　　　　　けではなく，実践の過程での評価も重
視し，児童生徒の変化の評価も行う必要がある。キャリア教育を

通した生徒の成長や変容についての評価方法としては，定量的な評価と定性的な評価に大別される。定量的な評価では，職業興味検査や進路適性検査などを用いた検査法とチェックリストやアンケートを用いた調査法がある。心理検査の結果をもとに，キャリア・カウンセリング（とりわけ特性-因子論的カウンセリング）が実施されることも多い（藤岡, 2018a）。定性的な評価では，二者・三者面談などの面接や日常的な話しあいなどの面接法と学校生活場面における観察による観察法がある。

　中学校や高等学校のキャリア教育では，ガイダンス機能の充実やキャリア・カウンセリング，職場体験実習（中学校）・インターンシップ実習（高校）などを行い，適切な勤労観や職業観，進路観が身についたかどうか，ポートフォリオ評価（キャリア・パスポートが代表的なもの）などを用いて評価する。高等学校では，総合学科の原則履修科目「産業社会と人間」をすべての学校の1年生に導入科目として開設することが期待される。

　また，生徒を評価するだけでなく，キャリア教育の実践に対する評価も同時に行う必要がある。各学校ごとに到達目標とそれを具体化した教育プログラムの評価項目を定め，指導の改善に生かすことが大切である。各教科や「総合的な学習（探究）の時間」とキャリア教育との関連性を明らかにしておくことも必要である。

　1人の労働者に数時間から1日程度，影（シャドウ）のように密着して一緒に行動し，どのような仕事内容なのかを観察する「ジョブシャドウイング」も，アメリカで2000年前後に普及し，日本にも導入されてきたが，キャリア教育にとっても意味のある活動である。

　自己理解を促すために，職業興味検査や進路適性検査，性格検査を実施している学校も多いが，標準化された検査で得られる結果は，人格を「まるごと」把握するのではなく，断片的，細切れに把握してしまうおそれもあり，活用に際しては，生徒個々人に

応じた教師の指導が大切である。自己理解を促すために，自己形成史（自分史）を書かせる試み（中村，1989）もある。生徒のプライバシーに配慮しつつ，書かせた後のシェアリング（分かちあい）やフィードバックを行うことが大切である。

高校入試制度の多様化

高校入試制度の多様化について論じたい。推薦入試は 1970 年代に，まず専門学科（工業科，商業科，農業科など）に導入され，そして普通科に拡大されていった。2000 年代になると，前期日程と後期日程に分割募集を行う県が増え，さらに特色選抜も導入され，入試の多様化がいっそう進んだ。

東京都の 2020 年度入試では，一般入試の前期日程と後期日程では，学力検査と調査書の配分比率が異なり，推薦入試では集団討論・個人面接，小論文・作文の配点は各校でバラバラになっている。進学重点校では，学力検査の一部教科（国語・数学・英語）は自校もしくは学校グループで独自作成した問題を使用する一方で，エンカレッジスクールでは，学力検査を実施せず，調査書と面接，小論文・作文で合否判定を行うことになっている。大阪府の 2020 年度入試でも，学力試験の出題レベルを 3 段階に分け，教科ごとに各高校が選択し（たとえば，国語は標準レベル，数学は基礎レベルを出題），学力試験と調査書の配分比率を 5 タイプから選択することになっている。具体的には，総合点が 900 点の場合，「学力試験 630 点と調査書 270 点（7：3）」から「学力試験 270 点と調査書 630 点（3：7）」まで，学力試験と調査書の配分比率が学校間で大きく開くことになる。ここまで各高校の自由裁量が大きくなると，偏差値によるランクづけから解放されるが，その一方で，選抜の公平性からは乖離してしまうだろう。

過度の多様化が進むことは，中学校の生徒・教師の不安や戸惑いにつながり，進路指導上のミスなどを引き起こしやすくなる。高校進学率が 2018 年では 98.8％となり，全入に近い状態が続い

ているが，適格者主義の考え方は依然として残っているのも課題であろう。中高接続という視点で，連携をとることが大切である。

大学入試試験と新テスト（大学入学共通テスト）

大学入試センター試験は，1979〜89年までは「共通一次学力試験」とよばれ，当時，国公立大学志願者は5教科5〜7科目の受験が課せられた。志願大学の倍率がきわめて高いときは，「共通一次学力試験」が「足切り」に利用されることもあった。偏差値による進学指導と国公立大学の序列化への批判が起こり，1990年からは「大学入試センター試験」と改められ，私立大学の参加が可能になり，また各大学が必要に応じて利活用教科・科目数を選択できるアラカルト方式になった（藤岡，2010）。「大学入試センター試験」は，高校の必履修科目の国語，地理歴史，公民，数学，理科，外国語がマークシート形式で出題され，英語では2006年度からリスニングテストが実施されるようになった。2019年度入試では6教科30科目が出題されている。2019年度の出願者数は約57万人，利用大学数は国立82大学，公立90大学，私立531大学，短期大学149大学であった。

これまで身体障害，視覚障害，聴覚障害などのある受験者への特別措置（試験時間の延長，別室受験，点字問題など）が行われてきたが，2011年度から新たに発達障害（学習障害〔LD〕，注意欠如／多動性障害〔AD／HD〕，自閉症スペクトラム障害〔ASD〕など）のある受験者への特別措置（たとえばマークシートのチェック解答）が開始された。2019年度では2930名が特別措置の対象となった（病弱者が最も多く520名，次いで聴覚障害者が448名，発達障害者が335名，その他1236名であった。特別措置を受けるためには，診断書と，高等学校におけるこれまでの合理的配慮や指導についての状況報告・意見書（個別の指導計画と個別の教育支援計画）の提出が必要条件となるので，留意しておきたい。

「大学入試センター試験」は，2021年度から「**大学入学共通テ**

スト」に改められる。「大学入試センター試験」は，「知識」と「技能」を評価するのに対して，「大学入学共通テスト」では，「知識」と「技能」に加えて「思考力」「判断力」「表現力」も評価しようとするねらいがあったが，国語と数学で記述式問題を採用することは見送られた。その理由としては，採点の公平性や大量の答案を短期で採点することの困難性があげられている。

英語については，4技能（読む，書く，聞く，話す）をみるために民間の資格・検定試験（7種類）を利活用することとなっていたが，当初の2020年度からの導入予定は当面延期された。民間の資格・検定試験は，それらが測定しようとする英語能力が異なっており，統一の尺度でないものを大学入試に利活用するのは問題であるという指摘もされている。CEFR（外国語の学習，教授，評価のためのヨーロッパ共通参照枠：欧州評議会作成）が示す6段階の評価レベルのすべてをカバーできない資格・検定試験もある。さらに，生徒の経費負担増，不公平性，受験会場が都市部に偏っているという地域差の問題もある。

高校卒業程度認定試験　高校卒業程度認定試験とは，文部科学省が年2回実施する「高校を卒業した人と同等以上の学力がある」ことを認定する試験であり，試験科目は，国語，数学，外国語，地理歴史，公民，理科の6教科17科目である。2018年度は2万1220人が受験し，9224人が合格（8〜10科目合格が必要条件）した。受験資格は，16歳以上で大学入学資格のない人（中学卒，高校中退，高校には在学しているが通学していない）である。出願者で最も多かったのは高校中退で55.4％，次いで全日制高校在籍が18.5％，中学卒が9.7％，定時制・通信制高校在学が9.1％であった。高校在学中の生徒は，単位として認定されることもあり，高校卒業程度認定試験合格者は，国家試験や国の採用試験の一部の受験資格が得られる（藤岡，2020）。やむをえず高校中退を考えている生徒には，教師やスク

ールカウンセラーが高校卒業程度認定試験の受験を勧めるように，キャリア・カウンセリングを実施してほしい。

第4節 学校評価と教員評価

　2007年の学校教育法の改訂で，自己評価を中心とした学校評価と教員評価の制度が導入された。これらの評価制度は，学校教育の水準の向上や教員の指導力の向上を意図したものであった。しかし，評価が一人歩きしたり，また教員の管理のために使用されたりしたために，問題や矛盾も生じている。

1 学校評価制度

　2007年の学校教育法の改訂で，幼稚園・小学校・中学校・高等学校・特別支援学校に**学校評価**を行い，保護者や地域住民に評価情報を提供することが義務づけられた。学校評価の目的は，以下のようになっている（文部科学省，2016a）。

① 各学校が，自らの教育活動その他の学校運営について，目指すべき目標を設定し，その達成状況や達成に向けた取組の適切さ等について評価することにより，学校として組織的・継続的な改善を図ること。

② 各学校が，自己評価及び保護者など学校関係者による評価の実施とその結果の公表・説明により，適切に説明責任を果たすとともに，保護者，地域住民等から理解と参画を得て，学校・家庭・地域の連携協力による学校づくりを進めること。

③ 各学校の設置者等が，学校評価の結果に応じて，学校に対する支援や条件整備等の改善措置を講じることにより，一定水準の教育の質を保証し，その向上を図ること。

　学校評価は，①各学校の教職員が行う評価（自己評価），②保護者，地域住民等の学校関係者などにより構成された評価委員会等

が，自己評価の結果について評価することを基本として行う評価（学校関係者評価），③学校とその設置者が実施者となり，学校運営に関する外部の専門家を中心とした評価者により，自己評価や学校関係者評価の実施状況もふまえつつ，教育活動その他の学校運営の状況について専門的視点から行う評価（第三者評価）に大別できる。自己評価では，児童生徒や保護者対象のアンケートも使用されることが多い。

学校評価の結果を広報や学校ホームページで公開しなければならないが，情報発信のねらいの1つが，学校選択のための情報提供である（大津，2012a）。「開かれた学校づくり」や「説明責任」が重視されているが，この「開かれた学校づくり」について検討してみよう。「開かれた学校づくり」は，本来は教師の専門性を軸として保護者・地域住民が学校の教育活動に参画するという意味であった（浦野ほか，2007）。学校が自ら保有している情報を保護者・地域住民に発信するだけでは，「開かれた学校づくり」には結びつかないのである。学校評価が恣意的な評価に陥らないためには，民主的な評価システムの構築が必要である。学校関係者もPTA役員や自治会長などに限定するのではなく，幅広く意見を集約することが大切である。

自己評価では，アンケート結果の児童生徒と保護者間の「ズレ」に着目したい。自己評価は，本来，指導や学校経営の改善に用いられるものであり，公表を前提とした自己評価は，「評価のための評価」になりやすく，質問項目も疑問があるものが多い。なかには特定の授業における評価項目に近い質問項目がみられ，学校評価に結びつかない項目がある（大津，2012a）。質問項目の作成や活用に際しては，教職員間での合意形成が大切である。

2　教員評価

教員評価は，毎年度一定の基準にもとづいて教員個人の能力や

業績，職務（校務分掌での貢献度）について評価する制度である。この制度は，文部科学省の主導のもと，各都道府県教育委員会が実施し，その結果は，人事異動や昇任，給与に反映されることが多い。

　一般教諭や養護教諭は，副校長（教頭）や校長から評価を受け，副校長（教頭）は校長から評価を受け，校長は教育長から評価を受けるのが通常である。教員評価の流れとしては，年度当初に，自己申告・自己目標を設定し，管理職と面談し，自己目標達成に向けた取り組みを行う。そして，自己目標の変更が生じたときは，適宜，管理職との面談を行う。年度末には自己評価を行い，評価者による評価を最終面談を通して行い，適宜，評価結果を本人に開示する。そして，改善策を検討し，新たな目標を設定するという流れである。評価方法は一部の県では，相対評価や「絶対評価と相対評価の併用」を用いているが，多くの県は絶対評価である。相対評価を用いることは，教員の序列化を促し，論外であるが，絶対評価も評価基準が曖昧で主観的な評価になりやすい。

　評価情報として，生徒による授業アンケートを活用している学校もあるが，生徒のアンケート結果には一面的なもの（例：宿題がなく，授業が楽であるので高評価）もあるので，扱い方には配慮が求められる。自己評価の結果が人事異動や給与に反映されると，歪んだ自己評価になり，形骸化を招くおそれもある。

　教員評価はともすれば，教員のやる気を喪失させるリスクがあり，「管理のための評価」に陥りやすい。同僚性を高めるためには，ピア評価（「ピア」とは仲間のこと）を活用することが望まれる。また，不本意な評価がされた場合は，本人による異議申し立てができる制度の確立と評価者の説明責任が必要である。

— 第Ⅳ部 —

生徒と教師の関係

第6章 生徒指導

生徒指導，消極的生徒指導，積極的生徒指導，ゼロ・トレランス，予防的生徒指導，開発的生徒指導，教育相談，生活指導，学級集団づくり，学級，学級風土，学級集団の発達過程，リーダーシップ，PM理論，いじめ，スクールカースト，生徒理解，アイデンティティ，カウンセリング・マインド，ロジャースのクライエント中心療法，特別支援教育，学習障害（LD），注意欠如／多動性障害（AD/HD），自閉症スペクトラム障害（ASD），生徒の認知的特性や行動的特性，応用行動分析，TEACCH プログラム，心理アセスメント，認知機能のアセスメント，知能検査，問題行動，内在的問題，外在的問題，不登校，ひきこもり，発生要因，継続要因，非行少年，犯罪少年，触法少年，ぐ犯少年，少年非行の凶悪化，軽犯罪，ゼロ・トレランス，学校の荒れ，指導のダブルスタンダード化，加害者，被害者，観衆，傍観者，キャリア教育，体験活動，発達障害，特別支援教育，特別支援学校，特別支援学級，通級指導教室，個別の教育支援計画，個別の指導計画，特別支援教育コーディネーター，インクルーシブ教育，持続可能な開発目標，エンカレッジスクール，チャレンジスクール，トライネットスクール，クリエイティブスクール，広域通信制高校，高等専修学校

第1節　生徒指導とは何か

1　生徒指導の定義

　生徒指導といわれると，問題行動の指導や対応を思い浮かべる人が多いのではないだろうか。しかし文部科学省によれば，生徒指導とはもっと広い概念であり，次のように定義されている。

　　一人一人の児童生徒の人格を尊重し，個性の伸長を図りながら，社会的資質や行動力を高めることを目指して行われる教育活動
　　　　　　　　　　　　　　　　　　　　　　　　（文部科学省，2010b）

　特に強調されるのは，①問題行動への対策も含むがそれに限定

表6-1　生徒指導の分類 (犬塚，2002を改変)

	消極的生徒指導	積極的生徒指導
全校児童生徒	・安全確保のための管理 ・決まりの遵守	○開発的生徒指導 ・個性・よさ・もち味の開発援助 ・発達課題への支援
一部の児童生徒	・ルール違反の児童生徒への毅然とした対処	○予防的生徒指導 ・問題を起こしていない状況でより深く関わる

されるものではないこと，②すべての生徒のそれぞれの人格のよりよき発達をめざすこと，そしてそのために③学校生活がすべての生徒にとって，有意義で興味深く，充実したものになることの3つである。こうした生徒指導は学習指導と並び，学校の教育目標を達成するために重要な機能をもつものと位置づけられている。

2　生徒指導のタイプ

　以上のように生徒指導というのは，非常に広い範囲の教育活動を指す概念である。したがって，ひと口に生徒指導といっても，具体的にはさまざまなタイプの指導がある。これまでなされてきた生徒指導を大きく分けると，**消極的生徒指導**と**積極的生徒指導**の2つに分類される（表6-1）。消極的生徒指導とは，対処的生徒指導ともいわれるもので，生じてしまった問題に対応し，問題の収束と解決をはかる指導のことである。具体的には，非行傾向の生徒が起こす問題行動への対応や，不登校生徒宅への家庭訪問などがこれに当たる。

　また近年では厳罰化の流れのなかで，**ゼロ・トレランス方式**という考え方を参考にした生徒指導体制の導入が進められてきた（国立教育政策研究所生徒指導研究センター，2006）。ゼロ・トレランス方式とは，教育の名のもとに曖昧な指導をせず，細部まで罰則を決めて違反した場合には，例外抜きに厳密に処分を行うもので

あり，現場では「毅然とした対応」とよばれるものである。具体的には，「遅刻を〇回以上繰り返すと，オルタナティブスクール（問題生徒に対する教育施設）に措置」「教師に反抗し態度が著しく不良だと停学」などであり（松浦，2015），また近年ではこうした流れを受け，いじめ加害者や暴力行為をする児童生徒に対して出席停止を積極的に運用しようとする動きなどがある。

　しかしその一方で，ゼロ・トレランス方式についての効果検証を行ったアメリカ心理学会のタスクフォースの報告では，ゼロ・トレランス方式の効果を支持するようなエビデンスは乏しく，逆に悪い影響を与える可能性さえあるという結果が示されており（American Psychological Association Zero Tolerance Task Force, 2008），教育現場への適用に関しては根強い批判もある（横湯ほか，2017）。

　それに対し，積極的な生徒指導は，さらに予防的生徒指導と開発的生徒指導の２つに分類される。予防的生徒指導とは，文字通り，問題が生じる前の予防的な関わりのことで，予想される問題に対して生徒がうまく回避する方法をあらかじめ教えておく，あるいは環境をあらかじめ調整し問題が起きないようにしておく指導のことを指す。具体的には，ソーシャルスキルトレーニングやアサーショントレーニングなどにより，問題となりそうな場面における適切な対処法や主張の仕方をあらかじめ教える指導や，以前から教育現場で行われている性感染症のリスクや喫煙による健康被害についての授業などがこれに当たる。

　他方，開発的生徒指導とは生徒のよさを伸ばし，問題に対し自ら対処し，よりよい学校生活を送る力を育成することをめざす指導である。たとえば，グループワークを授業に取り入れることで，協働を促し，日常から助けあいの精神を育てたり，道徳教育や特別活動の充実をはかるなどである。具体的には，問題が起きてから，あるいは問題を起こしている生徒だけに対処するのではなく，行事など日常の学校生活において，生徒たちに出番と役割を与え，

その過程を教師が援助することで，意図的に生徒をほめて育てる機会をつくる。あるいは，問題行動をする生徒に対し，問題を起こしている場面ではなく，問題を起こしていない場面で積極的に関わり，その生徒のよいところを探し，ほめて伸ばすといった指導である（金子，2012）。

　実際の生徒指導場面においては，どれか1つのタイプの指導法だけがとられることは少ない。むしろ問題行動を起こした生徒に対処する一方で，新たにほかの生徒が問題を起こさないように関わりつつ，ふだんの生活のなかでは生徒たちのよい点を見つけ，伸ばすといったように3つのタイプの指導が組み合わされて用いられることが多いのである。

3　生徒指導と教育相談

　教育相談とは「一人一人の生徒の教育上の問題について，本人又はその親などに，その望ましい在り方を助言することである」（文部科学省，2010b）。教育相談と生徒指導の異なる点としては「教育相談は主に個に焦点を当て，面接や演習を通して個の内面の変容を図ろうとするのに対して，生徒指導は主に集団に焦点を当て，行事や特別活動において，集団としての成果や変容を目指し，結果として個の変容に至るところ」（文部科学省，2010b）にある。つまり，生徒指導が個人を育て，支援するためにどのような集団を形成すべきか，あるいは集団のなかで個人がどのようにあるべきかという，あくまで集団との関連から現象をとらえるのに対し，教育相談はそうした集団との関連という視点を必ずしもとらず，個人の内面を重視し，個人の意味世界との関連から現象をとらえていくということである。したがって，生徒が何か問題を起こしたときに，生徒指導的には，「その問題をどうやって解決するか」ということがまずは問われるのに対し，教育相談的には，まず「その子にとって，その問題を起こすことの意味は何か」と

いうことが問われることになる。

教育相談では，このような個人の意味世界とその変容を扱うので，そのための手法として，臨床心理学的な手法が重視されることが多い。価値観が多様化する現代においては，いわゆる学校的価値といったある1つの視点から問題をとらえ，評価し，指導することは難しくなっている。そのため，個人に焦点を当て，その変容をはかる教育相談のニーズは高い。

しかし，その一方で，心理学的手法が教育現場に入ることで，あらゆる問題を個人の心の問題に還元するような見方が強くなる危険性を心理主義として批判する声もある（たとえば，小沢，2002）。つまり，生徒が何か問題を起こしたとき，学校制度や環境のほうにも問題があったかもしれない。にもかかわらず，その吟味を欠いたまま，生徒個人の内面を変容させるとするのは，不当な状況への適応を強いているだけではないかという批判である。したがって，何か問題が起きたとき，教育相談的な視点から個人にアプローチするのと同時に，その個人を支援するために集団がどうあるべきか，あるいはどのような集団を形成すべきかといった生徒指導的な視点も同時に重要になるのである。

4　生徒指導と生活指導

生徒指導と類似した言葉として，**生活指導**がある。生徒指導が，その指導の基準を「児童生徒としてどうあるべきか」という学校制度内の存在としての子ども・青年においているのに対し，生活指導は，生徒・児童以前の「生活者」としての子ども・青年に焦点を当て，そこに指導の基準をおいているという違いがある（船橋，2009）。

たとえば，生活指導実践の端緒を拓いた生活綴方は，子どもたちが日々の生活で経験したことをありのままに綴った作文や詩を作成し，それを学級で読みあい批評しあう。その過程でものの見

方・感じ方・考え方の意識化をはかり，より人間らしい生活のあり方を考えていくという実践である。そして，これには2つの意味がある。1つは生活世界の相対化である。たとえば，貧困や抑圧といった生活のなかでの当たり前だと思っていたことが，実は他の人にとっては当たり前ではないことを自覚することによって，自分にはそこから抜け出す，あるいはそれを変える可能性や自由があることを意識化できるようになる。もう1つは学校的価値観の相対化である。たとえば，生活世界の価値をあらためて発見し，仲間から支持されることで，「学校優等生」的な価値から自由になれる。つまり，生活者としての自分を意識化することで，与えられた生活世界から自由に思考したり，行動したりする可能性を得ると同時に，その生活世界を基盤に学校自体をも批判的にとらえる力が培われるというわけである。

　こうした生活指導の実践は，1960年代には戦後民主主義との関連で**学級集団づくり**の実践において展開され，そこでは民主主義にもとづく生活とその担い手をどう育成するのかという課題が追究された。80年代になると，校内暴力や不登校，いじめなどの思春期問題が社会問題化し，それを単なる学校不適応ととらえるのではなく，既存の学校制度や消費社会への抵抗としてとらえ，それらを改変する可能性を見出す実践が展開された（竹内，2015）。

　このように生活指導は時代によってさまざまな実践の形をとっているが，そのいずれにも共通しているのは，その目標が「学校内存在としての児童生徒はどうあるべきか」にあるのではなく，「生活者，あるいは社会内存在として児童生徒はどうあるべきか」という点にあるということである。そして，こうした流れは近年では，何か1つの価値観だけを選択するのではなく，多様な価値観を認め，異質な他者とどう関わっていくのかということを考える多文化共生教育やシティズンシップ教育にも受け継がれている。

　日本の学校に通う生徒は基本的に1学期に新しい学級に編成され，学級担任と副担任，そしてクラスメイトと少なくとも1年間はともにすごす。学校がある日は授業を自分の教室で受け，1日の大半を学校のなかですごしている。そもそも**学級**とは効率的に学習活動を行う集団として誕生し，チェーン店のようなシステムだという（柳，2005）。つまり，それまでは富裕層で行われてきた個人的な教育を多数の子どもに対して効率よく行うシステムだと考えることができる。しかし，日本の学校教育を受けたことのある者たちにとって，学級はただ学習活動だけをする集団だったであろうか。文化祭など学習活動以外にもさまざまな学級での思い出があるという人が多いだろう。学級の雰囲気はさまざまなものがあっただろうし，担任教師の指導もさまざまだったと思い返す人も多いだろう。本節では学級の特徴とポジティブな側面，学級の発達，学級づくりに影響を与える教師のリーダーシップや指導，学級がもつネガティブな側面についてみていく。

1　学級という集団の特徴

　上述のように学級は1日のなかで生徒が一番長くすごす場所であり集団である。このような日本の学級集団には学習をする集団という性質に加え，英米諸国の学級集団と比べると，学級内での凝集性が強く（Kanetsuna, 2016），具体的には河村（2010）の指摘する次のようなある種の共同体の性質を有しているとされている。

　共同体の性質としては，日本の学校で組織される学級集団は単に個々の子どもの学習の定着だけでなく，学級という小さな社会で子どもたちの関わりあいを通して心理社会的な発達を促進することが目的とされている。たとえば，ホームルーム活動，日直や

当番，班による清掃活動や給食，集団登校，文化祭などでの学級単位の活動というように，学校生活の至るところに学習以外の関わりの場が張り巡らされている。そのような学校生活・活動をともにする共同体の側面が基盤にあり，その上に学習集団としての側面がある。これらの学級としての機能は英米諸国の学校ではあまりみられることがない。このように，日本の学級という集団の特徴は英米諸国と比べて特殊な集団である。

　先述したように，日本の学級集団は英米諸国とは異なる性質を持ち合わせているが，それでは日本の学級の性質はどのようなバリエーションがあり，どのように生徒に影響するのだろうか。たとえば，学級の特徴として「和気藹々とした学級」というように，生徒の特徴というよりは学級全体の性質を指すことがある。このような性質を総合的にとらえるのが**学級風土**である。学級風土とは，個々の子どもの個性を超えた，学級全体としての比較的持続する性質を総合的にとらえる概念で，学級の性格である学級風土は生徒にさまざまな影響を与える（伊藤，2016）。学級が児童生徒に影響を与えることの一例として学級目標の影響を明らかにした研究がある。学級で思いやりなどの価値が大切だと認知した児童はその価値を個人的なものとして同一化し，積極的に友人と一緒に学習を行うこと（岡田・大谷，2017），または学級全体が思いやりなどを重視しているほど，児童同士で教えあう学級につながり，それが学級全体の内発的動機づけや自己効力感にもつながるなど（大谷ほか，2016），学級の雰囲気が子どもに対してプラスに働くこともある。

　学級風土をアセスメントすることは，学級の状態を客観的に知ることができるだけでなく，アセスメント結果をもとにして複数の教師やスクールカウンセラーが子どもの潜在的な援助ニーズを知るきっかけとなったり，支援策を考える際の重要な資料となりうる。日本で学級風土を測定する心理尺度は新版中学生用学級風

土尺度（伊藤・宇佐美，2017）がある。この尺度は 8 つの下位尺度の新版 1 と，それを 13 の下位尺度に分割した新版 3 があり，学級環境を多段階的に解釈・説明することができる。細やかに学級環境をアセスメントすることは具体的な指導策につながりやすいという利点がある。

2　学級の発達

　生徒たちが学校生活を送るなかで変わっていくように，学級の雰囲気も 1 学期から 3 学期で大きく変わっていく。学級集団の状態は生徒間の相互作用，生徒−教師関係などによって変化する。つまり学級集団の雰囲気，学級や教師に対する感情や行動に変化が現れるのである。このことを河村（2010）は「**学級集団の発達過程**」とよんでいる。河村（2010）は日本の教師が求める望ましい学級集団の特徴として，次の 4 つの要素があるとしている。

① 集団内の規律，共有された行動様式
② 集団内の子ども同士の良好な人間関係（役割交流だけでなく，内面的な関わりを含んだ親和的な人間関係）
③ 1 人ひとりの子どもが学習や学級活動に意欲的に取り組もうとする習慣，学びあう姿勢と行動する習慣
④ 集団内に子どもたちのなかから自主的に活動しようとする意欲，行動するシステム

　これらの要素から，教師が理想と考える学級のあり方は学習集団としての側面に加えて日本特有の共同体の側面があり，教師が生徒に一方的に教えるだけではなく，生徒同士が自主的に学びあうという姿がみえるのがわかる。

　また，河村（2010）は上記の教師が望ましいと考える要素をもつ学級に発達していく過程を最大公約数的に分析した場合，次の 5 段階の学級集団の発達過程を見出している。

第1段階：混沌・緊張期　　　学級編成直後の段階で生徒間の交流が少なく，学級のルールも定着していない。生徒がバラバラの状態である。学級への帰属感も低く，新しい友人関係を十分に築けておらず教師を試すような行動もみられる。

第2段階：小集団形成期　　　学級のルールが徐々に定着し，生徒間の交流も活性化してくる時期であるが，友人グループのような小集団に限られている時期である。小集団間でトラブルがよくみられる時期である。

第3段階：中集団形成期　　　学級のルールがかなり定着してくる時期であり，小集団同士の関係は安定してくる時期である。リーダーシップの高い生徒がいる小集団が中心となり，複数の小集団同士が連携でき，学級の半数が一緒に行動できるようになる。この時期になると学級全体の流れに反する生徒や小集団が明確になってくる。

第4段階：全体集団成立期　　　学級のルールはほぼ全員に定着し，学級全体の流れに反する生徒や小集団もある程度折りあいがつき，ほぼ全員がまとまって行動できる時期である。この状態は上述の望ましい学級の要素のうち①と③の一部を少なくとも満たしていることになる。

第5段階：自治的集団形成期　　　学級のルールが生徒に内在化され，規則正しい全体生活や行動が温和な雰囲気のなかで営まれる。また，課題に合わせてリーダーとなる生徒が出てきて，全員がリーダーシップを発揮することができる。学級の問題は生徒たちの自主的な行動で解決することができる状態となる。この状態になると，上述の望ましい学級の要素がすべて満たされていることになる。

　上記の学級集団の発達過程で第4段階までは，教師の強いリー

ダーシップのもとで教師が生徒を一方向的に指導することでも成り立つ。しかし，このような場合，教師にいわれたことだけをするというように生徒の自主性が低く，生徒同士の親和的な人間関係は形成されにくいという（河村，2010）。すなわち，教師が一方的にリーダーシップをとるだけでは自主的・自律的な学級にはならないということである。

3　教師のリーダーシップ

　学級のなかで生徒が自主的に活動できるようになるまで，またその状況でも，教師の働きかけや支えが重要になる。教師はどのようなリーダーシップを発揮するのだろうか。これについては三隅二不二が提唱した**PM理論**にもとづいたリーダーシップ論が有名である（三隅，1984）。PM理論とは，さまざまな組織や集団のリーダーシップを課題の遂行や課題の解決を志向している目標促進行動（performance；P機能）と集団の社会的安定性を志向する集団維持行動（maintenance；M機能）という二次元に分類し説明するものである。さらに，P機能とM機能の高低で図6-1のように4分類しており，複数の実験室実験や調査からPとMの両者が優れているPM型のリーダーシップはその他の分類よりも優れた望ましいリーダーシップであるとしている。

　三隅・矢守（1989）は中学校教師のリーダーシップ行動を「生活・学習に対する規律・指導」「授業に対するきびしさ」「学級活動促進」「熱心な学習指導」の4つをP行動とし，「配慮」と「親近性」の2つをM行動としてとらえている。P行動は指導的な関わりを反映しているのに対し，M行動は支援的な関わりを反映しているといえるだろう。また，教師のリーダーシップ型と生徒の「学習意欲・授業満足度」「学級に対する帰属度」「学級連帯性」「生活・授業態度」の関連を検討しており，いずれにおいてもPM型の教師の学級の生徒が高く，pm型の教師の学級の生

徒は低いという結果を得て
いる。すなわち，PM理論
から教師のリーダーシップ
と生徒の学校生活の関連を
みると，指導的な関わりだ
けでなく，支援的な関わり
も学級がまとまり，生徒が
健全な学校生活を送るため
には欠かせないということ
を示しているだろう。

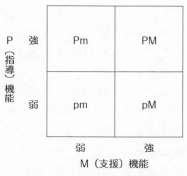

図6-1　リーダーシップ類型

4　学級がもつリスク

　ここまで述べてきたように，学級の存在は生徒・教師の両者に
とって学校生活で大きな位置を占める。このことから，学級の存
在は生徒の発達に大きな役割を果たしているだろう。しかし，学
級があることによって得られるものはこれまで紹介してきたポジ
ティブなものだけだろうか。極端にいえば，（特に公立中学校の）
学級という集団は，同じ地域に住んでいてかつ同年齢という理由
だけで集められ，基本的にどのような子どもでも１年間は属さな
くてはならず，他人と同じ空間で１日の大半をすごし関わりあい
を強いられる集団ととらえることもできるだろう。このように，
見方を変えれば学級がもつのはポジティブな側面だけではない。

　学級の人数という点では，平均的な小中学校の学級（21〜42
人）の場合，学級の人数が増加することは学業成績の低下，教師
からのサポートの低下，友人関係のトラブルの増加，抑うつの増
加というようにさまざまな問題と結びつくことが日本でも明らか
となっている（伊藤ほか，2017）。

　いじめという点では，日本の中学校ではイギリスに比べて教室
でいじめがよく起こることが示されている（金綱，2009）。また社

会学者の内藤朝雄は学校でいじめが起こる理由として学級制度の存在をあげており，学級を解体すること自体がいじめを防ぐ有効な手段であると指摘している（内藤，2009）。

　その他の問題では，「**スクールカースト**」とよばれる学級内の友人グループ間の地位格差が問題となっている。教師は高地位グループの生徒には親和的だが，低地位グループの生徒に対してはそうではないというように，生徒 – 教師関係に影響する（鈴木，2012）。また，「スクールカースト」はいじめの原因となることが教育評論家や教師から指摘されている（堀，2015；森口，2007）。一方，中学生を対象にした調査研究からはいじめと「スクールカースト」の関係性を明らかにできておらず，「スクールカースト」がいじめの原因となるのかについては十分な証拠が得られていない（水野ほか，2019）。また，いじめ以外では，中学生を対象にした研究から「スクールカースト」における所属グループの地位の高い生徒ほど学校適応感（学校が楽しいなど）も高いことが複数の実証研究から明らかになっている（水野・日高，2019；水野・太田，2017；鈴木，2012）。今後は「スクールカースト」の成立要因についての研究も必要であろう。

　また，学級担任は担任ではない教師よりもストレスが高い（草海，2014）というように，学級が与えるネガティブな影響は子どもだけでなくその教師にもある。これらのように，学級があることによって起こりうる問題も存在することを知ることは重要であるだろう。

第 **3** 節　生徒理解の原理と方法

1　生徒理解の必要性

生徒個人に焦点を当てた理解が必要であることは当然のことで

表6-2　戦後の若者問題についての新聞言説

年代	代表的な見出し	キーワード	領域
1945-54	家出街頭児の非行（1948年）	食うための非行，家出街頭児，人身売買	社会
1955-64	中学生の番長組織	カミナリ族，愚連隊，番長連合，万引き	↓
1965-71	大学紛争と暴力破壊	学園紛争，シンナー，暴走族	大学
1972-73	非行社説が消えて2年		↓
1974-83	「落ちこぼれ」と校内暴力	校内暴力	学校
1984-86	陰湿な「いじめ」の横行	いじめ	教室
1987-88	いじめは「減った」けれど…	家庭内暴力，対人関係能力の喪失	家庭

（加藤，1990を改変）

あるが，その理解のまなざしのあり方は徐々に変化してきている。まずはじめに，ここでは個に注目した生徒指導＝**生徒理解**に焦点を当て，その枠組みが戦後の青年問題の変遷のなかでどのように変化してきているのか検討する。

　個人に焦点を当てた理解が必要となった背景には，戦後の学校現場で「非行」「校内暴力」「不登校（登校拒否）」「いじめ」といった現象が生じてきたことがあげられる。戦前まで「怠学」や親が子どもを学校に行かせないことが問題であったが，戦後の民主教育のなかではそのような問題は克服されていった。**表6-2**は，加藤（1990）を参考に作成したものであるが，これをみると戦後の若者たちの問題が，社会から学校，学校からクラスへと移行していっていることが理解できる。子どもたちをめぐる問題は「学校」のなかで起こるようになっていったのである。

　このような変化のなかで，学校現場では生徒をどのように理解するかといった問題が急務になっていった。しかし，生徒を理解する枠組みは一方向に深化されてきたわけではなくニーズに合わせて変遷している。

2 生徒理解の原理と方法

　思春期に入ると第二次性徴が始まり，身体が急速に成熟していくが，そのことに戸惑い，それまで保っていた心身のバランスを崩しやすい時期でもある。また，受験や進学などの進路選択の課題にも直面し，心理的にも不安定になりやすい。

　戦前までの日本においては，第二次性徴の到来と社会的な自立の時期には大きなズレがなかったが，戦後に教育制度が改定されて就学期間が長期化して行くに従って，第二次性徴の発現と社会的な自立の時期のズレが増大していった。

　特に，高度経済成長を通して高校への進学卒が急上昇していき，思春期の若者たちの生活が中学校や高校といった空間に囲い込まれていったことは，第二次性徴に関わる心身の動揺や，自立に関わる心理的な葛藤が，学校生活への不適応として表出されていくことにつながった。

　このような学校生活への不適応が顕著に現れてくるのは1970年代からで，1979年に空前の大ヒットを記録した学園ドラマ『3年B組金八先生』（TBS系列）では受験競争が大きなテーマとして取り上げられ，翌年放送されたこのドラマの第2シリーズでは「校内暴力」が取り上げられ再び話題をよんだ。この頃は，「受験競争」「校内暴力」「不登校」といった形で，学校生活における行き場のない不安が生徒たちを取り囲んでいった時期であった。

　こういった問題を背景として，生徒指導においては，規律的な指導と受容的な相談が「生徒指導上互いに補完しあう車の両輪」（文部省，1980）として並行して行われるようになり，生徒たちの攻撃性や不安を共感的に理解し受容することが求められるようになっていった。

　特に以下にあげる考え方は，生徒を共感的に理解し自己実現に

導いていくうえで有効であり，生徒指導に与えた影響も大きい。

アイデンティティの確立　中学生や高校生は「自分とは何者
であるか」についての自己認識で
あるアイデンティティを確立する節目となる時期である。すでに
第**2**章3節でふれたように青年期の生徒を理解していくうえで
エリクソンの「アイデンティティ」理論はいまもなお重要な理論
であるといえる。

そもそもエリクソンの理論は，青年たちの反抗的態度や不適応
行動を，自分が社会に生きている意味を問うものとして肯定的に
とらえようとするものであり，「教育」的な姿勢にはなじみやす
い。青年期にアイデンティティを確立するうえでは，一度核とな
る価値観にふれることが重要であるとされ，この点で生徒指導の
果たす役割が重大であるといえる。

カウンセリング・マインド　生徒の気持ちを受容する方法と
してロジャースの「クライエン
ト中心療法」の考え方が，日本の生徒指導，とりわけ教育相談に
与えた影響は大きい。

文部省（1990）は，これから教師に求められる資質の1つとし
て**カウンセリング・マインド**をあげているが，カウンセリング・
マインドは，基本的にはロジャースの理論を下敷きにしたもので
ある。尾崎・西（1984）によると「児童・生徒の考え方・感じ方
をありのままに受けとめ，共感的に理解しようとする」姿勢であ
ると説明されている。

ロジャースのクライエント中心療法は，児童相談所における非
行少年への心理療法を出発点にそれまでの権威的な指導（指示的
態度）とは異なる「非指示的態度」を重視する方法として確立さ
れた。ロジャースは，人間には「自己実現する力が自然に備わっ
ている」と考えており，彼の方法においては，相談に来た人（ク
ライエント）が自らの力で問題を解決するように導かれていく。

このような接近方法は，さまざまな感情を抑圧している生徒を理解していくうえで有効であり，また生徒の自己実現に導くうえでも効果的である。

　しかしながらカウンセリング・マインドについては，教師の指導的役割と受容的役割の葛藤を引き起こしたり，具体的な教育活動に結びつけたイメージがもてなかったりと，そのあり方には検討の余地がある。

特別支援教育的まなざしの拡がり

　2000 年代に入って，生徒理解のまなざしに大きな変化が起きている。**特別支援教育**という考え方が教育現湯に浸透していくなかで，従来とは異なった生徒たちの問題へ対処する必要性が生じたからである。なお，「特別支援教育」の概要については本章 7 節で説明しているので，ここでは生徒指導の考え方に与えた影響を中心に述べていくことにする。

　特別支援教育の理念は以下の通りである。

> 　障害のある幼児児童生徒の自立や社会参加に向けた主体的な取組を支援するという視点に立ち，幼児児童生徒一人一人の教育的ニーズを把握し，その持てる力を高め，生活や学習上の困難を改善又は克服するため，適切な指導及び必要な支援を行うもの。
>
> 　　　　　　　　　　　　　　　　　　　　　（文部科学省，2007a）

　つまり，従来の「特殊教育」に比べて，「障害」の有無に関わらずすべての「支援を必要としている子」を対象に教育を提供していくことをより重視している。このような流れのなかで，従来まではっきりした指導方針が立てられていなかった「発達障害」の支援についても，その必要性が浮かび上がってきた。特に知的な発達に問題がない場合，これらの子どもの特別なニーズは見過ごされがちであったが，新たに「発達障害」という見方が教育現場に浸透していくにつれて，子どもたちの潜在的なニーズが発見されていったのである。「発達障害」に含まれる主なものと

しては学習障害（LD），注意欠如／多動性障害（AD/HD），自閉症スペクトラム障害（ASD）などがあげられる（第**2**章4節参照）。

　特別支援教育の浸透とともに近年，生徒の認知的特性や行動的特性の理解が重視されるようになっている。応用行動分析やTEACCH プログラムにおける「構造化」という手法に注目が集まっていることはその表れであるといえる。

　応用行動分析は，基本的にはオペラント条件づけなどの学習理論をもとにしており，直接観察が可能な行動を対象に明確な目標を定め，その達成のために具体的な介入を行っていく。また，応用行動分析では介入を行いながらも組織的にデータを収集・分析し，その効果を評価しつつ新たな計画を立てていくということを繰り返していくことで，常により効果的な介入方法へと改定されていくという特徴もある。

　TEACCH プログラムとは，ノースカロライナ大学医学部内にショプラーらによって設立された「自閉症および近縁のコミュニケーション障害の児童のための治療と教育」部が研究・開発してきたプログラムのことであり，TEACCH プログラムにおける「構造化」とは，自閉症の人たちの特性に合わせて，たとえば1日のスケジュールを絵カードや表にして提示するなど，情報を整理してわかりやすく提示することで，その場面で求められている行動を選択しやすくなるように環境を再構成することである。

　生徒指導において，応用行動分析や「構造化」の手法など，認知や行動に着目して生徒を理解し指導していくアプローチを導入することは一定の成果も期待される。しかし，あまりに偏重しすぎるとほかの側面がなおざりにされる危険性もある。思春期特有の葛藤や感情の揺れは認知や行動の特性として一般化されるべきではないし，また反対に，自閉傾向のある生徒のこだわり行動については障害の特性を理解したうえで対応しなければならないであろう。

生徒を理解するうえでは，個々の生徒の障害の特性や認知的特性について客観的に理解しつつ，思春期的葛藤やアイデンティティの問題についても共感的に理解するような，複眼的視点をもつことが必要である。

3　生徒指導における連携

近年は，生徒たちの抱える困難が深刻化していくなかで，教師だけではなく，専門家とも連携しつつ対応していく枠組みが整いつつある。

生徒指導における連携の担い手の代表的なものとしては，1995年より導入されているスクールカウンセラー，また2008年度より導入されたスクールソーシャルワーカーがあげられる。スクールカウンセラーがどちらかといえば生徒への個別的支援と学校内での連携に重点をおいているのに対し，スクールソーシャルワーカーは児童虐待や家庭崩壊に伴う養育環境の機能不全に介入することなど，より社会的な視点から学校外の機関との連携に重点をおいている。しかしながら，現段階ではスクールソーシャルワーカーの配置は限定的なものにとどまっており，スクールカウンセラーが学校外の機関との連携についての業務も担っている例が多くみられる。今後は，両者の専門性の確立，あるいは両制度の統合などを検討する必要があるであろう。

スクールカウンセラー　1980年代から不登校やいじめといった問題への個別的な対応が必要になり，1995年度からは「スクールカウンセラー活用調査研究委託事業」が開始された。また，特別支援教育の浸透とは別の流れで，1990年代後半より全国154校を皮切りに各都道府県の公立の小学校，中学校，高等学校へ心理職専門家としてスクールカウンセラーの配置が進んでいった。2001年度からは「スクールカウンセラー活用事業補助」と事業名を新たにし，さらに本格的に

制度化され全公立校への配置，派遣に向けた計画が進められている。

　文部科学省（2004b）によると，スクールカウンセラーの職務内容は，①児童・生徒との心理カウンセリング，②教職員への助言援助，③保護者への助言援助となっている。児童生徒や保護者の抱える悩みを受け止める，学校のもつカウンセリング機能を充実させるため，臨床心理学の専門家を積極的に活用する必要が生じてきたのである。

スクールソーシャルワーカー　　一方，スクールソーシャルワーカーは，特に教育機関において当該の任に就く福祉専門職のことである。スクールソーシャルワーカーは，文部科学省が2008年より開始した「スクールソーシャルワーカー活用事業」によって導入された。資格要件は，社会福祉士や精神保健福祉士などの有資格者のほか，過去に教育や福祉の分野において活動経験の実績などがある者も含まれるとされている。

　スクールカウンセラーが，児童生徒，教職員，保護者個人を心理学の専門的知識によって援助することに特徴があるとすれば，スクールソーシャルワーカーは個人をとりまく「環境」の理解を起点として問題に対応するところに特徴がある。たとえば，校内での連携だけでなく，校外の福祉関連機関をはじめとした社会資源のネットワークを構築していき，より望ましい環境をコーディネートしたりする。しかしながら，スクールカウンセラーの業務においてもネットワークの構築は含まれ，一方スクールソーシャルワークを行ううえでも「個人」の理解およびサポートは必要である。

　スクールソーシャルワーカーの職務内容については，文部科学省（2008b）によると，①問題を抱える児童生徒がおかれた環境への働きかけ，②関係機関などとのネットワークの構築，連携・

調整，③学校内におけるチーム体制の構築，支援，④保護者，教職員などに対する支援・相談，情報提供，⑤教職員などへの研修活動など，とされている。

チームとしての学校

文部科学省（2015）は「チームとしての学校のあり方と今後の改善方策について（答申）」において，「学校が抱える課題は，複雑化・困難化するだけでなく，拡大し，多様化している」という認識を示した。そして，このような課題を解決していくためには，「個々の教員が個別に教育活動に取り組むのではなく，学校のマネジメントを強化し，組織として教育活動に取り組む体制を創り上げるとともに，必要な指導体制を整備することが必要である」としている。

これまでの日本の学校現場では，教職員のうち教員の占める割合が圧倒的に多く，多重な業務を担わざるをえない状況になっており，そのため，教員が生徒と向きあう時間を十分に確保することが困難になっていた。

「チームとしての学校」においては，教員と学校の内外の多様な専門性をもつ職員が1つのチームとして連携，協働することができるような体制づくりが重要であるとされている（図6-2）。このような体制づくりのための3つの視点としては，以下に述べるように，①専門性にもとづくチーム体制の構築，②学校のマネジメント機能の強化，③教職員1人ひとりが力を発揮できる環境の整備があげられている。

① 専門性にもとづくチーム体制の構築

教員が学習指導や生徒指導において，子どもに必要な資質・能力を育むことができるように，「チームとして」の指導体制を構築し，あわせて，専門スタッフ（心理，福祉，部活動，特別支援教育，地域連携など）を学校の教育活動のなかに位置づけ，教員との連携・分担のあり方を整備するなど，専門スタッフが専門性や経験を発揮できる環境を充実させていくことが必要である。

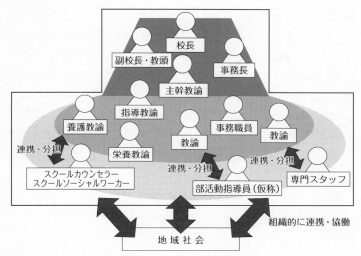

図6−2　チームとしての学校（文部科学省，2015 より作成）

②　学校のマネジメント機能の強化

　教職員や専門スタッフなどの多職種で組織される学校がチームとして機能するよう，管理職の人材育成や学校のマネジメントのあり方などについて検討を行い，校長がリーダーシップを発揮できるような体制を整備して，学校の教育目標のもとに学校全体を動かしていく機能の強化などを進める。

③　教職員1人ひとりが力を発揮できる環境の整備

　教職員や専門スタッフなどの多職種で組織される学校において，教職員1人ひとりが力を発揮し，さらに伸ばしていけるよう，「学び続ける教員像」の考え方をふまえ，学校の組織文化も含めた見直しを検討し，人材育成や業務改善などの取り組みを進める。また，教育委員会は，教職員が安心して教育活動に取り組むことができるよう，学校事故や訴訟への対応について，教職員を支援する体制を強化していくことが求められる。

　以上のように「チーム学校」という方向性は，多職種の連携を

強化し，教職員を支援する体制を強化していくものである。しかし，このようなチームの編成において校長の権限が強化されており，真に実効性のある「チーム」を実現していくうえで，現場の声が反映されにくい体制になってしまう危険性もある。また，教員が生徒と向きあう時間を確保して行くためには，本来ならば教員配置の標準法上の「基礎定数」の充実がはかられなければならないはずであるが，この点については課題が多く残っている（樋口，2017）。

第4節　心理アセスメント

1　アセスメントとは

　生徒理解のための方法として**心理アセスメント**がしばしば有効である。心理アセスメントとは，面接や心理検査を通して情報を収集し分析することで，生徒がかかえている問題を理解しようとするものである。生徒をさまざまな視点からとらえることを通してより適切な介入方法を選択することができる。

　心理アセスメントには，面接や観察，行動分析による方法と心理検査を用いる方法とがあるが，ここでは心理検査を用いる方法について述べる。心理アセスメントにおいて心理検査が重視されるのは，面接などでは主観にもとづいた理解に陥ることが少なくないが，心理検査を用いた場合より客観的かつ包括的に理解することができるからである。

　学校教育の現場においてよく用いられる心理検査は，パーソナリティ検査と認知機能検査である。パーソナリティ検査は質問紙法と投影法に大別される。一般に，質問紙法はより意識的な側面を，投影法はより無意識的な側面を理解するために用いられている。以下にそれぞれについて説明する。

2 パーソナリティのアセスメント

質問紙法　質問紙とは，あらかじめ用意した質問リストによって，意見，行動特徴，性格などを調べる検査である。質問紙法を用いたパーソナリティ検査としては，比較的簡便なものとして Y-G（矢田部－ギルフォード）性格検査，TEG（東大式エゴグラム）があげられ，学校教育の現場でも用いられることが多い。より複雑なものとしては MMPI（ミネソタ多面的人格目録）が有名であるが，こちらは医療現場や精神鑑定などで用いられることが多い。

　TEG は，アメリカの精神科医バーンの提唱した交流分析理論にもとづいてデュセイが考案したエゴグラムの着想を発展させたもので，東京大学医学部心療内科 TEG 研究会によって開発された質問紙検査である。現在は「新版 TEG-Ⅱ」が用いられている。回答方法は 3 件法で 53 の質問項目からなり，そのうち 3 項目を除いた 50 項目から，批判的な親（CP），養育的な親（NP），大人（A），自由な子ども（FC），順応した子ども（AC）という 5 つの因子得点が得られる。これらの因子得点はそれぞれ自我状態を表すものであり，その組み合わせのパターンによって性格特性を知ることができる。たとえば CP と AC が高い場合，他者に対して批判的であると同時に従順になろうとするので葛藤状態に陥りやすい。また反対に CP と AC がともに低い場合，他者に甘いと同時に自分にも甘く，規範意識が乏しいことが予想される。

　近年注目されている質問紙法検査に，性格を 5 つの要素の組み合わせによって説明する「特性 5 因子論 Big Five」にもとづいたものがある。Big Five は，「神経症傾向（N）」「外向性（E）」「経験への開放性（O）」「協調性（A）」「誠実性（C）」からなる。

　コスタとマックレー（Costa & McCrae, 1992）は，これら 5 特性を測定するために，240 項目からなる NEO 人格目録修正版

（NEO Personality Inventory, Revised：NEO PI-R）を作成した。これら5つの特性は、さらに6つの下位次元で構成され、多角的に人格を浮き彫りにすることができる。これは日本においても標準化されている。しかし、NEO PI-R は240項目あるため実施するのに時間がかかり、一般的にはこの60項目に短縮した NEO FFI が広く用いられている。

投　影　法　　多義的であいまいな刺激に対して対象者に自由な反応を求め、対象者のパーソナリティの無意識的な側面についての情報を収集・分析する方法である。対象者からは検査の意図が読み取りにくいため、意図的な反応をすることが難しくなり、非意図的＝無意識的な側面に焦点を当てることができる。しかし、反応も多義的になりやすいので結果を分析する枠組みも主観的になりやすく、検査の信頼性や妥当性が十分に保証されないという欠点がある。

　投影法検査には、図版を用いて自由な反応を促すものと、紙などに自由な描画を促すものとがある。前者の代表的なものとしては、ロールシャッハ・テスト、TAT（絵画統覚検査）があげられる。後者の代表としてはバウム・テストや HTP（house tree person）テストが有名であり、簡便なため教育現場でも用いられることが多い。そのほか、文章を用いた SCT（文章完成法）もよく用いられる。

　ロールシャッハ・テストは図版に印刷されたインクのしみについて、それが何にみえるのか答えてもらい、対象者が外界の刺激をどのように取り入れ、意味づけ、反応するのかをみる検査である。得られる情報は、対象者の認知的特性や、思考の形態、無意識的葛藤など多岐にわたるが、分析方法が非常に複雑であるため、使いこなせるようになるまでに数年かかるという難点がある。

　より簡便な方法として、バウム・テストと HTP テストはともによく用いられる。バウム・テストでは「木」を、HTP テスト

では「家」「木」「人」を描いてもらう。バウム・テストの場合，紙の上で木の描かれた場所や，木の大きさ，木の形などによって対象者のパーソナリティについて解釈する。たとえば，左に寄っている場合は「過去に固着している」と解釈されたり，小さな木の場合は「萎縮している」，幹に穴が空いている場合は「トラウマがある」などと解釈される。これらの描画検査は，施行にも時間がかからず簡便であるが，反応を意図的に操作しやすく，得られる情報量もそれほど豊かではない。また，主観的な解釈に陥りやすいことも欠点としてあげられる。

3　認知機能（知的機能）のアセスメント

　近年，特別支援教育が推進されるなかで，発達障害傾向の生徒を対象とした認知機能のアセスメントが注目されている。生徒のさまざまな不適応について，その認知的特性との関連で理解することは有効な側面もあるが，その利用の仕方には十分な注意が必要である。あくまでも特性を理解するものであり，能力の優劣を評価するものではないことは肝に銘じておかなければならない。

　なお，認知機能検査には知能検査とよばれてきたものも含まれるが，近年は必ずしも知的水準だけを測定するのではなく，個人の認知特性を測定しているという意味で認知機能検査とよばれることも多い。従来は知的水準の測定を目的にビネー式知能検査とウェクスラー式知能検査が用いられることが多かったが，近年は認知特性を測定することを目的としたK-ABC心理・教育アセスメントバッテリーやDN-CAS認知評価システムなどが用いられることも多くなっている。

ビネー式知能検査　知能検査（認知機能検査）で最も有名なものはビネー式知能検査であろう。1905年にフランスの心理学者ビネーと医師シモンによって開発された「ビネー・シモン尺度」から始まり，その後，スタンフォード大

学のターマンによって作成された「スタンフォード・ビネー尺度」は現在各国で用いられているビネー尺度のモデルになった。

　日本においては，早くも 1908 年に三宅鉱一によってビネー・シモン尺度の翻訳がなされ，その後スタンフォード・ビネー尺度をもとに 1920 年に鈴木ビネー式知能検査が，1947 年に田中ビネー式知能検査が作成され，現在は第 5 版（田研出版式ビネーⅤ）が一般的に用いられている。

　ビネー式知能検査において有名な概念に「知能指数（IQ）」「精神年齢」がある。「精神年齢」とは各年齢級の検査課題の正答数から，対象者の知能が相当する年齢を換算したものである。この「精神年齢」を，実際の年齢を補整して得られる「生活年齢」で割り，さらに 100 倍したものが「知能指数（IQ）」である。

ウェクスラー式知能検査　　ウェクスラー式知能検査は，成人用のウェクスラー・ベルビュー知能検査（1939 年）に始まり，現在日本では成人用知能検査として WAIS-Ⅳ，児童用知能検査として WISC-Ⅳ，就学前幼児用知能検査として WPPSI-Ⅲ が用いられている。ウェクスラー式知能検査の特徴は，個人の知的発達の状態をプロフィールで示し，個人内差という視点から知能を分析する点である。これは全体的な知能水準の測定を目的とするビネー式知能検査と大きく異なる。また知能指数（IQ）が標準偏差にもとづいて算出されることも，ビネー式知能検査とは異なる。

　教育現場においては，適用年齢が 5 歳 0 カ月から 16 歳 11 カ月である WISC-Ⅳ が用いられている。これは全部で 15 の下位検査（基本検査 10，補助検査 5）から構成されており，全検査 IQ と「言語理解」「知覚推理」「ワーキングメモリ」「処理速度」の 4 つの指標得点を得ることができる。なお WISC-Ⅲ まで採用されていた「言語性 IQ」「動作性 IQ」という指標は姿を消している。

　WISC-Ⅳ の下位検査と 4 つの指標の関係を**表 6-3**に示す。「言

表 6-3　WISC-Ⅳの 4 つの指標と下位検査項目

指標	言語理解	知覚推理	ワーキングメモリー	処理速度
構成する 下位検査	類似 単語 理解 知識 * 語の推理 *	積木模様 絵の概念 行列推理 絵の完成 *	数唱 語音整列 算数 *	符号 記号探し 絵の抹消 *

（注）　＊は補助検査。全検査 IQ は補助検査を除く 10 検査の評価点合
　　　計から算出する。

語理解」という指標は 2 つの概念間の共通性を見つける課題であ
る〈類似〉や，指定された単語の意味について答える〈単語〉な
どから構成されている。「知覚推理」の指標は立方体を使ったパ
ズルである〈積木模様〉などから，「ワーキングメモリ」は音声
的な短期記憶に関係する〈数唱〉〈語音整列〉，「処理速度」は視
覚的な記号を規則に従って処理していく〈符号〉〈記号探し〉か
ら構成されており，さらにそれぞれの指標には補助検査が配置さ
れている。

KABC-Ⅱと DN-CAS

カウフマン夫妻によって作成された
子どもの認知処理過程を測定する検
査が KABC-Ⅱ（Kaufman Assessment Battery for Children Second
Edition）で，教育指導に生かすことを目的として子どもの得意な
認知処理様式を査定する検査である。日本版 KABC-Ⅱは，K-
ABC の着想を継承発展させた検査として 2013 年に発売された。

　認知処理過程を，情報を時間的順序性に従って分析的に処理し
ていく「継次処理」と，情報を全体的なまとまりとして処理して
いく「同時処理」の 2 側面から測定する点に特徴がある。さらに，
KABC-Ⅱでは，認知処理を継次処理と同時処理だけでなく，学
習能力，計画能力の 4 つの能力から測定できるようになっている。
また適用年齢も，2 歳 6 カ月から 18 歳 11 カ月まで拡大された。

　DN-CAS 認知評価システム（Das-Naglieri Cognitive Assessment

System）も子どもの認知機能を測定するための検査で，「プランニング」「同時処理」「注意」「継次処理」という 4 つに認知的処理過程を分けて測定することに特徴がある。このうち「継次処理」と「同時処理」については KABC-Ⅱでも測定することができるが，DN-CAS では「プランニング」と「注意」が測定でき，適用年齢も 5 歳 0 カ月から 17 歳 11 カ月までと中学生や高校生にも適用できる。

第 5 節　問題行動の理解と指導

1　問題行動とは何か

　問題行動とは「教育上指導を要すると見られる行動」（井上・矢島，1995）のことであり，**内在的問題**（internalized problems）と**外在的問題**（externalized problems）の 2 つに分けて考えられることが多い。内在的問題とは，非社会的行動ともよばれ，自分自身に危害が及ぶような問題のことである。具体的には不安や抑うつといった気分障害や摂食障害，自殺念慮などといったものが含まれる。また日本の文脈では，この概念を広くとり，**不登校やひきこもり**といったものを含める場合も多い。

　一方，外在的問題とは，反社会的行動ともよばれ，他者に危害が及ぶような問題のことである。具体的には非行やケンカ，性的逸脱，車やバイクの暴走行為，いじめなどが含まれる。この節では，内在的・外在的問題それぞれ具体的な現象について取り上げ，それらの行動をどう理解し対応すればいいのかについてみていく。

2　不　登　校

不登校の現状　　文部科学省（2019e）の定義によれば，不登校とは「年度間に連続又は継続して 30 日以上

コラム③ 望ましい性教育とは？

　青少年の性行動に関する調査によれば，大学生と高校生のデート経験，キス経験，性交経験はいずれも 2005 年をピークに減少傾向にある（日本性教育協会，2018）。この結果をみせて，大学生に意見を聞いたところ，「学校での性教育のおかげで，無分別な性交や望まない妊娠が少なくなったのは喜ばしいことだ」「昔のように女らしさ・男らしさにとらわれなくなったから，無理に恋愛をしなくてもよくなった」「恋愛に関心を示す若者が減ったようにみえるのは LGBTQ が増えたからではないか」などのポジティブな意見も述べられたが，「人と深い関係になるのは面倒だし，傷つくのが怖い」「いまの若者は受験や就職が大変だから恋愛する余裕がない」「過去の恋愛の記録がずっとネット上に残ってしまうから，迂闊に恋愛できない」など，恋愛や性行動を実行に移すことがいかに困難かを表す意見が多くみられた。

　大学生，高校生とは違い，中学生ではデート経験率が増加しており，性交経験率も男女ともに 4〜5％で長期的には上昇傾向にある。また，交際経験のある 10 代女性の 44％がデート DV の被害経験があるという報告（認定 NPO 法人エンパワメントかながわ，2017）や高校の養護教諭の 80％以上がデート DV 被害の相談を受けているという調査結果もみられる（下村ほか，2017）。多くの若者が恋愛や性に対して慎重，あるいは臆病になっている一方，性教育の網から漏れていたり，健全で幸せな恋愛関係とは何かを理解できていない若者もかなり多いと考えられる。

　若者に降りかかるリスクを少しでも減らすためには，早期に正しい知識や情報を与えること，たとえば望まない妊娠への砦となるアフターピルや性感染症などについても具体的に伝えることが重要である。と同時に対等な人間関係や適切なコミュニケーションのとり方，健全な恋愛についても，座学だけではなく，みんなで話しあいともに考えていくことが必要である。恋愛や性は本来，危険な避けるべきものではなく，ハッピーで楽しいものであるはずなのだから。

欠席した児童生徒であり，病気や経済的な理由を除き，何らかの心理的，情緒的，身体的，あるいは社会的要因・背景により，児童生徒が登校しないあるいはしたくともできない状況にある者」のことである。2018年度の不登校者数は，中学生で15万6006人，高校生で5万6090人で，在籍者に対する割合でいうと中学校が3.6％，高校生が1.6％である。つまり，中学校では約28人に1人，高校生では約63人に1人という計算になり，中学校では，およそ1クラスに1人の割合で不登校の生徒がいることになる。

不登校への対応　　不登校になる原因に関しては，いじめや学業不振，教師とのトラブルなどさまざまなものが考えられ，具体的な対応も個々の事例によって異なる。しかし，どんな事例に関しても考慮すべきことは，不登校になる原因と不登校を続ける原因を分けて考えるということである（加藤，2001）。というのも，多くの場合，不登校の**発生要因**と**継続要因**が異なるからである。たとえば，いじめがきっかけで始まった不登校でも，長期欠席をすることで，「いまさら学校に行っても授業についていけない」といった学習上の要因や，「いまさら学校に行っても居場所がない」といった対人関係上の要因が新たに生じることで，さらに登校が困難になるといったようにである。したがって，不登校の生徒と関わる際は，単に不登校になった原因に対してのみの指導ではなく，不登校を続けた時点による新たな課題に対しても配慮し，支援していく必要がある。

　なお不登校については，近年その支援のとらえ方をめぐり大きな転換があった。具体的には2017年に文部科学省から次のような通知が出された。

　「学校に登校する」という結果のみを目標にするのではなく，児童生徒が自らの進路を主体的に捉えて，社会的に自立することを

目指す必要があること。また，児童生徒によっては，不登校の時期が休養や自分を見つめ直す等の積極的な意味を持つことがある一方で，学業の遅れや進路選択上の不利益や社会的自立へのリスクが存在することに留意すること。　　　　　　（文部科学省，2016b）

つまり，不登校とは一方的に正すべき問題ではなく，そこにある生徒にとっての意味を重視し，自立や成長といったより広い観点からとらえる必要があるということである。したがって，これまで不登校は指導し，改善すべき対象，すなわち問題行動としてとらえられがちであった。しかし今後は不登校を「問題行動と判断してはなら」ず（文部科学省，2016b），生徒およびその人生をより深く理解し，考えるきっかけとしてとらえる必要がある。加えて不登校の場合は，不登校の生徒のみに問題をみるのではなく，体罰や暴言といった教員の問題，いじめといったほかの生徒の問題，そして合理性を欠いた規則の強制など環境側の問題としてとらえる視点も忘れてはならない。

3　非　　行

非行の現状　　非行少年とは，犯罪少年，触法少年，ぐ犯少年の3つに大別される。犯罪少年とは，14歳以上20歳未満で法律に触れるような行為をした少年のことをいう。触法少年とは，14歳未満でこれらの行為をした少年のことをいう。ぐ犯少年とは，20歳未満で法律に触れる行為をするおそれのある少年のことをいう。それでは非行の現状はどのようになっているかというと，図6-3に示すように，近年は2004年をピークに減少に転じ，現在はかつてないほど低い水準となっている。またマスコミなどでは「少年非行の凶悪化」がしばしば叫ばれるが，殺人などの凶悪犯罪についても同様であり，非行が凶悪化しているといったような事実はない。たとえば，2017年度の少年非行の罪名別構成比をみると，万引きに代表される窃盗

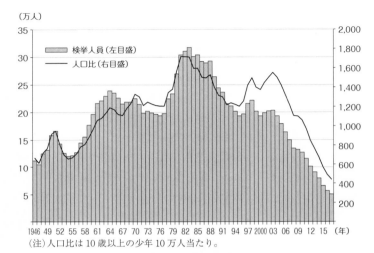

（注）人口比は 10 歳以上の少年 10 万人当たり。

図 6-3　少年非行の推移（法務省法務総合研究所，2018）

（59.9％）と自転車盗に代表される横領（10.7％）が全体の約 7 割
を占める（法務省法務総合研究所，2018）。したがって現在の少年非
行を特徴づけるのは，凶悪な犯罪というよりも，どちらかという
と**軽犯罪**である。

　非行への対応　　ほかの問題同様，非行は家庭環境や交友関係，
　　　　　　　　　　学業不振，性格や障害などさまざまな要因が
関連して生じている場合が多い。そのため，その生徒の背景をよ
く理解したうえでの対応が必要となる。たとえば，第 1 節でみ
たように近年，教育現場で注目されている考え方として，**ゼロ・
トレランス**という生徒指導法がある。この指導法は，いわゆる
「毅然とした対応」に代表される指導法で，軽微な違反行為を放
置すれば，より重大な違反行為に発展するという理念のもと，違
反行為に対する罰則を明確にし，それを厳格に適用することで規
律維持をめざすものである。

　しかし，このように個々の生徒の背景を考慮せず，違反行為に

対して一律に指導を加えるやり方は，さらに生徒の非行を深化させるリスクもある。たとえば，服装違反がみられた場合，帰宅を促す指導などは，中学校などでしばしばとられる指導法である。しかし，この場合，家庭環境が整っていれば，自宅に帰り，服装違反を正し，再登校できる可能性は高いだろうが，家庭環境が劣悪である場合，学校から帰宅を促された生徒は，自宅に戻らず，他校の不良生徒や学校外の反社会的な勢力との接触を深めたりする場合もある。つまり，徹底した指導が，生徒の家庭の状況によっては悪影響を与える可能性があるということである。

さらに近年の研究から非行を抑止する要因として注目されているのは，向社会的な友人の存在である（岡邊，2013）。つまり，友人に非行を起こさない者が多いことが，非行を止める要因になり，逆に友人に非行少年が多いと非行が促進されるということである。このように考えるなら，向社会的な友人と接触できる場，すなわち学校に，少年をどれだけとどめておくことができるかが非行への対応にとって重要な鍵になることがわかる。したがって，ゼロ・トレランスという指導法は，学校の規律維持という面においては有効かもしれないが，非行を起こした少年の更生という面においては否定的な側面もあることは理解しておく必要があるだろう。

4 学校の荒れ

学校が荒れる仕組み

反社会的行動がさらに問題となるのは，それが個人にとどまらず，集団へと波及する場合である。いわゆる「学校の荒れ」といわれる事態であり，そのなかにあっては教師の指導が通らなくなるだけでなく，指導すればするほど状況が悪化する。そして，ひどい場合には，授業妨害や教師への反抗が常態化し学校の通常の活動が成立しなくなる。

それではなぜ問題行動が個人にとどまらず，学校といった集団

までもが荒れてしまうのだろうか。実は，いわゆる荒れた学校である困難校と通常校を比較すると，問題行動を起こす生徒（以下，問題生徒）に違いはないが，問題行動をしない生徒（以下，一般生徒）に違いがあることがわかっている。具体的には，荒れている学校の一般生徒には，学校生活を否定的にとらえる一方で，問題生徒を肯定的にとらえる雰囲気があることが指摘されている（加藤，2007）。つまり，大人や教師の視点からみると不適応行動ととらえられる問題行動も，生徒の視点からとらえるなら，荒れている学校においては，周囲の期待に応えるという意味で適応的な行動になってしまっている可能性が高いということである。

　それではなぜ荒れている学校の問題行動をしない生徒には，このような雰囲気が形成されてしまうのだろうか。加藤（2007）は，こうした雰囲気を反学校的な生徒文化とよび，その形成には，**指導のダブルスタンダード化**が関係していることを指摘している。指導のダブルスタンダード化とは典型的には以下のような指導のことである。「文化祭や体育祭のような学校行事を思い浮かべて下さい。みなさんは1カ月前から放課後残って準備をしていましたが，A君はさぼって来ませんでした。ところが，行事の当日，A君は，はりきって行事に取り組みました。すると，それを先生がみてA君だけをほめました」。つまり，問題児Aと周囲の生徒が同じことをしても，A君だけがほめられたり，周囲の生徒だけがしかられたりするような指導の基準が異なる事態である。実際，困難校と通常校を比較すると，困難校において，よりこうした指導がとられる頻度が高く，またそうした指導がとられた場合，一般生徒の教師への不満感が高まることがわかっている。

　以上のことをふまえると，学校が荒れる仕組みとして，次のような悪循環が働いていることが推測される。すなわち，「学校が荒れる→指導がダブルスタンダード化する→一般生徒の教師への不満感が高まる→反学校的な生徒文化が形成され，さらに荒れる

……」というような悪循環である。

学校の荒れへの対応　このように考えるなら，学校の荒れといった集団的な問題に対しては，問題生徒にどう関わるかというよりも，一般生徒たちの不満感へどう対処するかが鍵になる。たとえば，加藤・大久保（2009）は，学校の荒れが収束する過程で，教師たちが自らの指導が，一般生徒に対してどのような意味をもつかを問うようになること，つまり，指導が当該生徒に対してもつ直接的な効果だけでなく，周囲の生徒にとってどのような意味をもつのかといった間接的な効果を考慮することが重要であると明らかにしている。

　また筆者が関わった別の事例では，学校が荒れる状況のなかで，一般生徒の不満感に対応すべく，昼休みや放課後などを使って個別面談を何度も行うことで荒れの収束をはかった学校もあった。ここでめざされているのも，一般生徒の不満をまずきちんと聞き出すこと，そして，そのなかで対応できることを優先して実行することで，教師と一般生徒との関係の改善をはかることであった。具体的な方法はほかにも考えられるだろうが，学校が荒れたときこそ，そのような状況のなかでまじめに授業や行事に参加している生徒に注目するという点は多くの実践に共通している。

5　いじめ

いじめの現状　いじめは，2013 年にいじめ防止対策推進法が施行され，「児童生徒に対して，当該児童生徒が在籍する学校に在籍している等当該児童生徒と一定の人的関係にある他の児童生徒が行う心理的又は物理的な影響を与える行為（インターネットを通じて行われるものを含む。）であって，当該行為の対象となった児童生徒が心身の苦痛を感じているもの」と定義されている（文部科学省，2013b）。

　それではこのようないじめの現状はどうなっているだろうか。

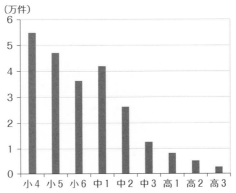

図 6 - 4　学年別の教師によるいじめの認知件数（文部科学省，2018f）

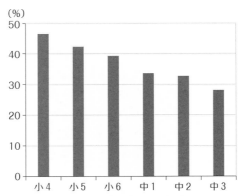

図 6 - 5　児童生徒のいじめ被害の自己報告（加藤ほか，2016）

図 6 - 4 は教師が把握することができたいじめの学年別認知件数である。学年が上がるにつれて認知件数が減少する傾向にある一方で，小 6 から中 1 にかけては上昇する傾向がみられる。これを指して「中 1 ギャップ」といわれることがある。しかし，調査対象を教師ではなく児童生徒にした場合，中 1 ギャップはみられなくなる（国立教育政策研究所生徒指導・進路指導研究センター，2014）。たとえば，加藤ら（2016）は，児童生徒 4 万 1043 人を対象にい

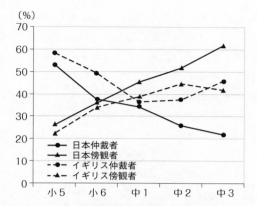

図6-6　仲裁者と傍観者の出現率の推移（森田，2010）

じめ被害の調査を行った結果，過去3カ月に1度でも被害経験が
ある者の割合は図6-5のようになった。また教師の認知率と生
徒による報告を比較したところ，中学生では全体の31.5％が被
害を申告しているのに対し，調査が実施された同じ年度の公式統
計による教師の認知率は1.5％と大きな開きがあった（加藤ら，
2016）。さらに同調査において被害を教師に報告した者の割合は
全体の4.8％であった。したがって，教師が把握できるいじめと
その実態には大きな乖離があること，さらに生徒が申告したにも
かかわらず，教師がいじめと認知しないような事例もあることが
うかがわれる。

いじめへの対応　　　森田（2010）がいじめの四層構造として指
摘しているように，いじめは**加害者**，**被害**
者のみならず，それをはやし立てる**観衆**および見て見ぬふりをす
る**傍観者**によって構成され，その深刻さの程度も変わってくる。
日本のいじめの特徴は，図6-6に示したように，学年を追うご
とに仲裁者が減り，傍観者が増えるという点にある。つまり，放
っておいた場合，生徒同士で解決するという見込みが諸外国に比

第
6
章

生
徒
指
導

べ低いということある。したがって，教師をはじめとする大人が
なんらかの介入をする必要があると考えられる。

　それではどのような介入策が考えられるだろうか。たとえば，
傍観者に働きかける方法としては，現在学校現場では，いじめに
関するアンケートを行ったりしている。つまり，傍観者の人たち
が，少しでもいじめの発覚・解決に向け，行動がとれるようにと
の配慮から，アンケートを行っているのである。また加藤
(2011) は，いじめの加害者が教師との関係が悪いことに注目し，
教師が加害者に関わる機会を増やすことで，そもそも加害者がい
じめに加担する時間を物理的に減らす必要性を提案している。つ
まり，教師のほうから話しかけたり，関わる回数を増やすことで，
加害者との関係を改善しつつ，彼らの行動をうまくコントロール
するということである。いずれにしても，いじめは時に自殺につ
ながる深刻な問題であり，教師が積極的に関わっていくべき教育
上の課題である。

第 6 節　キャリア教育

1　キャリア教育とは

　すでにキャリア教育については第 3 章 2 節，第 5 章 3 節でも
ふれた。ここではキャリア教育により育まれる能力，実践例，キ
ャリア教育の課題などについてより具体的に述べていく。

　近年の学校教育においては，「一人一人の社会的・職業的自立
に向け，必要な基盤となる能力や態度を育てることを通して，キ
ャリア発達を促す教育」として「キャリア教育」が推進されてい
る（文部科学省，2011c)。

　キャリア教育の必要性が高まった背景としては，就職・就業を
めぐる環境の変化，若者の勤労観，就労観や職業人としての資

質・能力をめぐる課題，社会的環境の変化に伴う生活意識の変容などが考えられる。また，社会が大きく変化する時代においては，特定の専門的な知識・技能の修得とともに，多様な職業に対応しうる，社会的・職業的自立に向けて必要な基盤となる能力の育成も重要である。

　このような情況のなかで文部科学省（2011c）は，キャリア教育を通して身につけるべき能力として，①人間関係形成・社会形成能力，②自己理解・自己管理能力，③課題適応能力，④キャリア・プランニング能力からなる「基礎的・汎用的能力」を提示している。

人間関係形成・社会形成能力

多様な他者の考えや立場を理解し，相手の意見を聴いて自分の考えを正確に伝えることができるとともに，自分のおかれている状況を受け止め，役割を果たしつつ他者と協力・協働して社会に参画し，今後の社会を積極的に形成することができる力である。この能力は，社会との関わりのなかで生活し，仕事をしていくうえで基礎となる能力である。具体的な要素としては，たとえば，他者の個性を理解する力，他者に働きかける力，コミュニケーション・スキル，チームワーク，リーダーシップなどがあげられる。

自己理解・自己管理能力

自分が「できること」「意義を感じること」「したいこと」について，社会との相互関係を保ちつつ，今後の自分自身の可能性を含めた肯定的な理解にもとづき主体的に行動すると同時に，自らの思考や感情を律し，かつ，今後の成長のために進んで学ぼうとする力である。この能力は，子どもや若者の自信や自己肯定観の低さが指摘されるなか，「やればできる」と考えて行動できる力である。具体的な要素としては，たとえば，自己の役割の理解，前向きに考える力，自己の動機づけ，忍耐力，ストレスマネジメン

ト，主体的行動などがあげられる。

課題対応能力　　　　仕事をするうえでのさまざまな課題を発見・
　　　　　　　　　　　　分析し，適切な計画を立ててその課題を処理
し，解決することができる力である。

　この能力は，自らが行うべきことに意欲的に取り組むうえで必
要なものである。具体的な要素としては，情報の理解・選択・処
理など，本質の理解，原因の追究，課題発見，計画立案，実行力，
評価・改善などがあげられる。

キャリア・プランニング能力　　　「働くこと」の意義を理解し，
　　　　　　　　　　　　　　　　　自らが果たすべきさまざまな
立場や役割との関連をふまえて「働くこと」を位置づけ，多様な
生き方に関するさまざまな情報を適切に取捨選択・活用しながら，
自ら主体的に判断してキャリアを形成していく力である。この能
力は，社会人・職業人として生活していくために生涯にわたって
必要となる能力である。具体的な要素としては，たとえば，学ぶ
こと・働くことの意義や役割の理解，多様性の理解，将来設計，
選択，行動と改善などがあげられる。

2　キャリア教育の実践例

　近年，学校現場ではさまざまな形でキャリア教育の視点が取り
入れられて効果をあげつつある。そのなかには，これまで行って
きた教育活動を，キャリア教育の目標を達成するために再構成す
るものもあれば，新たな行事を起こすことでこれまでの進路指導
をより充実させていくものもある。

　たとえば，**表6-4**に示したように，岐阜県総合教育センター
の中学生向けのキャリア教育についての資料にあげられている実
践例においては，福祉体験についての総合的学習の授業が，キャ
リア教育を通して身につけるべき能力と関連づけて示されている。

　また，キャリア教育においては，インターンやボランティアな

表6-4　福祉体験を通した中学校でのキャリア教育の実践事例集

（岐阜県総合教育センター「キャリア教育」；https://www.gifu-net.ed.jp/ggec/career_edu/；2019 年 7 月時点アクセス）

過程	学習活動と内容	指導上の配慮事項と評価 ○配慮事項　◎キャリア教育の視点 ☆評価
導入	○福祉体験の様子の写真からそれぞれが話してきたことを理解する。 1　課題を確認する。	○事前に，「目標をもって生きること」「相手の立場に立って行動すること」について，アンケート調査を行い，本時の導入時に提示する。
	【課題】福祉体験から学んだことを交流し，自分の生き方を見つめ直し，これからの生活に生かすことを考えよう。	
展開	2　意見発表を行う。 ・体験グループ別に体験から学んだことや感じたことについて意見発表を行う。 〈老人ホームとの交流グループ〉 ・高齢者に優しい関わり方について探求する。 〈独居老人との交流グループ〉 ・人の生きがいについて探求する。 〈介護施設交流グループ〉 ・介護のあり方とその方法について探求する。 〈障がい者施設交流グループ〉 ・障がいに応じた関わり方について探求する。 3　質疑応答をする。 ・発表内容について自分の体験と関わらせて，質疑応答および意見交流を行う。 4　振り返りを記述する。 ・お世話になった施設の方や高齢者からの手紙を聞いて，自分のよさや今後の課題，日常活動に生かしたいことについて振り返りを記述する。 5　グループ（生活班）で交流する。 ・互いの振り返りを交流し，コメントし合う。	○互いが学んだことや考えたことを交流することで，今後の自分の生活や生き方を見直し，新たな目標を考えるための交流であることを確認する。 ◎「働くことの意義」や「人の役に立つことの難しさや喜び」などに分類して整理し，理解が深まるようにする。 （キャリアプランニング能力） ○必要に応じてメモをとるなど，仲間の気付きに学ぶことができるよう，適時的に助言する。 ◎「人との関わり」という視点で福祉体験中の自分の姿を振り返り，自分自身のよさや改善点を見いだすとともに，交流を通して互いのよさを学びあい，さらに高まろうとする意欲がもてるようにする。 （自己理解・自己管理能力）
まとめ	6　学習のまとめをする。 ・話し合いの評価と，教師の話を聞く。 （発表や意見の交流等を踏まえて，自分の生き方について深く考えている生徒の様子を価値づける）	○相手の立場に立って行動した事実や，話しあいの姿，発言内容を価値づけ，よりよく生きようとする意欲がもてるようにする。 ☆自分のよさや仲間のよさを認めあい，今後の日常活動や自らの生き方への姿に生かそうとする意欲を高めている。

どの**体験活動**も重視されており，社会奉仕体験活動のほかに自然体験活動などにも力が入れられるようになっている。体験活動による学習は，一般に教室のなかや教科書などから既存の知識として学習するのではなく，感性として知識を獲得することである。体験を通じて知識や技術を獲得することは，言語によって獲得される知識とは水準が異なるものであり，これまで獲得していた知識を「生きる力」として再構成することに役立つと考えられる。

3　キャリア・カウンセリング

　キャリア教育をより個別に，生徒1人ひとりのキャリア発達を促す視点に立って行っていく支援として，キャリア・カウンセリングがある。

　キャリア・カウンセリングは，「子どもたち一人一人の生き方や進路，教科・科目などの選択に関する悩みや迷いなどを受け止め，自己の可能性や適性についての自覚を深めさせたり，適切な情報を提供したりしながら，子どもたちが自らの意志と責任で進路を選択することができるようにするための，個別またはグループ別に行う指導援助である」（文部科学省，2004a）とされている。そのため傾聴の姿勢を重視する治療的カウンセリングとは異なり，より積極的に生徒の資質を開発していくような働きかけが重要となる。

4　キャリア教育の課題

　このように文部科学省の推進する「キャリア教育」においては，児童や若者たちに早い段階で働くことへの動機づけを高めるように促している。しかし，そもそもキャリア教育を推進する出発点にあったニートやフリーターの問題とは，構造的な不況によって不安定雇用を容認する政策の舵が切られたことに起因するものであり，個人の動機づけを高めるだけでは解決しようのないもので

ある。

　キャリア教育を通して身につけるべき能力は，労働者として適
応していくための能力ではあるが，このような能力が重視される
ようになった背景には本田（2005）のいう「ハイパー・メリトク
ラシー」化した社会状況があげられる。従来の社会においては，
学校で教育される標準化された知識を身につけることが社会に適
応するうえで合理的であったが，消費社会化が進行し，必要とさ
れる知識が目まぐるしく変わる状況下では，コミュニケーション
能力や人生をプランニングする能力と，それを再調整する能力が
必要になってくるのである。

　しかし，これらの能力は社会に適応していくうえでは必要な能
力かもしれないが，実際には，ハイパー・メリトクラシーの要求
する能力を学校教育で育成することは難しく，不適応を起こす若
者たちが出てくることも必至である。先行きのみえない経済状況
下で，いまの若者たちの誰もが「乗り遅れる不安」を抱えて生き
ている。キャリア教育が結果的にこの不安を煽ることになり，表
面的な社会適応を促す手段にならないように注意する必要がある
だろう。現在必要とされるのは，若者が新たな社会を創造してい
くような「生き方」や「働き方」に希望を見出せるように導く教
育である。

　このような状況のなかで，社会の側が働く者たちの生活の質と
権利を保障していく必要性についての認識が深まりつつある。
2009 年に国際労働機関（ILO）総会において提案された「ディー
セント・ワーク（decent work）」という目標がそれである。ディ
ーセント・ワークとは，「働きがいのある人間らしい仕事」を意
味している。

　このディーセント・ワークの目標を達成するためには，人間の
尊厳と健康を損なうものでなく，人間らしい生活を持続的に営め
るような労働条件を実現することが必要である。具体的には，

（１日当たり１週当たりの）適正な労働時間，賃金，休日の日数，労働の内容，などが求められる。さらに，このような労働条件の実現のために，労働者の権利が十分に保護されていることも必要である。

第 7 節 　障害のある子どもへの生徒指導

　生徒指導は，学校がその教育目標を達成するための重要な機能の１つであり，子どもの人格の形成をはかるうえで，大きな役割を担っている。この節では，障害のある子どもたちは，どのような場で教育を受けているのか，またどのような支援システムがあるのかを概観し，**発達障害**のある子どもたちの進路支援について述べることにする。

1　障害のある子どもの教育の場と支援システム

障害のある子の学びの場　　これまで日本では，障害のある子どもに「特殊教育」，障害のない子どもに「普通教育」の２本立ての構造をもつ教育が行われてきた。場が分離された教育制度といえよう。「特殊教育」では，対象を，盲者，聾者，肢体不自由者，知的障害者，病弱者（身体虚弱を含む）とした。これらの障害のある子どもの教育機関は，盲学校・聾学校，養護学校，小・中学校の特殊学級などである。盲学校，聾学校，養護学校（知的障害，肢体不自由，病弱）には障害の重い子どもを，小・中学校に設置される特殊学級（弱視，難聴，知的障害，肢体不自由，病弱・身体虚弱，言語障害，情緒障害）および通級指導教室（弱視，難聴，言語障害，情緒障害）では軽度の子どもを教育するというのが，特殊教育の基本姿勢であったといえる。

　学校教育法の一部改正が行われ，2007 年 4 月 1 日から**特別支援教育**という新制度が施行された。これは従来の「特殊教育」か

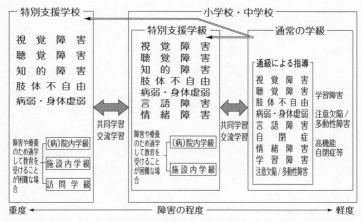

図6-7　**特別支援教育の学びの場**（文部科学省，2007b をもとに作成）

ら発展させ，障害の種類や程度に応じた特別な場で指導を行って
きたものから，通常学級に在籍する学習障害（LD），自閉症スペ
クトラム障害（ASD），注意欠如／多動性障害（AD／HD）などの
障害に対応するために，障害のある子ども1人ひとりの教育的ニ
ーズを把握し，適切な指導や必要な支援（通級による指導）を行お
うとするものである。教育機関として，**特別支援学校**（盲，聾，養
護学校を合わせて），**特別支援学級**（固定式），**通級指導教室**（通常学
級に在籍し，言語障害，自閉症スペクトラム障害〔ASD〕，情緒障害，
弱視，難聴，学習障害〔LD〕，注意欠如／多動性障害〔AD／HD〕，肢体
不自由，病弱・身体虚弱の障害にもとづく種々の困難を改善するための
「特別の指導〈『自立活動』および『各教科の補充指導』〉」を週1〜3時
間程度，また必要に応じて週8時間以内で「特別の指導の場〈通級指導
教室〉」で行う教育の形態）に加えて，幼稚園，小学校，中学校，
高等学校または中等教育学校が対象とされた。

　「特別支援教育」を支えるシステム　　　「特別支援教育」を推進
　　　　　　　　　　　　　　　　　　　　するために，以下のよう

なシステムが構築された（宮崎，2004）。

(1) **個別の教育支援計画**

　障害のある児童生徒を生涯にわたって支援する観点から，1人ひとりのニーズを把握して，教育・福祉・医療・労働などの関係諸機関が連携し，適切かつ効果的に教育的支援を行うために，教育上の指導や支援を内容とする「**個別の教育支援計画**」の策定，実施，評価が重要であるとしている。障害のある子に対し，学校機関においては，「**個別の指導計画**」が作成されているが，これは，障害のある子どもの状態像に応じ，的確な指導支援の提供が実現できるよう，学校における教育課程などをふまえ，目標，指導・支援内容，評価の観点などを含んだ計画で，子ども1人ひとりの障害の状態や発達段階などの的確な把捉にもとづいて，目標や指導・支援内容，評価の観点を明確にすることが求められ，それらの役割を果たすこととされている。2004年に文部科学省から出された，小・中学校におけるLD，AD／HD，高機能自閉症の子どもの教育に関するガイドラインでは，これらの子どもたちに対しても必要に応じて個別の指導計画を作成することを求めている。

(2) **特別支援教育コーディネーター**

　学校内の関係者や福祉・医療などの関係機関との連絡調整および保護者に対する学校の窓口として，校内における特別支援教育に関するコーディネーター的な役割を担う者として位置づけられる。専任とは，主たる職務として**特別支援教育コーディネーター**の役割を担うことができるよう，学校において一定の配慮（学級・教科担任をもたないなど）がなされている者を指す。

(3) **広域特別支援連携協議会**

　地域における総合的な教育的支援のために有効な教育・福祉・医療・労働などの関係諸機関の連携協力を確保するための仕組みで，都道府県行政レベルで部局横断型の組織を設け，各地域の連

携協力体制を支援していくために設置される。

(4) 校内委員会

学校内で，学習や行動などで気になる児童生徒がどのくらいいるのか，個々の児童生徒が学習や行動のどこにつまずいているのか，医師の診断によりなんらかの障害が確認されているのか，そのような児童生徒にどのように指導・支援を行っていけばよいか，校外の専門家チームや巡回相談，さらには，そのほかの専門機関や専門家に支援を求める必要があるのかどうかなどを明らかにする委員会である。メンバーは，校長，教頭（副校長），主幹教諭，特別支援教育コーディネーター，教育相談担当者，養護教諭などから構成される。

(5) 専門家チーム

幼稚園，幼保連携型認定こども園，小学校，中学校，高等学校などに対して発達障害などか否かの判断，望ましい教育的対応などについての専門的意見を示すことを目的として，教育委員会などに設置された，教育委員会関係者，教員，心理学の専門家，医師などの専門的知識を有する者から構成する組織。現在では，すべての都道府県・政令指定都市に設置され，そのほか市町村でも独自に設置している。

「特別支援教育」にはさまざまな課題や改善点がある。現在世界各国で進められている「インクルーシブ教育」（「障害がある・ない」などの2分法での分離型学習ではなく，違いをふまえたうえで，個々の教育的ニーズに対応して，統合型の環境で両者の教育を進めていこうとするもの）への橋渡し的な役割を果たすものか否かは，現段階においても必ずしも明確とはなっていない。しかし，国際社会の歩みと合わせて日本は2007年9月に「障害者権利条約」に署名，2014年1月に批准した（第**2**章4節参照）。また，2015年国連で採択された国際目標「**持続可能な開発目標**（SDGs）**のための2030アジェンダ**」の進展とも相まって，日本の特別支援教育

の内容も大きく変化する可能性があるといえよう。

2　発達障害のある生徒の進学支援

　中学生や高校生は，「疾風怒濤：荒れ狂う荒波のなかに漂うさま」のなかで，青年期に向けての劇的な変化が出現する時期である。この中学校および高校6年間の思春期のすごし方（さまざまな問題とどう向きあうかという過程）が，青年期やそれ以降の生き方に影響を与えることになる。発達障害のある生徒にもそうでない生徒にとっても，この時期は人生にとって重要である。

　成長に向けての心身の変化（第二次性徴など）により，気持ちの不安定さや，大人への不信感が生じたり，他人と比較することで自分という存在を意識したりして，特別扱いをされることを嫌がるようになる時期でもある。発達障害のある生徒にとって中学時代においては，高校受験が目前に迫ることで，学習・教科での遅れが顕著になり，小学校ではなんとか乗り超えることができた子も，中学校で学習の積み重ねがなされていない教科でつまずき，ついていけなくなる。努力がたりないことがわかっていても，「どうせやってもできない自分」を強く意識し，大人からほめられるよりも叱られることが増えることで，自尊感情が低下し，自己否定的な感情が強くなることが多くなる。さらに高校時代においては，社会に出る大きな節目となり，大学や専門学校などへの進学や就職への選択を余儀なくされることになる。将来への不安と期待や，自分らしさを表現したいという欲求と同時に，周りに合わせようとする意識も強く表れる。しかし，この思春期に「自分を理解しようとする」ことは，自己認識を深め，自分の生き方を考え，次の青年期へ向かうための「自立」への力を蓄える重要な営みとなるであろう（月森，2010）。中学校，高校への進学・進路について以下で述べることにする。

中　学　校　2000 年に 410 万 3717 人だった中学生徒数が，2017 年には，333 万 3334 人と 77 万人も減少している（文部科学省，2017b）。最新データは報告されていないが，2009 年度の文部科学省の抽出調査によれば，発達障害のある中学 3 年生の割合は約 2.9％で，そのうち約 75.7％が高等学校に進学している（文部科学省，2009a）。また，愛知県の中学校特別支援学級卒業生 730 人の約 9 割は進学しており，その内訳は特別支援学校が 550 人，高等学校が全日制，定時制・通信制を合わせて 117 人となっている（愛知県教育委員会，2011）。

　小学校から中学校への進路選択は，通常は地域の公立中学校へ進むが，市区町村によっては，公立中学校でも学校選択制が導入されている小学校では通常学級で学んでいた子どもが，中学校から通級指導教室を利用し，特別支援学級に進むこともできる。公立の中学校に進む場合，通常学級にするか，通常学級に在籍して通級指導教室を利用するか，特別支援学級に進むか，選択肢は 3 つある。支援が充実している学校を選ぶことが大切で，中学校でも特別支援教育が実施されているが，学校によって支援態勢に差があるのが実情である。

高 等 学 校　小中学校における「特別支援教育」は，不十分とはいえ全国的に整備が進められてきている。一方，高校では進学率が約 98.8％となり（文部科学省，2018g），東京都の 2017 年度公立中学卒業者の高校進学率は過去最高 98.47％（東京都教育委員会，2017）であった。また，ここ数年間で高校における「特別支援教育」は急激に進んでおり，高校で「通級による指導」がようやく開始された。なお，2018 年度から高等学校および中等教育学校後期課程においても，通級による指導が実施されている。高校に在籍する発達障害のある生徒は，推計（文部科学省，2011b）で生徒全体の 2.2％程度で，全日制課程が 1.8％，定時制課程 14.1％，通信制課程が 15.7％となってお

り，多くが定時制と通信制の高校に進学していると考えられる。しかし，発達障害のある生徒が，高校受験を突破し3年間の高校生活をすごし卒業していくことになるが，さまざまな事情で退学や転学をする生徒は少なくないのが現状である。

　文部科学省では，「特別支援の推進に関する調査研究協力者会議　高等学校ワーキンググループ」が高校での特別支援教育推進が遅れていることに対し，障害の特性に応じた指導方法の工夫や，支援員の配置，高校入試における配慮などを求めた報告書をまとめている（文部科学省，2011b）。

　現在，発達障害のある生徒を受け入れている高校では，多様な名称や形態が出現している。東京都のエンカレッジスクール，定時制高校のチャレンジスクールが開設され（東京都教育委員会，2018），通学が困難な生徒へのトライネットスクールも設置された（友野，2007）。また，埼玉県の「トライネットスクール」，大阪府や神奈川県のクリエイティブスクールなど，民間でも**広域通信制高校**（サポート校）は全国で展開されている。さらに，実務に役立つ知識や技術を学ぶ「**高等専修学校**」があり，卒業すれば，大学進学や就職に必要な高校卒業と同等の資格を得ることができる。

第**7**章 教師として生きる

教育実習，教員採用試験，非常勤講師，臨時教職員，教員数，教員免許状，子どもの実態把握，学校における働き方改革，主任教諭，教員育成指標，改正教育職員免許法，教員免許更新制，研究授業，授業研究，公開授業，学習指導案，反省会（授業研究協議会），同僚性，学びの共同体，教員研修制度，初任者研修，大学院修学休業制度，教職大学院制度，日本民間教育研究団体連絡会，学校づくり，学校管理への生徒参加・親参加，学校の自治，参加，自治，子どもの権利条約，意見表明権，子どもの自治，保護者の参加

第**1**節 教師になるための学び

1 大学で何を学ぶか

大学で学ぶのは，何よりも学問である。学問とは，誰か偉い人のいったことを鵜呑みにするのではなく，自分の頭でものごとの本質を考えることである。「なぜか」「どうしたらいいのか」といった問いを発し，それに対して答えることである。

学問を学んで自分の頭で考えることのできる人間になるのは，子どもに対しても自分の頭で考える人間になってほしいからである。しかも，そのことは，思考力をつけるといった抽象的な目的のためではない。教える内容に即して具体的に必要になるものである。ここでは，授業づくりを例にあげて説明しておこう。

たとえば，ある子どもは「2＋3＝？」という問題に対して，どうしても「2つの帽子と3つのチョコレート」を考えてしまって，それから先に進めないでいた。その子どもにとっては，それはいつまでも「2つの帽子と3つのチョコレート」のままであり，た

すことのできるようなものではなかった。これは「誤ったこだわり」にすぎないのであろうか。そうではない。「数とは何か」「加法とは何か」ということの本質的な問いが含まれているからである。佐伯（2004）は，この問いに次のように答えた。

> 算数の演算というのは，モノを数に写像（mapping）した世界のことなのだ。簡単に言えば，2つの帽子と3つのチョコレートを（たとえば何かのゲームの景品として）袋に入れておきたい。さあ，袋はいくつ用意したらいいかな，といった課題状況で問題になる問題なのだ。　　　　　　　　　　　　　　（佐伯，2004，82頁）

ここでは「袋に入れる」としているのがアイデアである。帽子とチョコレートという異質なものの数を袋という同じものの数に対応させている。これは数の本質を知らないとわからないものである。

つまり，授業は，教師のなかに「正しい答え」があって，それを子どもに移し替えるというものではない。子どもがその都度，教師との協同のなかで創造し，発見するものである。そうした授業をつくるためには，一見，「誤り」とみえるような子どもの発言のなかにも大切な問いがあることを見抜き，授業の展開に使うことができなければならない。そのためには，教科の本質がわかっていなければならないのである。

2　教育現場から学ぶ

大学では**教育実習**が必修である。実習は，第1に，それまでの児童生徒の立場から教師の立場への移行のためにある。第2に，教育の現場に接し，大学で学ぶための課題意識をもつためである。第3に，将来，教師になるかどうかの判断をするための経験をもつ場でもある。

教員養成系の大学では，1年生から積み上げ方式で教育実習を進めている。1年生を学校に連れて行くと，学生から「子どもは

素直」といった感想が多く聞かれる。ほかに「叱るのが難しい」という感想も目立つ。ある学生は次のように書いた。

　　私は生徒と仲良くすることを考え，遊び相手になったり，話し相手になったり，時には冗談も交えながら生徒たちに接した。しかし，今回の私と生徒との関係は，先生と生徒というよりは，お兄ちゃん的なものになってしまった。だから今回の反省として，生徒との線の引き方をどのようにすればいいか今後考えていこうと思う。そして，近すぎず遠すぎない自分の考える理想の距離を探してみようと思う。
　　　　　　　　　　　　　　　　　　　　　　　　　　　（1年男子）

　このように学校という場面で子どもと接することで，教師の立場といういままでにない視点でものごとを考え始め，自分なりの課題意識をもつのである。

　子どもと接する機会は，ボランティア活動，塾講師や家庭教師といった場にもある。たとえば，ある学生は大学1年から4年まで塾の講師をしてきた。その体験は大学生活の宝であり，本気で教師をめざすきっかけとなった大切なできごとが含まれているという（植村，2008）。

　1人の女子中学生が先頭に立って（塾の）クラス全体が騒がしくなったときのことである。声を荒げて制止したり，授業をおもしろくしたり，いろいろ試みたが，どうにもうまくいかなかった。彼女の学習の遅れを取り戻すために個別指導していたとき，「先生，私この塾やめたろかぁ？　先生，私がいるせいでしんどいやろ？　私のこと嫌いやろ」といってきた。学生は，自分のつらさを見抜かれたことにはっとするだけではなく，自分が鬼のような表情をしていたのではないか，と考える。次の週から，個別指導を口実に彼女の話をたくさん聴いた。そのなかで，彼女は自分の学校生活や家庭での悩みやつらさを聴いてもらい理解してくれる人が必要だったことがわかる。その頃から，彼女は塾では一生懸命勉強するようにもなったという。

このように，子どもとの関わりを通して，教師のすばらしさを発見したり，自分に向いているかどうかを見極めたりすることができる。しかし，教育実習ではそれだけにとどまらず，教師がどのように子どもをみたり，関わったりしているのかを観察したり，尋ねてみたりしてほしい。さらには，教師たちが現場で抱える問題をどのように解決しようとしているのかも知ってほしい。学校現場に問題があるなら，諦める人になるのではなく，解決する人になってほしいからである。

　実践力そのものは教師として現場に出てから本格的に身につけるものである。学生時代は，実習体験から得た課題意識を大学に持ち帰り，大学での学びを充実させることに使いたい。

3　共同の力を身につける

　あまり注目されないが，教師になるのに大切な力量として集団を組織する力がある。そこで，教師になろうとする人は，ボランティア活動でもよいが，他人の指示をこなすようなものではなく，クラブ・サークル活動や自治的活動（新歓行事・大学祭・自治会・生協など）など，自分たちが責任をもって企画・運営していく経験を積んでほしい。そして，その経験について，他の組織や団体と交流し，互いに学びあうものになるとさらによいだろう。

　大学での学びでも，共同で学ぶ経験をふんだんに入れてほしい。互いの価値観や考え方の違いを共有して，さらに高い認識にたどりつくような経験をたくさん積んでおいてほしいのである。ある学生は「なぜグループ学習があるのか，わからない。1人でやったほうがいい。課題が出されてもやってこない人がいる。うまく進まない」といっていた。教師は集団の学びを組織していく立場にある。学生時代に共同の学びの大切さを知っておいてほしい。

　そもそも大学は「学びの共同体」（アカデミック・ラーニング・コミュニティ）である。学生と教員が共同で学びを生み出している

だけでなく，職員も関わっている。たとえば，図書館を通して，あるいはウェブを通して，さらにはさまざまな事務や施設を通して，学生の学びは支えられている。学生は単なるサービスの受け手（消費者）ではなく，大学の自治を成り立たせている構成員なのである。こうした立場から大学の運営に関与することも求められるのではないだろうか。さまざまな機会を通して，意見を述べたり，企画を提案したり，活動に参加したりしてほしい。

4　教員採用試験に取り組む

　教師になるには，**教員採用試験**を受けて合格しなければならない。不安と希望がまじる日々である。このようななか，大学の就職支援の窓口を訪れ，支援をしてくれる職員と出会ったり，同じ志をもつ仲間と出会ったりしていくことは心強いことである。

　ある学生は最初は教師か公務員か迷っていたが，面接試験の練習をするなかで，自分は本当に教師になりたいのだ，と自覚したという。練習では「なぜ教師になりたいのか」と，いつも問われたという。「子どもに伝えたいことがある」と答えると，「子どもにどんなことを伝えたいのか」と，面接者役の人からつっこまれる。「知ることは楽しい，協力することは楽しいことだ，と教えたい」というと，「漠然としている」という厳しい指摘が返ってくる。こうしたなかで，自分のしたいことがはっきりしたという。

　彼女は，もし教員採用試験に受からなかったら非常勤講師になるといっていた。**非常勤講師は臨時教職員**とよばれる。学生の意識では，正式採用になるための一時的なものととらえられているのではないかと思うが，仕事の内容は一人前が要求される。しかも，多くの臨時教職員が教育の現場を担っているのが実態である。教員総数に占める割合は，中学校で 11.6%，高等学校で 22.9% にものぼる（山口，2005）。この数字は，一定数の教員がもっと必要であるのに正規採用せずにすませている実態を明らかにしてい

る。それだけ非常勤講師が現場を支えているのである。しかし，待遇は不十分である。厳しいなかでも，1人で悩み苦しむのではなく，相談できる人をみつけてほしい。

　ところで，教師になる前に，教職大学院で学ぶという道もある。教職大学院は，学部の学びを基礎に，理論と実践の往還をめざすものである。現職派遣教員と交流できたり，教員採用試験で一次試験が免除されることもある。

　なお，教師の長時間労働の実態を知って，教師の夢を諦めてしまう人もいるかもしれない。しかし，子どもと教育の未来のために，そうした労働実態を変える努力をしている教師も少なくないし，それを応援する保護者もいることを知ってほしい。

第2節　教師の悩みと成長

1　教師の悩みとは

　文部科学省（2018e）の統計によれば，現在日本の**教員数**（幼・認定園・小・中・義務教育・高・中等教育・特別支援）は，約118万人である。国民の総人口約1億2615万人（総務省統計局，2019）中の約0.9％を占める，比率の低い専門職といえる。また，女性教員の占める割合が戦後は高くなり，現在，幼稚園：約94％，幼保連携型認定こども園：約95％，小学校：約62％，中学校：約43％，義務教育学校：54％，高等学校：32％，中等教育学校：35％，特別支援学校：約61％となっており，女性教師は学校社会の中心を担う特徴をもっている。だが，管理職での女性の比率は，幼稚園や認定こども園を除くと，18％程度である（文部科学省，2018e）。一方で教師の仕事は，「教育が教師と子どもたちでつくる一回性のドラマという性質をもつため，自明のようであって，実は非常に捉えにくいもの」という特徴をもつとされる（大西，

2010)。

　教師になるためには，大きな関門が２つある。１つは**教員免許状の取得**（通常免許状のほか，特別免許状がある）であり，もう１つは教員採用試験（以下教採試験）に合格することである。教採試験は，試験実施機関（都道府県・政令指定都市などの教育委員会）や試験対象者（都道府県の現職教員・非常勤教員など）によってやや異なるが，基本的に１次試験と２次試験で行われることが多い。１次試験で学科試験（教職教養，専門教養，論文など），２次試験で実技（音楽，美術，保健体育，英語など）・面接（個人，集団）・小論文・模擬授業などが行われる。２次試験で多く行われる面接では，小集団で特定のテーマについて討議したり，個別に「教員志望の動機」「教員になった際にしたいこと」「保護者への対応について」などの質問がなされたりしている。

　教採試験に合格し，新任教師がはじめて子どもたちの前に立つのは，１学期始業式の場であろう。緊張した面持ちで校長先生から紹介され，挨拶をする場面からスタートする。そして担当学級に配属され教壇に立つとき，大きな緊張と期待で胸一杯になる。子どもたちもまた，期待と不安が入り交じった気持ちで授業に臨むことになる。授業や学校生活をともにすごすことで，教師も子どもたちも打ち解けて１つの学級がつくられていく。他学級・他学年の子どもたち，同僚の教師，管理職，事務職，給食・用務の職員の方々，そして保護者たちとの関わりが広がり，仕事内容もしだいに重責があるものを分担するようになっていく。

　初任者研修を終えた２年めに入ると，学校内外での仕事量が増え，その質も高い水準が求められるようになる。授業づくりでは，**子どもの実態把握**（子どもをとりまく環境，学習・生活，興味や関心，強いところや弱いところなど），保護者（本人）の希望，学校や学年・学級の目標をもとに，具体的な学習指導計画が立案されていく。先輩たちが作成してきた学習指導計画を下敷きにして，子ど

もたちのことを思い浮かべながら新たに指導案やそれに応じた教材を作成することが多くなる。また，うまくいかなかった授業を振り返り，授業改善をする時間が増えてくる。当然のことであるが，時間外勤務数が増加することになる。よく「教師の仕事は忙しい」といわれるが，第1章3節で述べたように，デスクワーク的な事務負担が大きくなり，まさに「忙しさ」を実感し，また，わからないことも意識するようになるのである。

　小学校，中学校，高等学校の教師に対し「悩みについて」の10年間にわたるデータをベネッセ教育総合研究所（2016）が発表している（表7-1）。「小・中学校教員はともに，『教材準備の時間が十分にとれない』『作成しなければならない事務書類が多い』など日々の忙しさに関する悩みが上位にあがっており，この傾向は2010年から変わっていない」ことがわかる。一方，高校教員は，「『教育行政が学校現場の状況を把握していない』がもっとも高く，次いで，『生徒の学習意欲が低い』『義務教育段階の学習内容が定着していない生徒が多い』が続いて」いる。高校教師の悩みと，小・中教師の悩みの違いが明確となっている。

2　悩みの解決と成長に向けて

　これらの悩みを，教師はどのように解消しているのだろうか。熊木（2009）の調査では，経験1，2年めは，①先輩の先生に相談する（92.1％），②管理職に相談する（63.2％），③本や資料で勉強する（57.9％），④若手教員同士で話しあう（47.4％），④信頼している人に相談する（47.4％）。経験3年以上でも順位はほぼ同様で，①先輩の先生に相談する（92.2％），②管理職に相談する（75.0％），③本や資料で勉強する（57.8％），④信頼している人に相談する（46.9％），⑤若手教員同士で話しあう（42.2％）となっている。調査対象校が単学級のため，同学年担当の同僚に相談できないことで，管理職，家族，他校の先生に相談する様子がうかがえるが，

表7−1　教員の悩み（経年比較）小中高教員

単位：「とてもそう思う」「まあそう思う」の%

			小 学 校	中 学 校	高 等 学 校
指導に関して	特別な支援が必要な児童生徒への対応が困難	2010	75.3	76	
		2016	④68	④72.3	64.9
	児童生徒間の学力差が大きくて授業困難	2010	65.5	71	63.9
		2016	⑤67.7	⑤71.1	
	児童生徒間の学習意欲が低い	2010	50.5	73.2	80.7
		2016	43.7	62.5	②73
	年間の授業時数が足りない	2010	51.5	41.4	44.3
		2016	40	38.1	43.8
	子どもたち・生徒が何を考えているか不明	2010	19.9	32.7	40.9
		2016	13.1	20.6	33.9
	義務教育段階の学習内容が不定着な生徒が多い	2010			79.3
		2016			③72.9
仕事量・時間等	教材準備の時間が十分に取れない	2010	91.3	81.3	65.1
		2016	①90.5	①83.3	70.2
	作成すべき事務書類が多い	2010	84.2	76.9	⑤72
		2016	②84.9	②76	④71.7
	教育行政が学校現場状況を把握していない	2010	76.9	72	①78.7
		2016	③78.2	③74.8	76.8
	校務分掌の仕事が負担	2010	63.3	55.2	52
		2016	62.2	59.1	53
	同僚・先輩に気軽に相談しづらい	2010			
		2016	12	14.6	14.8
	部活動指導が負担	2010		61.2	48.9
		2016		63.6	51.9

（ベネッセ教育総合研究所，2016をもとに作成）

①自分のやっている指導に自信がもてなかったり，方向性に不安をもったりすること，②相談する機会がないこと，③単学級のため校務分掌や学年の仕事の負担が大きい，という課題があることを示している。

一方，文部科学省（2013a）は，「教員のメンタルヘルス対策について」の最終まとめで，教職員メンタルヘルスの休職者現状について以下のような点を指摘した。

　①精神疾患による教員の病気休職者数は 2011 年度に 5300 名で，依然として高水準にある。②在職者に占める割合は約 0.6％となり，2001 年と比較して 10 年間で約 2 倍に増加。③年代別では 40・50 歳代以上が多く，学校種別では特別支援学校と中学校が多い。④条件付き採用期間における病気を理由とした依願退職者の約 9 割が精神疾患を理由に離職。⑤精神疾患による休職教員の約半数は所属校配置後 2 年以内に休職。⑥復職支援施策の重要性。しかし，同年 12 月の文部科学省発表では，「精神性疾患による病気休職者数は 4960 名と微減し，2008 年以来初めて 5000 人台を割り，精神性疾患による休職者数は右肩上がりの増加傾向から高止まり・微減傾向に移行」としたが，依然として高水準にあるのが実状である。

　溝口（2014）は病院職員として教職員のメンタルヘルスの相談業務に携わり，経験年数による違いを明らかにしている。①「新規採用教員では，公私にわたる環境変化，重なる『初めて』のこと，授業準備や研修での多忙，私的な時間のとりにくさ，教職に対する理想と現実のギャップ，不慣れゆえの焦り，職場の対人関係の悩み，児童生徒や保護者との関係への戸惑い等々」がある。②「中堅では，初めての異動による地域や学校の違い，主任や長など業務内容の質・量・責任の増加といった職務関連の悩みに，家庭の問題（子育て関係，教育費やローン）が加わる場合が多くなって」きている。③「ベテランでは，教育行政だけでなく生徒や保護者の変化，PC 業務の増加，教員の世代交代に伴う人間関係の変化（相談相手の減少など）や今後について（早期退職や退職後について）に加え，高齢の親の介護問題」もあるとされる。

　休職が増加する背景は，仕事の多忙さに加え，子どもや保護者

をとりまく環境の変化など指摘されているが，2017・18 年改定学習指導要領実施に伴い，「ブラック化」する教員の働き方に対応する国や地方の動きも始まっている。

教員の働き方に関しては，2019 年 1 月の中央教育審議会「新しい時代の教育に向けた持続可能な学校指導・運営体制の構築のための**学校における働き方改革**に関する総合的な方策について」（答申），同月「公立学校教師の勤務時間の上限に関するガイドライン」（文部科学省，2019d）によって大きな動きがみられる。教員勤務実態調査（2016 年度）で，小・中学校教師の勤務時間は，10 年前の調査と比較しても増加しており，主な要因は，①若手教師の増加，②総授業時間数の増加，③中学校における部活動指導時間の増加があることが判明した。

施策として，①勤務時間の管理の徹底と勤務時間・健康管理を意識して推進，②学校および教師が担う業務の明確化・適正化，③学校の組織運営体制のあり方，④教師の勤務のあり方をふまえた勤務時間制度の改革，⑤学校における働き方改革の実現に向けた環境整備，⑥学校における働き方の確実な実施のための仕組みの確立とフォローアップなどが計画されている。今後の状況をさらに注意深くみていくことが求められる。

また 2007 年の学校教育法改正で，2 つの学校組織改革が提起された。第 1 は，副校長，主幹教諭，指導教諭という新たな職階をつくり，「中間管理職」的な職制を「置くことができる」としたことである。第 2 は，学校評価の実施である。従来は，「個々の教員が責任をもって専門性を活用して自律的に同僚と『民主的な学校運営』を行う」ことが前提とされていたが（福島，2010），意思決定のシステムが十分機能していない（全員参加の職員会議で決定しないとものごとが動かない）こと，教職員間に横並び意識が存在していることが問題点として指摘された（東京都，2001）。この制度下では，校長のリーダーシップのもと，学校組織運営・指

導体制が確立され効率的・合理的な学校運営となることもあるだろうが，「上意下達（上位の者の意思や命令を下位の者に徹底させること），上命下服（支配には服従する）といった管理体制」の場合，教職員相互の協力で教育活動に取り組むことを困難にすることもあるという点にも注目する必要がある。なお，東京都は2009年度，都内の公立小中学校（都立高校，特別支援学校を含む）に**主任教諭**制度を導入し，教諭の上に主任教諭（給与待遇改善）をおき，その上に主幹，副校長，校長，統括校長と6段階の「職階」制を構築した。

　こうした新たな職階と公的研修がセットとなった制度（各都道府県での**教員育成指標**）に対しては，これからの教育を担い，今後成長していく教師の豊かなキャリア形成に柔軟性を失わせる危惧を感じざるをえない。

　そこで異なった観点から，教師としての成長をはかる研修制度活用が考えられる。学校教育の質向上のために各都道府県では，長期・短期の派遣研修を実施してきている。文部科学省（2009b）は，「修士課程を積極的に活用した現職教員の再教育の必要性」のなかで，現職教員が修士課程で学ぶ意義として，多様なニーズに応える研修内容の確保，さまざまな教育課題の解決への寄与，実践と理論の統合の促進などに加え，教職生活をリフレッシュする効果があるとして以下の記述をしている。「現職教員が一定期間学校を離れるなどして，学究的な雰囲気の中で主体的に学修を進めることにより，自らの教員生活を見つめ直すいわばリフレッシュの機会が得られれば，そのことは将来の実践的指導力向上の大きな契機となり得るものである」という指摘は，働き方改革の観点としても重要であり，学校内の一定数が，交替で活用していくべきことだといえる。

1　研究授業・校内研修——力量形成・専門性の育成に向けて

　ベテラン教師（団塊世代を中心とした層）が大量退職した現在では，これまで中心的な役割を担った層から若手教師へとシフトしている。しかし，中堅教員の層が薄くなり，同僚としての先輩から若手教師たちが学ぶ機会が減る事態となっている（図7-1）。

　また，2007年6月の**改正教育職員免許法**の成立により，2009年4月1日から**教員免許更新制**が導入された。教員免許更新制の導入により，①目的：その時々で教員として必要な最新の知識技能を身につけること，②2009年4月1日以降に授与された教員免許状に10年間の有効期間が付されること，③2年間で30時間以上の免許状更新講習（文部科学大臣の認定を受けて大学などが開設する，最新の知識技能の修得を目的とする講習）の受講・修了が必要となること，④2009年3月31日以前に免許状を取得した者にも更新制の基本的な枠組みを適用すること，になった。

　教師自らの力量を形成し向上するためには，先輩教師の指導を受けながら，「自らの教育実践を振り返ること」で学んだり，「他者の実践」から学ぶこと，また研修などから学んだりすることが不可欠である。日本では，明治時代から蓄積されてきた財産である**研究授業**，**授業研究**というツールがある。最近ではこの「研究授業」（lesson study）が世界から注目されている（秋田・ルイス，2008；野村・城戸，2011）。

　研究授業は，教職員の資質向上のために，幼稚園・小学校・中学校・高等学校などで，多数の関係者に公開する授業のことであるが，校内の教師が参加する小規模のものや，全国から参加した教師を交えた大規模のものがある。教育関係者（教師，教育委員会，

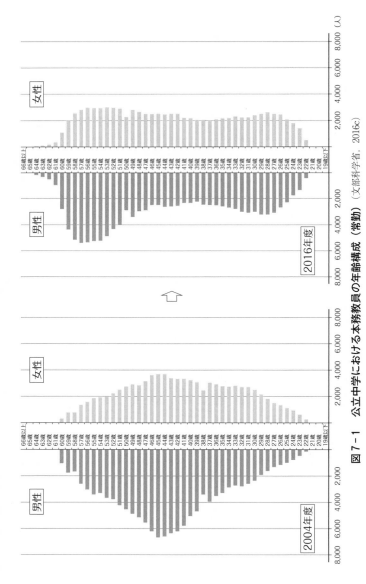

図 7 - 1 公立中学における本務教員の年齢構成（常勤）（文部科学省，2016c）

2016年度

女性

男性

2004年度

女性

男性

大学など）への公開が主であるが，保護者や地域の方などに公開する場合，**公開授業**（授業公開）の名称を用いることが多い。授業者は，**学習指導案**（研究授業の内容：タイトル・日時・授業著名・単元名・単元について・児童／生徒の実態・本時の展開など）を準備して参観者に配布する。また，ビデオカメラで授業の様子を記録し，反省会のときに表示している。教師は，研究授業をすることが決まると，研究発表までにかなりの精力を注ぎ，教材研究も含めて時間をかけた準備（事前授業を行って，子どもの反応や教材のできばえを確かめる）をする。一般に多くの学校で，年間3回ほどの研究授業を設定して校内研修を行っている。また，文部科学省や都道府県，区市町村などの研究指定校に選ばれた場合は，研究授業の回数を増やして行う場合もある。この研究授業を積み重ね経験していくことで，普段の授業よりも多くのことを教師は学んでいく。

2　教師の成長を加速化させる同僚性と学びの共同体

研究授業は，授業を公開するだけにとどまらない。授業終了後，授業をみた参加者を含めた**反省会**（授業研究協議会）とセットとなった校内研修会を行うことになっている。一般的な場合，授業者の反省，参観者からの感想や意見，助言者からのコメント，校長などからのコメントの流れで行われるが，短時間の場合は，校内関係者のみの発言となることがある。この運営の考え方や方法によっては，授業者（特に初任・新任者）は励まされたり，失意感を抱いたりするのである。たしかに感想・意見や助言者からのコメントは，労いの言葉をもらい，気づかなかった点や新たな工夫点を知るよい機会ではあるが，的外れであったり，表現によっては批判を直に感じて，心に傷を負ったりする望ましからぬ機会ともなりうる。佐藤（2009）は，「教師の教え方」を観察と批評の中心とするのではなく，「子どもの学びの事実」（どこで学びが成

立し，どこで学びがつまずいたのか）を観察と批評の中心におくことを主張し，教師の研修を専門家としての学びの場へと転換することを提起し，以下のように指摘している。

　どこの学校でも実施されている授業研究協議会の記録を読むと，教師たちの授業の観察と批評がいかに「評価」する見方にとらわれているかがわかる。ほとんどの学校の授業研究協議会における発言は，観察した授業の中の「よかったところ」と「まずかったところ」の指摘に終始しており，授業者に対する観察者の側からの「助言」という枠組みを一歩も抜け出していない。実際，一般の授業研究協議会での発言の８割以上は「教材」と「指導技術」について述べられており，子ども１人ひとりの学びの事実について述べた発言は１割程度でしかない。このような授業研究協議会は，やればやるほど教師の同僚性を破壊し，教師の専門家としての学びを貧しくしてしまう。　　　　　　（佐藤，2009，187頁）

そして佐藤は教師たちが専門家として育ち連帯しあうためには，**同僚性**（collegidity）の構築が重要である，として，同僚性を築く以下の３原則をあげている。

　①話し合いの対象を「どう教えるべきだったのか」におくのではなく，「子どもがどこで学んでいたのか，どこでつまずいていたのか」の事実におく。②話し合いにおいて参観者は「授業者への助言」ではなく，その授業を観察して自らが「学んだこと」を述べ，その多様性を交流して学び合う。③話し合いにおいて参加者は最低一言発言すべきであり，声の大きい人や指導的な人に支配されない民主的な討議を実現すべきである。（佐藤，2006，282-283頁）

以上のような原則にもとづいて，実践を積み重ねている学校では，若手や中堅層の教師たちが積極的に「授業研究」に参加するようになり，自らの力量を高めている教師が増えている。筆者が関わっていた南米チリの一部の地域においても，個人批判をするのではなくて教師たちが協同で積極的な意見を交換することで，授業研究を行った教師が授業を工夫改善して指導力を高める様子

をみて，これまで積極的に取り組めなかった教師たちが手をあげて参加し，保護者や子どもたちからも学びが高まったことが報告されている。

同僚性を基盤にもつこの取り組みは，持続的に取り組むことで，教師集団が互いに高めあう協同指導集団としての働きをもつことになる。先述したように，大量の先輩教師の退職で，少数のベテランと多数の若手という二極化構造が生じ始めている。しかし，この同僚性を基盤にした方法により，新たな教師集団として成長進化していくことが可能となろう。佐藤が提唱している**学びの共同体**をビジョンとした学校改革は，全国に広がりをみせている。この「学びの共同体」は，子どもだけが学び成長するのではなく，教師も学び，保護者や地域住民も学び成長する学校のことを指している。

さて，経験の少ない新任の教師にとって，先輩教師や実践者，研究者のコメントや討議を聞く機会は，校内だけで十分に可能であろうか。学校の教師には，教育公務員としての**教員研修制度**がある。

学校教育の成果は，その担い手である教員の資質能力に負うところが大きい。社会の変化に対応した学校教育を展開するとともにいじめ問題などの現下の教育課題を解決する上で，研修の改善充実を図り，教員の資質能力の向上を図ることが益々重要になっている。このため，各教員が教職の全期間を通じて必要な研修に参加する機会を確保することが必要であり，この観点から研修の体系的整備が図られているところである。　　（文部科学省，2002c）

なお，本章 2 節でも述べたように，教師の研修が官製研修での「教員育成指標」通りに進められることには大きな問題点がある。パッケージ化された内容を習得すること＝教師としてのキャリア・アップになり優れた教師になれるとは必ずしもいえない。教育課程での隠れたカリキュラム（意図されていない結果）は，そ

の一例である。

　現職教員の専門性向上のための制度（研修制度）として，**初任者研修**，教職経験者研修，中堅教員の研修，管理職研修，長期社会体験研修，**大学院修学休業制度**などが，①国レベル（独立行政法人教員研修センター），②都道府県・指定都市・中核市教育委員会レベル，③市町村教育委員会レベル，④学校レベル，⑤教員（団体・グループ，個人）レベル（勤務時間外または職務専念義務を免除されて自主的な研修を実施），で行われている。以上のような①〜③の官制機関による研修では，初任者研修などを除き，授業研究に参加する機会はきわめて少ない。④や⑤に示された，各学校（公開授業など）や下述する民間団体などによるものに授業研究を行うものが多い。

　なお，前述した教員免許更新講習は大学などにおいて講義形式で行われているところが大半だが，筑波大学（東京地区キャンパス）では附属学校10校を会場とし，公開授業の教育実践を中心とした多様な内容で行われている（筑波大学，2019）。

　無藤（2008）は，以下のように述べ，臨場感のある授業研究協議会に参加する意義を提唱している。

　　優れた助言ができる，また討議を活性化できる熟達の人たちはどんな点に注目し，どんな言葉遣いをするものか。私自身，優れた先達者・同輩・後輩と共に授業研究会に参加し，コメントを聞き合うことで実に多くのことを学んだ。あるいはまたその学校の教師同士が厳しく討議し批判も辞さないような学校もあり，そこに参観したことも得難い経験であった。　　（無藤，2008，211頁）

　上述された校内での「同僚性」にもとづく実践に加え，「学びの共同体」パイロット校である，神奈川県茅ヶ崎市立浜之郷小学校（毎年7月公開研究授業）や静岡県富士市立岳陽中学校など，また先進的な試みを行っている学校の公開授業をみる機会や，また民間の教育団体による研究会などに参加する機会を多くもち，自

らの教育実践を振り返りよりよい実践を探求していくことも重要な営みである。

　文部科学省は 2007 年に省令を変更し,「子どもたちの学ぶ意欲の低下や社会意識・自立心の低下,社会性の不足,いじめや不登校などの深刻な状況など学校教育の抱える課題の複雑・多様化する中で,こうした変化や諸課題に対応しうる高度な専門性と豊かな人間性・社会性を備えた力量ある教員が求められ」ているとして,「教員養成教育の改善・充実を図るべく,高度専門職業人養成としての教員養成に特化した専門職大学院としての枠組み,**教職大学院制度**」を創設した。2019 年現在,専門職大学院は,全国に 54 校が設置されている。

　なお,公的に設定された研修会だけではなく,民間諸団体が主催する研修会・集会・講座への参加も有効な情報源である。各教科・特別の教科道徳など,また特別支援学校教諭,養護教諭など専門別に分かれた研究会が実施されている。たとえば**日本民間教育研究団体連絡会**（民教連）に加盟している諸団体は,主に夏季休業中（7 月下旬〜8 月）に数日にわたって全国から参加者が学習している（本書サポートページも参照）。

第 **4** 節　学校づくりの課題

▮　1　子どもの参加と自治

　現代日本の**学校づくり**の課題を一言で述べると,**学校管理への生徒参加・親参加**と学校の**自治**の問題となる（北川,2000）。教育は,本質的に,教える者と学ぶ者の自発性と相互の信頼と敬愛,協力にもとづいて成立するからである。

　参加とは,社会の決定に対して意見をいうことができ,しかも意見が決定に反映されることをいう。**自治**とは,自分たちのこと

は自分たちで決めることができることをいう。**子どもの権利条約**は，日本も批准している国際条約であるが，その第 12 条「その子どもに影響を及ぼすすべての事項について自由に自己の意見を表明する権利」で，子どもの**意見表明権**が認められている。

　子どもの自治には歴史がある。たとえば，埼玉県立所沢高校では，高校生が「生徒会権利章典」（1990 年）をつくり，次のように宣言した。

> 1　学校は生徒と教職員によって構成されており，その構成員一人一人の個性は認められ一人一人の主張は尊重される。
> 2　生活向上のための自治的かつ民主的な活動の自由は保障される。
> 3　服装，頭髪を含む表現の自由は保障される。
> 4　思想の自由は保障される。
> （ドキュメント所沢高校「学校が楽しい」編集委員会，1998，44 頁）

　これは与えられたものではなく，生徒が自分たちでつくりだしたものである。

　この高校では，ながらく，生徒会が主催で卒業記念祭というものを行ってきた。ところが，1997 年，校長は，自分が立案する卒業式をすると，一方的に決定したのである。高等学校学習指導要領の改定に伴い「日の丸・君が代」を式に取り入れるためであった。生徒は慣例を破って生徒の意見も聞かずに決めたことに対して疑問をもった。理由を聞いても，校長は「学習指導要領に書いてある」というだけだった。そこには教育という視点はなかった。校長は，行事を決める権限は自分がもっており，生徒と話しあう必要もない，という立場だった。

　話しあいのなかで合意点をめざす生徒会と，その必要なしとする校長の間で，生徒会は解決に苦しむ。結局，生徒会は，混乱を避けるため，卒業式とずらして卒業記念祭をすることとし，出席は個人の自由であるとした。それができた秘密は何か。当時の生

徒は次のようにいう。

　意見が違うと，もうそれだけで聞く耳をもたないっていう人って多いと思うんだけど，所高では，あの人と私は違う意見だなと思ったうえで，私の意見を言える場所だったんです。それが所高の当たり前だった。たとえ少数の意見だとしてもつぶされないのが所高だった。
　（ドキュメント所沢高校「学校が楽しい」編集委員会，1998，6頁）

　このように個人の意思の自由を尊重することを生徒は大切にしてきた。生徒会は「日の丸・君が代」に関する決議文を発表したが，それは日の丸・君が代に反対しているからではなく，さまざまな意見があるなかで，その強要は個人の意思を無視するものだったからであった。
　ところで，所沢高校の生徒は自由をはき違えているのであろうか。権利ばかりを主張し，責任や義務を果たしていないのであろうか。そうではないことは，次の当時の生徒からの意見でもわかる。

　私は後夜祭の企画を担当していたんですけど，後夜祭は屋外にステージをつくってダンスをしたり花火をあげたりするんです。そうすると，学校の近所の家に迷惑がかかることになるから事前にお詫びの手紙を出すんですけど，それも生徒がやりました。
　（ドキュメント所沢高校「学校が楽しい」編集委員会，1998，10頁）

　生徒が責任をもって取り組んでいるのである。このように，生徒の自治とは，自分たちのことは自分たちで決め，決めたことは自分たちで守ることである。権利を育てることは責任を育てることなのである。
　また，自治を認めるとは，生徒にすべてを任せてしまうことではない。所沢高校の自治は次のような手続きで進められた。大切なことを決めるとき，まずロング・ホーム・ルームで議論し，そ

のあと生徒総会で決まったら，職員会議で話しあって最終的に決定する。もし職員会議が否決したら，生徒と教職員の代表で話しあって合意点を探るというものである。

子どもの参加と自治という原則は，教師の指導や責任をあいまいにするものではない。それどころか，真の教育とは何かということが教師につきつけられるものなのである。子どもにとっても同様である。子どもは，自分たちの生活や学習を真剣に考え，取り組まざるをえない。こうした過程が子どもに主権者としての力をつけさせていくことにつながる。

2　地域に根ざす学校づくり

親や地域住民の学校参加は，学校づくりのもう1つの柱である。しかし近年，それはある種の困難に直面しているようにもみえる。なぜなら，保護者による理不尽ともみえる要求やとげとげしい言葉が投げつけられ，学校や教師が疲弊する実態がマスコミでも注目されてきたからである。

無理難題をいってくるケースは，親が孤立している場合が多いといわれている（小野田，2011）。地域から孤立していたり，家族のなかでその親が孤立していたりして，子育てのつらさや焦りともあいまって，そのストレスの受け手を学校に求めているとも考えられるのである。学校が保護者のSOSを聞き届けて，適切なサポートをしていくことは，学校と地域との信頼関係をつくるのに役立つことがある。

保護者との信頼関係を築く学校の努力が実を結ぶためには，地域と学校との関係についての包括的な枠組みが必要となる。たとえば，学校が保護者と関わるだけではなく，保護者同士でもサポートをしあうことも必要である。理不尽なクレームも「あんたねえ，そんなこというもんじゃないよ」とか「何をバカなこといっているの」などということができれば解決する可能性が高い。

個々の保護者と学校がつながるだけではなく，保護者同士がつながって，そのなかで保護者と学校がつながることが必要なのである。

　具体的な取り組みとして，コミュニティ・スクールがある。これは，保護者や地域住民などから構成される学校運営協議会を設置した学校のことであるが，2000 年から提唱されてきた。それに先がけて，高知県は 1997 年から「開かれた学校づくり」という教育改革をしてきた。そのなかで，「学校共和制」というスローガンを打ち出し，生徒・保護者・教師の三者の合意で学校運営全般を進めていこうとする中学校づくり実践も現れた（小松，2003）。

　そこでは，次のような手続きで，生徒・**保護者の参加**が保障される。まず，生徒の要求や意見は各学級から出されたものを全校の検証により精選する。また，保護者の要求や意見は地区懇談会から出されたものを代表者会議で精選する。そして，教職員の要求や意見は両者の状況をみながら精選する。これらのものを持ち寄り，1 月下旬に可能な限り対等な立場で話しあい，合意に至った事項を次年度から実施する。

　出てきた要求の例をあげると，保護者から学校へは「補習の実施」という要求が出され，合意は「補習は無理強いせず希望者を対象に工夫する」だった。生徒から学校へは「英，数を 2 クラスに分けて授業」という要求が出され，合意は「可能な限り行う」だった。保護者から生徒へは「授業態度がよくないので改善すること」という要求が出され，合意は「改善するよう努力する」だった。学校から生徒へは「自分たちで決めた規則を自分たちで守る」という要求が出され，合意は「その方向で努力を続ける」だった。生徒と学校から保護者へは「町内美化活動への参加を」という要求が出され，合意は「今年以上によびかける」だった。

　このように，校則の見直しや「弁当の日」の実現といったこと

から協議が始まり，やがて互いに関心の高い「授業」も議論の対象となった。授業といえば1人ひとりの教師の専門性が発揮される場である。そのため，教師の不安や抵抗もあった。しかし，生徒の側からの個々の授業に対する具体的要望は教師がしっかり受け止めるだけでなく，逆に生徒に対しても教師が要望をつきつけてよいことがわかってきた。ある高校の取り組みでは，40歳代の教師から次のような感想があがったという。

> 生徒と教師のこんな語らいもあるのか。大げさかもしれないが至福の時間だった。授業の悩みや不満を生徒・教師それぞれが個人的なレベルにとどめず，公の場で議論できたことは有意義であった。
> (野村，2006，157頁)

このことは，生徒の意識も変えた。「学ばされる学校」から「ともに学び取ろうとすることに充実感を感じる学校」へと変わったという。

保護者の参加は，保護者にとっての意味だけではなく，学校にとっても意味があった。学校がすべてを引き受けていくのではなく，学校（児童生徒と教職員），家庭，地域がそれぞれ自覚と責任をもって当たる姿が確立されたからである。三者が支えあい，学びあい，育ちあうことがめざされるのである。

学校は地域に開かれたものであり，地域に根ざすものである。地域の未来を担う人間を育てることは，子どもが希望をもつことのできる地域をつくることでもある。学校づくりのねらいもここにある。

引用・参考文献

愛知県教育委員会　2011　「未来の扉を開こう──中学生から高校生へ　知って安心サポート」

赤木和重　2017a　『アメリカの教室に入ってみた──貧困地区の公立学校から超インクルーシブ教育まで』ひとなる書房

赤木和重　2017b　「発達・学習の障害と支援」子安増生・明和政子編『教職教養講座　第9巻　発達と学習』協同出版

秋田喜代美・ルイス，C. 編　2008　『授業の研究 教師の学習──レッスンスタディへのいざない』明石書店

朝日新聞　2018a　「『男は』『女は』思い込み気づける？──運転手は夫，保育士は妻？『無意識の偏見』学ぶ」2018年5月27日記事

朝日新聞　2018b　「男らしさ 女らしさ とは──子どもの行動 科学で見ると…」2018年3月8日記事

朝日新聞　2018c　「『女が大学なんて』言わせない」2018年10月10日記事

荒木紀幸編　1988　『道徳教育はこうすればおもしろい──コールバーグ理論とその実践』北大路書房

荒木紀幸　2010　「道徳性発達研究会が開発したモラルジレンマ資料」『道徳性発達研究』5，1-19.

石川晋　2016　『学校でしなやかに生きるということ』フェミックス

石田恒好　1992　『個性を生かす新通信簿──通信簿の改善と生かし方』図書文化社

板倉聖宣　1977　『仮説実験授業のABC──楽しい授業への招待』仮説社

伊藤亜矢子　2016　「学級風土のアセスメント」日本学校心理学会編『学校心理学ハンドブック──「チーム」学校の充実をめざして』［第2版］教育出版.

伊藤亜矢子・宇佐美慧　2017　「新版中学生用学級風土尺度（Classroom Climate Inventory; CCI）の作成」『教育心理学研究』65，91-105.

伊東毅　2019　「中学校用道徳教科書の特質──これまでの副読本との比較を通して」藤田昌士・奥平康照監修『道徳教育の批判と創造──社会転換期を拓く』エイデル出版社

伊藤大幸・浜田恵・村山恭朗・高柳伸哉・野村和代・明翫光宜・辻井正次　2017　「クラスサイズと学業成績および情緒的・行動的問題の因果関係──自然実験デザインとマルチレベルモデルによる検証」『教育心理学研究』65，451-465.

稲垣佳世子・波多野誼余夫　1989　『人はいかに学ぶか──日常的認知の世界』中央公論社

犬塚文雄　2002　「生徒指導の機能統合に関する一試論──『臨床生徒指導』の視

　　点から」『生徒指導学研究』1，11.

犬山市教育委員会編　2003　『犬山発　21世紀日本の教育改革』黎明書房

犬山市教育委員会編　2007　『全国学力テスト，参加しません。』明石書店

井上雅彦　2008　『家庭で無理なく楽しくできる生活・学習課題46──自閉症の子
　　どものためのABA（応用行動分析）基本プログラム』学習研究社

井上實・矢島正見編　1995　『生活問題の社会学』学文社

いのちリスペクト。ホワイトリボン・キャンペーン　2014　「LGBTの学校生活に
　　関する実態調査（2013）結果報告書」

岩本俊郎　2016　「近代の教育思想と教育学」岩本俊郎・浪本勝年編『現代日本の
　　教育を考える──理念と現実』［第3版］北樹出版

ヴィゴツキー，L. S.／柴田義松訳　1962　『思考と言語』［上・下］明治図書

上野千鶴子編　2005　『脱アイデンティティ』勁草書房

植村一敏　2008　「本気で教師を目指すきっかけとなった大切な出来事」『季刊　ひ
　　ろば』156，30-32.

宇佐美寛　2005a　『「価値葛藤」は迷信である──「道徳」授業改革論』明治図書
　　出版

宇佐美寛　2005b　『「道徳」授業をどう変えるか』明治図書出版

海野輝雄　2006　「詩人とのメールで自分の思いを紡ぐ」太田英樹・青年期教育プ
　　ロジェクト編『特別支援教育時代の青年期教育──生徒たちとつくる青春と授
　　業』群青社

浦野東洋一・勝野正章・中田康彦編　2007　『開かれた学校づくりと学校評価』学
　　事出版

大谷和大・岡田涼・中谷素之・伊藤崇達　2016　「学級における社会的目標構造と
　　学習動機づけの関連──友人との相互学習を媒介したモデルの検討」『教育心
　　理学研究』64，477-491.

大津悦夫　2012a　「学校評価と教員評価」心理科学研究会編『中学・高校教師にな
　　るための教育心理学』［第3版］有斐閣

大津悦夫　2012b　「教育評価とは」心理科学研究会編『中学・高校教師になるため
　　の教育心理学』［第3版］有斐閣

大西彩子・黒川雅幸・吉田俊和　2009　「児童・生徒の教師認知がいじめの加害傾
　　向に及ぼす影響──学級の集団規範およびいじめに対する罪悪感に着目して」
　　『教育心理学研究』57，324-335.

大西公恵　2010　「教師という職業」久冨善之・長谷川裕・山﨑鎮親編『図説教育
　　の論点』旬報社

岡田涼・大谷和大　2017　「児童における社会的目標構造の認知と協同的な学習活
　　動──動機づけを介する過程の検討」『パーソナリティ研究』25，248-251.

岡邊健　2013　『現代日本の少年非行──その発生様態と関連要因に関する実証的

　研究』現代人文社

小栗正幸　2010　『発達障害児の思春期と２次障害予防のシナリオ』ぎょうせい

苧阪満里子　2002　『脳のメモ帳　ワーキングメモリ』新曜社

尾崎勝・西君子　1984　『カウンセリング・マインド——子どもの可能性をひき出す教師の基本姿勢』教育出版

尾崎米厚　2018　「飲酒や喫煙などの実態調査と生活習慣病予防のための減酒の効果的な介入方法の開発に関する研究　平成29年度総括・分担研究報告書」

小沢牧子　2002　『「心の専門家」はいらない』洋泉社

小沢牧子　2008　『「心の時代」と教育』青土社

小野田正利　2011　「モンスターのような親は増えたのか——親の怒りと訴えの背後にあるもの」大久保智生・牧郁子編『実践をふりかえるための教育心理学——教育心理にまつわる言説を疑う』ナカニシヤ出版

加藤弘通　2001　「不登校・ひきこもり」矢島正見編『生活問題の社会学』［新版］学文社

加藤弘通　2007　『問題行動と学校の荒れ』ナカニシヤ出版

加藤弘通　2011　「ネットいじめと生徒指導」『現代のエスプリ』526, 118-126.

加藤弘通・大久保智生　2009　「学校の荒れの収束過程と生徒指導の変化——二者関係から三者関係に基づく指導へ」『教育心理学研究』57, 466-477.

加藤弘通・太田正義・水野君平　2016　「いじめ被害の実態と教師への援助要請——通常学級と特別支援学級の双方に注目して」『子ども発達臨床研究』8, 1-12.

加藤幸雄　1990　「朝日新聞社説に見る戦後日本の非行問題」『日本福祉大学研究紀要』83, 73-104.

金子泰之　2012　「問題行動抑止機能と向学校的行動促進機能としての中学校における生徒指導——一般生徒と問題生徒の比較による検討」『教育心理学研究』60, 70-81.

金田利子　2003　『育てられている時代に育てることを学ぶ』新読書社

金綱知征　2009　「友人集団形成傾向といじめ特性との関連についての日英比較研究」『甲子園大学紀要』37, 161-171.

苅谷剛彦・安藤理・内田良・清水睦美・藤田武志・堀健志・松田洋介・山田哲也　2006　『教育改革を評価する——犬山市教育委員会の挑戦』岩波ブックレットNo. 685, 岩波書店

苅谷剛彦・志水宏吉・清水睦美・諸田裕子　2002　『調査報告「学力低下」の実態』岩波ブックレットNo. 578, 岩波書店

川地亜弥子　2007　「『9歳の壁』と教育の役割」日本応用心理学会編『応用心理学事典』丸善

河村茂雄編　2010　『日本の学級集団と学級経営——集団の教育力を生かす学校シ

　ステムの原理と展望』図書文化社

北川邦一　2000　『現代日本の学校改革——子ども・父母参加と部活・5日制・教
　　育課程の改善』清風堂書店出版部

教育課程審議会　1987　「幼稚園，小学校，中学校及び高等学校の教育課程の基準
　　の改善について（答申）」

草海由香里　2014　「公立小・中学校教師の休職・退職意識に影響を及ぼす諸要因
　　の検討」『パーソナリティ研究』23, 67-79.

楠見孝・村瀬公胤・武田明典　2016　「小学校高学年・中学生の批判的思考態度の
　　測定——認知的熟慮性-衝動性，認知された学習コンピテンス，教育プログラム
　　との関係」『日本教育工学会論文誌』40, 33-44.

久冨善之編　1993　『調査で読む学校と子ども』草土文化

熊木崇　2009　「東京都区内の単学級小学校における若手教員の育成に関する研究」
　　『平成20年度大学院派遣研修報告書』東京都教職員研修センター

経済協力開発機構（OECD）　2010　「図表でみる教育——OECDインディケータ
　　（2010年版）」

警察庁　2018「平成29年におけるSNS等に起因する被害児童の現状と対策につい
　　て」

小池敏英・北島善夫　2001　『知的障害の心理学——発達支援からの理解』北大路
　　書房

厚生労働省　2018　『グラフでみる世帯の状況——国民生活基礎調査（平成28年）
　　の結果から』

厚生労働省雇用均等・児童家庭局　2007　「平成18年度全国母子世帯等調査結果報
　　告（平成18年11月1日現在）」

国立教育政策研究所生徒指導研究センター　2006　「『生徒指導体制の在り方につい
　　ての調査研究』報告書——規範意識の醸成を目指して」

国立教育政策研究所生徒指導・進路指導研究センター　2014　「生徒指導リーフ
　　『中1ギャップ』の真実」

小嶋秀夫　1979　「児童期の発達課題と教育」『教育学講座』[第3巻] 学習研究社

小松芳夫　2003　「やらされて馬力が出るか」浦野東洋一編『土佐の教育改革』学
　　陽書房

佐伯胖　2001　「学習とは実践共同体への参加である——正統的周辺参加の意味す
　　るところ」子どもの文化研究所編『子どもの文化』33, 36-43.

佐伯胖　2004　『「わかり方」の探究——思索と行動の原点』小学館

酒井朗　2007　「首都圏における中学進学問題と学校不適応——小中移行の追跡パ
　　ネルをもとに」酒井朗・青木紀久代・菅原ますみ編『子どもの発達危機の理
　　解と支援——漂流する子ども』[お茶の水女子大学21世紀COEプログラム誕
　　生から死までの人間発達科学第3巻] 金子書房

櫻井茂男　2009　『自ら学ぶ意欲の心理学——キャリア発達の視点を加えて』有斐閣

佐々木正美　2008　『自閉症児のための TEACCH ハンドブック』学習研究社

佐藤学　2003　『教師たちの挑戦——授業を創る学びが変わる』小学館

佐藤学　2004　『習熟度別指導の何が問題か』岩波ブックレット No. 612，岩波書店

佐藤学　2006　「同僚性を築く校内研修＝内側からの学校改革」『学校の挑戦——学びの共同体を創る』小学館

佐藤学　2009　『教師花伝書——専門家として成長するために』小学館

佐野修吉　2009　「エリクソンの Industry は『勤勉性』でいいのか？——学童期におけるその意味と意義を問い直す」『心理科学』30，1-10.

三宮真智子編　2008　『メタ認知——学習力を支える高次認知機能』北大路書房

三宮真智子　2018　『メタ認知で〈学ぶ力〉を高める——認知心理学が解き明かす効果的学習法』北大路書房

ジェンセン，A. R.／岩井勇児訳　1978　『IQ の遺伝と教育』黎明書房

重本直利編　2011　『PDCA サイクル 3 つの誤読——サイクル過程でないコミュニケーション過程による評価活動の提案に向けて』［シリーズ「大学評価を考える」第 4 巻］晃洋書房

品川文雄　2004　『障害児学級で育つ子どもたち——みたがりしりたがりやりたがり』全国障害者問題研究会出版部

柴田義松・滝沢武久編　2002　『発達と学習の心理』学文社

島根県教育委員会編　2016　『道徳教育郷土資料 しまねの道徳 中学校』

下村淳子・赤澤淳子・井ノ崎敦子・上野淳子・松並知子　2017　「養護教諭によるデート DV 予防教育に関する研究(1)——高校生からの相談経験と保健教育との関連」日本健康相談活動学会第 13 回学術集会

シャンク，D. H.・アッシャー，E. L.／中谷素之訳　2014　「自己調整学習における自己効力感の評価」ジマーマン，B. J.・シャンク，D. H. 編／塚野州一・伊藤崇達監訳『自己調整学習ハンドブック』北大路書房

シュタイナー，G.／塚野州一・若井邦夫・牧野美知子訳　2005　『新しい学習心理学——その臨床的応用』北大路書房

杉江修治　2011　『協同学習入門——基本の理解と 51 の工夫』ナカニシヤ出版

鈴木翔　2012　『教室内カースト』光文社

スポーツ庁　2018　「平成 29 年度体力・運動調査の概要及び報告書について」

全国到達度評価研究会編　1989　『だれでもできる到達度評価入門』あゆみ出版

総務省統計局　2019　「人口推計——2019 年（令和元年）12 月報」

多鹿秀継編　2008　『学習心理学の最先端——学びのしくみを科学する』あいり出版

田口久美子　2010　「思春期女子の発達加速——初潮・身長・体重」『長崎外国語大

学紀要論叢』14，97-111.

田口久美子　2018　『長崎で原爆におうた人の聞き取り記録——城臺美彌子編』（未発表）

田口久美子・大津悦夫・馬場久志　2017　「これからの教育を問う——道徳教育の在り方を考える」『日本教育心理学会第58回総会論文集』

竹内常一　2015　『子どもの自分くずしと自分つくり』[新装版] 東京大学出版会

田中昌人　2006　『夜明け前の子どもたちとともに [復刻版] [講座・発達保障への道2] 全国障害者問題研究会出版部

『たのしい授業』編集委員会編　2008　『仮説実験授業をはじめよう』仮説社

玉井康之　2019　「現代におけるへき地小規模校教育のパラダイム転換の理念と可能性」川前あゆみ・玉井康之・二宮信一編『豊かな心を育むへき地・小規模校教育 少子化時代の学校の可能性』学事出版

中央教育審議会　2016　「幼稚園，小学校，中学校，高等学校及び特別支援学校の学習指導要領等の改善及び必要な方策等について（答申）」

中央大学教育職員養成に関する運営委員会・教職事務室　2011　『教職課程年報』16号

月森久江監修　2010　『発達障害がある子どもの進路選択ハンドブック』講談社

筑波大学　2019　「2019年度 筑波大学 教員免許状更新講習のご案内」

都筑学　2009　『中学校から高校への学校移行と時間的展望——縦断的調査にもとづく検討』ナカニシヤ出版

デミング，W.E.／NTTデータ通信品質管理研究会訳　1996　『デミング博士の新経営システム論——産業・行政・教育のために』NTT出版

土井隆義　2008　『友だち地獄——「空気を読む」世代のサバイバル』筑摩書房

東京大学大学院教育学研究科　2007　「教員勤務実態調査（小・中学校）報告書」

東京都　2001　「主任制度に関する中間のまとめについて」（平成13年第16回東京都教育委員会定例会会議録）4-11.

東京都教育委員会　2017　「平成29年度公立中学校等卒業者（平成30年3月卒業）の進路状況調査」

東京都教育委員会　2018　「これまで設置してきた多様なタイプの学校」

ドキュメント所沢高校「学校が楽しい」編集委員会編　1998　『ドキュメント所沢高校学校が楽しい』蕗薹書房

徳水博志　2018　『震災と向き合う子どもたち——心のケアと地域づくりの記録』新日本出版社

鳥取大学附属特別支援学校・三木裕和監修　2017　『七転び八起きの「自分づくり」——知的障害青年期教育と高等部専攻科の挑戦』今井出版

友野次郎　2007　『ITを活用したネットスクーリング——多様な生徒に応じた学習支援』CEC平成18年度Eスクエア・エボリューション成果発表論文集，172-

173.

内閣府　2009　「第8回世界青年意識調査」

内閣府　2011　「若者の意識に関する調査（高等学校中途退学者の意識に関する調査）報告書（資料版）」

内閣府　2018　「平成29年度青少年のインターネット利用環境実態調査」

内閣府男女共同参画局　2018　『平成30年版男女共同参画白書』

内藤朝雄　2009　『いじめの構造──なぜ人が怪物になるのか』講談社

長尾彰夫　1999　『総合学習をたのしむ』アドバンテージサーバー

中村岳夫　1989　「自分を見る眼を深め鍛える『自分史』──"自分とは何か"を求めて」全国進路指導研究会編『中学生の発達と進路──進路指導レポート』民衆社

ニキ・リンコ・藤家寛子　2004『自閉っ子，こういう風にできてます！』花風社

日本性教育協会　2018　「青少年の性行動──わが国の中学生・高校生・大学生に関する第8回調査報告」

認定NPO法人エンパワメントかながわ　2017　『デートDV白書VOL.5　全国デートDV実態調査報告書』

根本橘夫　1987　「学級集団の独自性からみた学級集団の規範，構造および風土」『心理科学』11，1-16.

野井真吾・阿部茂明・鹿野晶子・野田耕・中島綾子・下里彩香・松本稜子・張巧鳳・斉建国・唐東輝　2016　「子どもの"からだのおかしさ"に関する保育・教育現場の実感──「子どものからだの調査2015」の結果を基に」『日本体育大学紀要』46，1-19.

野村勝彦・城戸宏則　2011　「南米における特別支援教育に関する研究─その1──南米チリ国について」『第49回大会日本特殊教育学会発表論文集』，613.

野村幸司　2006　「子どもの学校参加──子どもの声が学校づくり・授業づくりを変える可能性」教育科学研究会編『現代教育のキーワード』大月書店

ハイト，J.／高橋洋訳　2014　『社会はなぜ左と右にわかれるのか──対立を超えるための道徳心理学』紀伊國屋書店

橋本紀子　2019　「道徳教育におけるジェンダー・セクシャリティの問題──中学校「特別の教科　道徳」の教科書分析を中心に」藤田昌士・奥平康照監修『道徳教育の批判と創造──社会転換期を拓く』エイデル出版社

馬場久志　2018　「学びの主体を子どもに委ねる」教育科学研究会編『教育』865，5-12.

パハレス，F.／伊藤崇達訳　2009　「自己調整学習における動機づけ要因としての自己効力信念の役割」シャンク，D. H.・ジマーマン，B. J. 編／塚野州一編訳『自己調整学習と動機づけ』北大路書房

速水敏彦　2006　『他人を見下す若者たち』講談社

速水敏彦・高村和代・陳恵貞・浦上昌則　1996　「教師から受けた感動体験」『名古屋大学教育学部紀要』43，51-63.

樋口修資　2017　「学校組織運営論からみる「チーム学校」の批判的考察と教員のワーク・ライフ・バランスの実現」『明星大学教育学部研究紀要』7，1-14.

日野林俊彦・赤井誠生・安田純・志澤康弘・山田一憲・金澤忠博・南徹弘　2009　「発達加速現象の研究・その23」『日本心理学会第73回大会発表論文集』，1150.

日野林俊彦・清水（加藤）真由子・金澤忠博　2019　「沖縄における発達加速――発達勾配現象の視点」『日本発達心理学会第30回大会発表論文集』

平岩幹男　2015　「思春期の心と体（第7章）」長谷川寿一監修『思春期学』東京大学出版会

広重佳治　2009　「睡眠科学（脳科学）の進歩と子どもの発達的研究の展望」心理科学研究会編『小学生の生活とこころの発達』福村出版

福島裕敏　2010　「変わりゆく教員の世界」久冨善之・長谷川裕・山﨑鎮親編『図説教育の論点』旬報社

藤岡秀樹　2003　「発展的指導にはどのような学習形態・指導形態があるか」加藤幸次編『発展的指導・補充的指導50のポイント』教育開発研究所

藤岡秀樹　2004　「『心の教育』と教師教育」『日本教師教育学会年報』13，45-51.

藤岡秀樹　2009　「総合的な学習の時間」心理科学研究会編『小学生の生活とこころの発達』福村書店

藤岡秀樹　2010　「テスト研究の動向」教育目標・評価学会編『「評価の時代」を読み解く』下巻　日本標準

藤岡秀樹　2011　「指導要録の変遷と教育評価の課題――1980年代以降に焦点を当てて」『京都教育大学紀要』118，107-123.

藤岡秀樹　2018a　「キャリア・カウンセリングとキャリア発達理論――現状と課題」『京都教育大学紀要』132，47-61.

藤岡秀樹　2018b　「特別の教科「道徳」――教材論・指導論・評価論に焦点を当てて」『心理科学』39，22-32.

藤岡秀樹　2019　「小規模教育，複式学級の教育的意義」山本由美編『小中一貫・学校統廃合を止める――市民が学校を守った』新日本出版社

藤岡秀樹　2020　「進路指導およびキャリア教育の課程と指導体制」森田健宏・田爪宏二監修『よくわかる！教職エクササイズ 生徒指導・進路指導』ミネルヴァ書房

藤永保・春日喬・斎賀久敬・内田伸子　1987　『人間発達と初期環境――初期環境の貧困に基づく発達遅滞児の長期追跡研究』有斐閣

船橋一男　2009　「生活指導」木村元・小玉重夫・船橋一男『教育学をつかむ』有斐閣

別府哲・奥住秀之・小渕隆司　2005　『自閉症スペクトラムの発達と理解』全国障害者問題研究会出版部

ベネッセ教育総合研究所　2016　「第6回学習指導基本調査（高校版）DATA BOOK──学校・教員を対象に」

法務省　2016　「『若年者に対する刑事法制の在り方に関する勉強会』取りまとめ報告書」

法務省法務総合研究所編　2018　『平成30年版犯罪白書』昭和情報プロセス

堀裕嗣　2015　『スクールカーストの正体──キレイゴト抜きのいじめ対応』小学館

本田由紀　2005　『多元化する〈能力〉と日本社会──ハイパー・メリトクラシー化のなかで』NTT出版

毎日新聞　2019　「外国籍児童・生徒1万人超が日本語『無支援』」2019年5月4日（mainichi.jp）

松浦直己　2015　『非行・犯罪心理学──学際的視座からの犯罪理解』明石書店

松下佳代編　2010　『「新しい能力」は教育を変えるか──学力・リテラシー・コンピテンシー』ミネルヴァ書房

水野君平・太田正義　2017　「中学生のスクールカーストと学校適応の関連」『教育心理学研究』65，501-511.

水野君平・太田正義・加藤弘通　2018　「道徳教育による規範意識の涵養といじめ問題の関連──小中学生を対象とした自己／他者の罪悪感といじめ調査からの一考察」『心理科学』39，1-8.

水野君平・加藤弘通・太田正義　2019　「中学生のグループ間の地位といじめ被害・加害の関係性の検討」『対人社会心理学研究』19，14-21.

水野君平・日高茂暢　2019　「『スクールカースト』におけるグループ間の地位と学校適応感の関連の学級間差──2種類の学級風土とグループ間の地位におけるヒエラルキーの調整効果に着目した検討」『教育心理学研究』67，1-11.

三隅二不二　1984　『リーダーシップ行動の科学』［改訂版］有斐閣

三隅二不二・矢守克也　1989　「中学校における学級担任教師のリーダーシップ行動測定尺度の作成とその妥当性に関する研究」『教育心理学研究』37，46-54.

溝口るり子　2014　「教職員のメンタルヘルス──メンタルヘルスの相談から」『教育相談室だより』84，2-5.

宮﨑英憲編　2004　『個別の教育支援計画に基づく個別移行支援計画の展開──特別な教育的ニーズを持つ子どもへの支援』ジアース教育新社

宮台真司　2002　『これが答えだ！──新世紀を生きるための108問108答』朝日新聞社

無藤隆　2008　「教師の学びの新しい可能性」秋田喜代美・ルイス，C.編『授業の研究教師の学習──レッスンスタディへのいざない』明石書店

森口朗　2007　『いじめの構造』新潮社

森下一期・田中伸子編　2000　『中学生の学びと総合学習——和光中学校の計画と実践：中学』旬報社

森田洋司　2010　『いじめとは何か——教室の問題，社会の問題』中央公論新社

文部科学省編　2002a　『平成 13 年度文部科学白書』財務省印刷局

文部科学省　2002b　『心のノート』（小学校 1・2 年用）（小学校 3・4 年用）（小学校 5・6 年用）（中学校用）

文部科学省　2002c　「資料 12　我が国の教育経験について〔教員研修制度〕」（国際教育協力懇談会資料集）

文部科学省　2002d　「『通常の学級に在籍する特別な教育的支援を必要とする児童生徒に関する全国実態調査』調査結果」

文部科学省編　2003a　「平成 14 年度文部科学白書」財務省印刷局

文部科学省　2003b　「中学校学習指導要領一部改正」国立印刷局

文部科学省　2004a　「キャリア教育の推進に関する総合的調査研究協力者会議報告書——児童生徒の一人一人の勤労観，職業観を育てるために」

文部科学省　2004b　「スクールカウンセラーについて」

文部科学省　2005　「少人数指導と少人数教育の評価（平成 17 年文部科学省調査)」

文部科学省　2006a　「学校選択制等の実施状況に関するアンケート（市区教育委員会調査結果)」

文部科学省　2006b　「小学校・中学校・高等学校キャリア教育推進の手引——児童生徒一人一人の勤労観，職業観を育てるために」

文部科学省　2007a　「特別支援教育の推進について（通知)」

文部科学省　2007b　「特別支援教育の対象の概念図」

文部科学省　2008a　「子どもの学校外での学習活動に関する実態調査報告」

文部科学省　2008b　「スクールソーシャルワーカー活用事業」（児童生徒の自殺予防に関する調査研究協力者会議〔第 1 回〕配付資料）

文部科学省　2008c　『中学校学習指導要領解説　総合的な学習の時間編』教育出版

文部科学省　2009a　「高等学校における特別支援教育の推進について——高等学校ワーキング・グループ報告」

文部科学省　2009b　「修士課程を積極的に活用した教員養成の在り方について」

文部科学省　2009c　「平成 20 年度文部科学白書」

文部科学省　2010a　「学校給食費の徴収状況に関する調査の結果について（通知)」

文部科学省　2010b　『生徒指導提要』教育図書

文部科学省　2010c　「平成 22 年度全国学力・学習状況調査　報告書・集計結果」

文部科学省　2011a　「高等学校キャリア教育の手引き」

文部科学省　2011b　「高等学校における特別支援教育の推進について——高等学校ワーキング・グループ報告」

文部科学省　2011c　「今後の学校におけるキャリア教育・職業教育の在り方について（答申）」

文部科学省　2012a　「共生社会の形成に向けたインクルーシブ教育システム構築のための特別支援教育の推進（報告）」

文部科学省　2012b　「通常の学級に在籍する発達障害の可能性のある特別な教育的支援を必要とする児童生徒に関する調査結果について」

文部科学省　2012c　「特別支援教育の在り方に関する特別委員会報告」

文部科学省　2013a　「教職員のメンタルヘルス対策について（最終まとめ）」

文部科学省　2013b　「別添3　いじめ防止対策推進法（平成25年法律第71号）」

文部科学省　2014　『わたしたちの道徳』（小学校1・2年用）（小学校3・4年用）（小学校5・6年用），『私たちの道徳』（中学校用）

文部科学省　2015　「チームとしての学校の在り方と今後の改善方策について（答申）」

文部科学省　2016a　「学校評価ガイドライン」（平成28年改訂）

文部科学省　2016b　「不登校児童生徒への支援の在り方について（通知）」

文部科学省　2016c　「平成28年度学校教員統計調査（参考）公立学校における本務教員の年齢構成」

文部科学省　2017a　「小中一貫教育の導入状況調査の結果」

文部科学省　2017b　「平成29年学校基本調査」

文部科学省　2018a　『中学校学習指導要領解説 総合的な学習の時間編』東山書房

文部科学省　2018b　『中学校学習指導要領解説 総則編』東山書房

文部科学省　2018c　『中学校学習指導要領解説 特別の教科　道徳編』教育出版

文部科学省　2018d　「平成29年度公立学校教員採用選考試験の実施状況について」

文部科学省　2018e　「平成29年度公立学校教職員の人事行政状況調査について」

文部科学省　2018f　「平成29年度児童生徒の問題行動と生徒指導上の諸問題に関する調査結果について」

文部科学省　2018g　「平成30年度学校基本調査（確定値）の公表について 報道発表」

文部科学省　2019a　『高等学校学習指導要領解説 公民編』東京書籍

文部科学省　2019b　『高等学校学習指導要領解説 総合的な探究の時間編』学校図書

文部科学省　2019c　『高等学校学習指導要領解説 総則編』東洋館出版

文部科学省　2019d　「公立学校の教師の勤務時間の上限に関するガイドライン」

文部科学省　2019e　「平成30年度児童生徒の問題行動と生徒指導上の諸問題に関する調査結果について」

文部科学省　2019f　「平成31年度（令和元年度）全国学力・学習状況調査 質問紙調査報告書」

引用・参考文献

文部科学省　2019g　「令和元年度学校基本調査」

文部科学省国立教育政策研究所生徒指導・進路指導研究センター編　2016　『変わる！キャリア教育——小・中・高等学校までの一貫した推進のために』ミネルヴァ書房

文部科学省初等中等教育局長　2019　「小学校，中学校，高等学校及び特別支援学校等における児童生徒の学習評価及び指導要録の改善等について（通知）」2019 年 3 月 29 日

文部省　1947　「学習指導要領一般編（試案）」日本書籍

文部省　1977　「中学校学習指導要領」大蔵省印刷局

文部省　1980　「生徒指導上の問題についての対策——中学校・高等学校編」

文部省　1990　「学校における教育相談の考え方・進め方——中学・高等学校編」大蔵省印刷局

文部省　1998a　「学校教育法施行規則の一部を改正する省令の制定並びに幼稚園教育要領の全部を改正する告示，小学校学習指導要領の全部を改正する告示及び中学校学習指導要領の全部を改正する告示の公示について」（文部事務次官通知）文初小第 350 号

文部省　1998b　「中学校学習指導要領」

文部省　1999　「学習障害児に対する指導について（報告）」

柳治男　2005　『〈学級〉の歴史学——自明視された空間を疑う』講談社

山口正　2005　「新たな臨時教員配置と教員採用制度改善の課題」臨時教職員制度の改善を求める全国連絡会編『教育に臨時はない——教師の良心をかけて』フォーラム A

山本力　1984　「アイデンティティ理論との対話——Erikson 理論における同一性概念の展望」鑪幹八郎・宮下一博・岡本祐子編『自我同一性研究の展望Ⅰ』ナカニシヤ出版

湯澤正通・湯澤美紀編　2014　『ワーキングメモリと教育』北大路書房

横湯園子・鈴木大裕・世取山洋介，全広島教職員組合福山支部　2017　『「ゼロトレランス」で学校はどうなる』花伝社

リーブ，J.・ライアン，R. M.・デシ，E. L.・ジャン，H.／瀬尾美紀子訳　2009　「自律的自己調整の理解と促進——自己決定論の観点から」シャンク，D. H.・ジマーマン，B. J. 編／塚野州一編訳『自己調整学習と動機づけ』北大路書房

レイヴ，J.・ウェンガー，E.／佐伯胖訳　1993『状況に埋め込まれた学習——正統的周辺参加』産業図書

レンズ，W.・ファンステンキスト，M.／岡田涼訳　2009　「自己調整学習の促進——動機づけの観点からの分析」シャンク，D. H.・ジマーマン，B. J. 編／塚野州一編訳『自己調整学習と動機づけ』北大路書房

ロウ，E.　2001　『アメリカ・インディアンの書物よりも賢い言葉』扶桑社

渡辺顕治　2008　『青年期と職業訓練──自立の心理学の探求』かりばね書房

American Psychiatric Association 編／日本精神神経学会監修，高橋三郎・大野裕・染矢俊幸・神庭重信・尾崎紀夫・三村將・村井俊哉訳　2014　『DSM-5 精神疾患の診断・統計マニュアル』医学書院

Benesse 教育研究開発センター　2007　「教員勤務実態調査（高等学校）報告書」

Benesse 教育研究開発センター　2010　「第 2 回子ども生活実態基本調査報告書──小 4 生〜高 2 生を対象に」『研究所報』59, 1-176.

NHK 放送文化研究所編　2013　『NHK 中学生・高校生の生活と意識調査 2012──失われた 20 年が生んだ"幸せ"な十代』NHK 出版

American Psychological Association Zero Tolerance Task Force　2008　Are Zero Tolerance Policies effective in the school? *American Psychologist*, 63, 852-862.

Costa, P. T., & McCrae, R. R.　1992　*NEO-PI-R professional manual*. Psychological Assessment Resources.

Deming, W. E.　1994　*The new economics for industry, government, education*. 2nd ed. Massachusetts Institute of Technology, Center for Advanced Engineering Study.

Johnson, D. W., Johnson, R. T., & Holubec, E. J.　1993　*Circles of learning: Cooperation in the classroom*. Interaction Book Company.

Kanethuna, T.　2016　Comparisons between English bullying and Japanese ijime. In P. K. Smith, K. Kwak, & Y. Toda（Eds.）*School bullying in different cultures: Eastern and western perspectives*. Cambridge University Press.

Kohlberg, L.　1988　*Stages of moral development as a basis for moral education*. Toronto University Press.

Köhler, W.　1973　*The Mentality of Apes*.（translated from the second revised edition by Ella Winter）Routledge & Kegan Paul.

Kowaz, A. M., & Marcia, J. E.　1991　Development and validation of a measure of Eriksonian Industry. *Journal of Personality and Social Psychology*, 60, 390-397.

Osborn, R., & Freyberg, P.　1985　*Learning in science: The implications of children's science*. Heinemann.

Rosenthal, R., & Jacobson, L.　1968　*Pygmalion in the classroom: Teacher expectation and pupils' intellectual development*. Holt Rinehart and Winston.

Scholte, R., Sentse, M., & Granic, I.　2010　Do actions speak louder than words? Classroom attitudes and behavior in relation to bullying in early adolescence. *Journal of Clinical Child and Adolescent Psychology*, 39, 789-799.

Sentse, M., Veenstra, R., Kiuru, N., & Salmivalli, C.　2015　A longitudinal multilevel study of individual characteristics and classroom norms in explaining bullying behaviors. *Journal of Abnormal Child Psychology*, 43, 943-955.

Snow, R. E., Tiffin, J., & Seibert, W.   1965   Individual differences and instructional film effects. *Journal of Educational Psychology*, 56, 315-326.

Watts, D. M., & Zylberstan, A.   1981   A survey of some children's ideas about force. *Physics Education*, 16, 360-365.

事 項 索 引

事項索引

人名索引

中学・高校教師になるための
教 育 心 理 学〔第4版〕　　〈有斐閣選書〉
Educational Psychology for Teacher Training, 4th ed.

1993 年	7	月	30	日	初　版第 1 刷発行
2002 年	2	月	28	日	改訂版第 1 刷発行
2012 年	4	月	10	日	第 3 版第 1 刷発行
2020 年	4	月	10	日	第 4 版第 1 刷発行
2022 年	12	月	5	日	第 4 版第 4 刷発行

編　　者　　　　心理科学研究会

発 行 者　　　　江 草 貞 治

発 行 所　　株式会社　有 斐 閣

郵便番号 101-0051
東京都千代田区神田神保町 2-17
http://www.yuhikaku.co.jp/

印刷・精文堂印刷株式会社／製本・大口製本印刷株式会社
©2020, Japanese Research Association of Psychological
Science. Printed in Japan
落丁・乱丁本はお取替えいたします。
★定価はカバーに表示してあります。

ISBN 978-4-641-28148-6